大学院文化科学研究科

人的資源管理

原田順子
平野光俊

社会経営科学プログラム

(改訂新版) 人的資源管理 ('22)

装丁・ブックデザイン：畑中　猛

o-43

まえがき

放送大学大学院では，人的資源管理の講義（印刷教材と放送授業）が幾多の先生方により継続されており，直近では『人的資源管理（'14)』，『人的資源管理（'18)』がありますが，本書は新たな視点と新章を加えた後継科目として制作されました。

人的資源管理とは，継続事業体（going concern, Betrieb（ドイツ語））において，人を対象とした管理の仕組みを総称した概念です。市場において営利を目的として事業を営む企業の経営においては，この人的資源管理がいち早く発達し，経営学の中でも多くの知識が蓄積されてきました。現代社会では人的資源管理を学ぶ意義がますます高まってきたと言えるでしょう。その理由は就業者のなかで組織に勤める人の割合が大多数になったからです。かつての日本では農林漁業者，自営業者等が多数でしたが，1960年代からは企業等の組織に雇われている人が全就業者の過半数となり，90年代には8割を超えました。したがって今日では，人的資源管理の諸側面は社会的な事象としてとらえることができます。雇用に関する記事が新聞の一面にしばしば掲載されるのは，それだけ企業をはじめとする「組織」と「そこで働く人々」の社会的影響が大きいからと考えられます。また，天然資源に恵まれない日本において人材は極めて重要な資源です。人口の減少局面において，人材と企業，社会の関係が一層注目されています。

企業はヒト，モノ，カネ，情報などの経営資源を利用して，市場競争力のあるモノやサービスによって付加価値を生み出しており，成長は宿命といえるでしょう。経営資源のなかで，命の宿る「ヒト」については格別の注意が求められます。その活かし方には，社会的慣行，労働法制等に加えて，意思・選好・欲求の尊重が不可欠だからです。そのためにはリーダーシップの開発や日常のモチベーションに働きかけることに加えて，長い目でみた個人のキャリアと成長意欲を考慮することも求められます。本書では，「経営の視点」と「人の視点」の双方から，企業経営の中で人的資源管理がどのような役割を果たしているかについて，新しい変化にも目を向けて解説しました。たとえば，経済のサービス化やグローバル化という構造的変化にともない，キャリア開発，長時間労働の是正とワーク・ライフ・バランス，働き方改革などが重要な課題になってきました。私たちの社会生活と密接に関係する雇用区分の多元化，女性労働者，知識労働者，感情労働者，グローバル人材等に関連することがらも採りあげています。

構成は3つの柱（①トップ・マネジメントの視点，②人的資源管理の担い手と受け手の視点，③企業と社会の視点）から成っています。上述した人的資源管理の社会的インパクトに鑑み，社会全体から人材について考える視座を設けたからです。全15章は以下のように3部に分かれます。

第1部　人的資源管理の基礎知識（第1～2章）
：トップ・マネジメントの視点
第2部　人的資源管理の制度と機能（第3～10章）
：人的資源管理の担い手と受け手の視点
第3部　多様な労働者たち（第11～15章）
：企業と社会の視点

「第1部　人的資源管理の基礎知識」ではトップ・マネジメントの視点から企業経営と人的資源管理の関連性について解説しています。次に，「第2部　人的資源管理の制度と機能」においては担当者の視点ということで，人的資源管理の仕組みを中心に学習します。そして「第3部　多様な労働者たち」にて人的資源の「管理」から視点を変え，現代の企業と社会を考えるうえで欠かせない人材や事象の紹介・説明で本書を締めくくりました。「基礎」から「応用」まで段階をおって学習し，人的資源管理の全体像を理解することを目標としています。全体を通して，人的資源管理の変遷，役割等について，企業経営の基本的概念とともに説明するよう努めました。

本書は，同名のラジオ講義（2022～2025年度放送予定）と補完的関係にあります。ラジオ講義は本書と同じ部分ばかりではなく，違う情報も含めた構成になっています。われわれ執筆者が熱心に語っていますので，ラジオ講義もお聴きいただけるとうれしいです。ラジオ講義は週に１回決まった時間に放送されます。曜日と時刻は学期ごとに変わりますが，毎学期のはじめに時間割が公表されています（放送大学のホームページからも検索できます)。なお，放送大学の学生はインターネットでいつでも聴くことができます。

本書とラジオ講義が完成するまでには，資料の提供，インタビューの実施，適宜の助言など，多くの方々にご協力をいただきました。関係各位に対し心から御礼申し上げます。また，編集を担当された宮崎編集事務所の宮崎洋一氏とラジオ講義の制作指揮をされた放送大学制作部プロデューサーの佐藤洋一氏にこの場を借りて感謝いたします。

2021 年 10 月
原田 順子
平野 光俊

目次

第１部　人的資源管理の基礎知識

1　企業システムと人的資源管理

平野　光俊

人的資源管理とは，継続事業体（going concern）で働く人々を対象とした管理の仕組みを総称した概念である。企業は，経営資源の投入（インプット）→技術的変換（スループット）→産出（アウトプット）という変換過程を管理し，付加価値を生み出すシステムである。経営資源にはヒト，モノ，カネ，情報などがあるが，ヒトは他の資源と違い，自ら意思・欲求・好みをもつ生身の人間である。したがって人的資源管理は，働く人々の意識や態度および行動に働きかける必要があり，戦略達成および競争力向上という「経営の視点」と，組織に参加する個人の意欲や成長といった「人の視点」をうまく接合していくことがポイントとなる。本章では，企業システムにおいて人的資源管理が機能的となるメカニズムを，戦略や組織と人的資源管理の補完性，及び法制や労働市場あるいは文化・規範といった制度的環境と人的資源管理の補完性という観点から整理する。

＜キーワード＞　戦略，組織，補完性，人的資源管理の３機能，組織行動論

1. 人的資源管理とは何か

人的資源管理とは，継続事業体（going concern）で働く人々の管理の仕組みを総称した概念である。継続事業体には，営利を目指して活動する企業と，非営利の自治体，学校，病院，団体，NPO・NGO などがある。本章では，前者の企業を前提に議論を進めていこう。

企業は，経営資源の投入（インプット）→技術的変換（スループット）→産出（アウトプット）という変換過程を管理し，付加価値を生み出している。換言すれば，企業は資源の変換システムであるといえる。経営資源には，ヒト，モノ（機械・設備や原材料など），カネ，情報などが

ある。例えば，複数の製品を製造している工場では，多くの人々が機械設備を動かし，材料を加工し，製品をつくっている。原材料を調達し賃金を支払うためには多くのカネが必要であり，カネは日々企業を出入りしている。また変換過程では，どのような部品を，どのように加工し，どこに移動するか，あるいはどれだけ生産するかなどの細かな情報が必要であり，部署間でそういった情報は共有されなければならない。経営資源を組み合わせ，技術的変換を施すことによって製品や無形のサービスが生み出される。そして製品あるいはサービスは市場でカネに変えられ，再び経営資源に変換される。つまり企業は変換過程を繰り返すシステムなのである（奥林，2010，2014）。

2. 人的資源管理とそれを取り巻く要因

人的資源管理には，第3節で述べるとおり，作業能率促進機能，組織統合機能，変化適応機能の3つの機能がある。そうした機能がうまく発揮されるには，戦略や組織と補完的でなければならない。また企業を取り巻く外部環境（例えば，法制度，労働市場，政治，文化・規範といった制度的環境）とも補完的でなければならない。

（1）戦略

経営資源の投入（インプット）→技術的変換（スループット）→産出（アウトプット）の変換過程を環境との関係を考慮しながら構想するのが「戦略」である。そして戦略の実行を担うのが「組織」である。企業が事業によって高業績を生み出すには，戦略，組織，そして環境との間の補完的関係を構築し，それを維持していかねばならない。補完的関係づくりの起点は戦略であり，優れた戦略は，組織の構成要素および外部環境の生み出す機会ないし脅威にうまく適合している。これはチャンドラー（Chandler, 1962）の命題「組織は戦略に従う（structure follows strategy）」のメカニズムに他ならない。

戦略には3つの構成要素がある（石井・奥村・加護野・野中，1985）。すなわち，

① 事業ドメインの定義：どのような領域で環境と相互作用すべきか。より具体的には「わが社の事業は何か。組織としていかなるミッションを達成したいのか」についての言明。事業ドメインの定義は３つの軸から行われる。顧客軸（ターゲットとする顧客・市場），機能軸（顧客へ提供する機能・価値），技術軸（特定の機能を果たす方法や手段およびそれを行うわざ）である。

② 必要な資源展開の蓄積：その事業ドメインにおける経営目標を達成するために要求される関連資源をいかに蓄積すべきか。

③ 蓄積した経営資源の展開：蓄積した資源を競合者に対して優位性を保てるようにいかに展開すべきか。

戦略が成功するための条件は２つある。１つが市場でのポジショニングに関わるものであり，もう１つは資源や能力に関わるものである。この２つの条件は互いに他方がなければよい戦略にはならない。つまりポジショニングが奏功しても（例えば競争相手の少ない未開拓の市場を攻略する戦略を考えても），それを実行する能力が自社になければ成功しない。あるいは自社の能力にあった戦略を考えたとしても，市場の中でうまく顧客にアピールできなければ成功しない（伊丹・加護野，2003）。

（2）組織

戦略を実現するための活動や諸力の体系が組織である。バーナード（Barnard, 1938）は，組織を「２人以上の人々の意識的に調整された活動や諸力の体系（a system of consciously coordinated activities or forces of two or more persons）」と定義した。そして組織が成立するためには例外なく３つの要素，1）共通の目的，2）協働的意思，3）コミュニケーションが必要であると考えた。

例えば３人の石工が働いている石切り場を想像しよう。３人がそれぞれ個別に石を切り出しているだけなら組織ではない。しかし，大聖堂を建設するという「共通の目的」のもとに，「協働する意思」をもって，互いに「コミュニケーション」をとりながら，切り出した石を運ぶ道を通したり，石を積み上げたりするのであれば組織となる。

いまここで組織における意思決定の調整の仕方として2つのタイプを構想してみよう。すなわち経営者や管理職が部下から集めた情報をもとに意思決定し，それを下に伝える垂直的コントロール（vertical control）と，社員同士が上下の隔てなく情報共有し，取るべき行動を調整する水平的コーディネーション（horizontal coordination）である（大湾，2009）。

例えば，食品スーパーをチェーン展開する小売業で，自社ブランド商品（Private Brand : PB）の開発に責任と権限を持つ本部の商品部長と，店舗の品揃えと棚割（売場の陳列棚のレイアウト）に責任と権限を持つ店長の関係において，両者の意思決定がどのように調整されなければならないか考えてみよう。

この食品スーパーはこれまでPBのライン（種類）が少なく，店舗の棚割においてPBは狭いスペースしか与えられていなかった。商品部長はPBのラインの数を増やそうと考えた。しかしそれはPBスペースを増やすという店長の意思決定とコーディネートされなければならない。というのは，PBのラインを増やしても棚割が確保できなければPBは倉庫で不振在庫となる。あるいは店長がPBの棚割スペースを増やしても，商品部がPBのラインを拡充しなければお店の販売効率は悪化するからである（**図1-1**）。

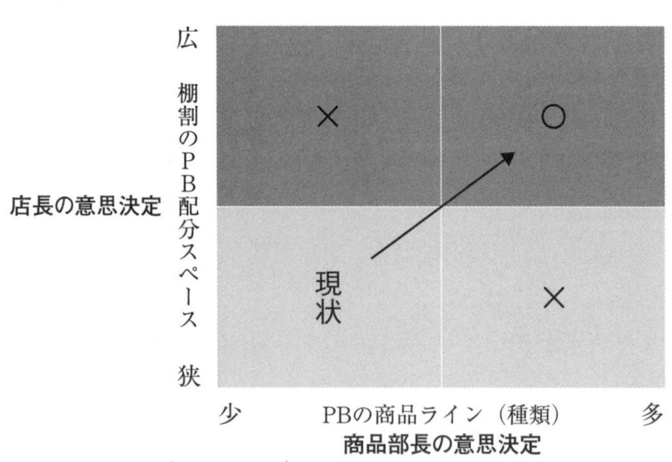

（筆者作成）

図1-1　商品部長と店長の意思決定はうまくコーディネートされなければならない

このときコーディネートの仕方は，1）商品部長（あるいは店長）に権限を集権化し，店長（あるいは商品部長）はその命令に従う垂直的コントロールか，2）商品部長と店長が情報を共有して共同的に意思決定する水平的コーディネーションのどちらかとなる。垂直的コントロールを選んだ企業においては，情報を伝達し，統合し，意思決定を行う中間管理職が必要となるため，組織は階層化する。他方，水平的コーディネーションを選んだ企業では意思決定が組織下部でなされる傾向が強まり，組織はフラット化する。フラットな組織と階層的組織のどちらを選択するのがよいかは戦略に依存する。

（3）人的資源

組織とは構成メンバーである人間（people）の集合である。そうした人々をここでは従業員と呼ぼう。従業員が会社から職務として与えられた作業を指示どおりに遂行することによって，組織全体として課題を効率的に果たすことができる。従業員は指示された職務を能率的に遂行することに集中し，訓練を受け，職務遂行能力を高めるよう努力する。職務を適切に遂行すれば賃金を得る。従業員は賃金によって自分の生活を維持し，さらには家族の生活を支えることができる。職務を遂行する場，すなわち職場は，従業員にとっては自己の能力を発揮する場であると同時に，生計を支える賃金を得る場でもある。

従業員は人的資源（human resource）である。人的資源とは，より具体的には，人々が人間として保有している精神的肉体的感性的諸能力であり，組織にとっては潜在的な職務遂行能力である（奥林，2010）。この潜在的な職務遂行能力をどの企業で活用するか，どの程度発揮するかを決めるのは従業員の自由意思である。しかも企業にまだ雇われていない人々は，企業と対等な関係において自由にこれらの意思決定を行うことができる。つまりまだ企業組織に参加していない人々は，理屈の上では，企業と対等な立場で雇用条件を交渉し，決定することができる。個人としての人々は，人的資源の所有者・活用者であり，企業からは独立しており，どのような仕事をするか，どこで働くか，自分自身で自由に決めることができる自律的人間なのである。バーナードは，人々の持つこうした側面を個人人格（individual personality）と呼んだ（Barnard, 1938）。個人人格とは，従業員が個人目的ないし個人動機を満たすために合理的に行動する人格の側面を指している。

（4）人的資源管理

人的資源管理（human resource management）とは，これら個人人格を有する多数の従業員の協働の水準を高める仕組みである。バーナードは，従業員は先に述べた個人人格とは別の組織人格（organization personality）も保有すると述べている（Barnard, 1938）。組織人格とは，個人が組織の共通の目的に対して合理的に行動する人格の側面を指す。ここで組織の目的と個人の目的は本来一致するものではなく，背離しているという点に組織の基本的な問題点を見出すことができる（占部, 1974）。

人々は，企業と雇用契約を結ぼうとするとき，企業組織からは自由であり，一人の人間として自身の考えに基づいて所属する企業や仕事の内容を決めることができる。この側面は個人人格の行動であり，このような側面は自律性と呼ぶことができる。他方，企業と雇用契約を結び，具体的に組織の中で働くことになると，職務を遂行するための具体的な行動は企業あるいは上司の命令に従わざるを得ない。これは組織人格としての行動の側面である。このような側面を他律性と呼ぶことができる。個人人格と組織人格の2つの側面は，概念として区別できるとしても，個々の従業員の具体的な行動においては両者を区別することは不可能である。個別の行動においては，従業員は個人としてどのように行動すべきか，組織の中ではどのように行動すべきかを考えざるを得ないのである。これを，組織参加者における個人としての自律性と組織人としての他律性の矛盾と呼ぶことができる（奥林，2010，2014）。

企業システムにおける人的資源管理は，組織の課題達成に向けて人々の持つ人的資源を開発し，活用することであった。その際，組織人として職務を能率的に遂行できるようにするためには，単に職務内容を決めるのみならず，個人としての従業員にも働きかけ，潜在的能力を能率的に発揮させることが重要になる。職務内容を決めようとするとき，組織をどのように設計するかがその前提となり，組織のコーディネーションの仕方が重要になる。人的資源管理は，基本的に，企業組織で働く人々の自律性と他律性を統合するシステムであるといえる（奥林，2010, 2014）。

（５）補完性

先の例で，スーパーの商品部長と店長の意思決定の補完性について検討した。補完性（complementarity）とは，業績を左右するような諸変数の変化の間に相互作用が生じていることを意味する（Roberts, 2004）。例えば人事考課の仕方と，水平的コーディネーションの組み合わせにおいて，「協力」に対する評価ウエートを高めることが水平的コーディネーションによって得られる限界生産性を引き上げるとき，両者は補完的である。企業の経営において重要なのは，戦略，組織，人的資源（従業員），人的資源管理の間の補完性を高めることである。

次のような例を考えてみよう。いまここに２つの外食企業がある。１つは，標準化したファミリーレストランを全国にチェーン展開するスタンダード社。もう１つは，商圏の特性に応じて個性的な割烹（かっぽう），居酒屋，和食レストランを出店するユニーク社である。

ユニーク社は駅ビルや駅近の百貨店のテナントとして出店する政策をとっている。店舗の業態にはいくつかのオプションがあり，オフィス街であれば勤め帰りのサラリーマンをターゲットとした割烹や居酒屋，住宅街であればファミリーを対象とした和食レストランを出店している。業態にかかわらず「心をこめたおもてなしとサービス」を基本方針として，高級感と鮮度でライバルと差異化しようとしている。またユニーク社の組織の特徴は，メニュー開発やイベントなどのプロモーション企画を決める権限を店舗に大幅に委譲していることであり，店長の裁量の余地は大きい。また定期採用で従業員を確保しており，新人は厨房の補助業務に配属され，業態を超えたジョブローテーションにより様々な職務を経験する。終身雇用と内部昇進制度が採用されており中途採用はほとんどない。店長の報酬制度の特徴は店舗業績連動型の成果主義賃金である。

一方，スタンダード社は標準化されたファミリーレストラン業態を確立し，「低価格とおいしさの両立」を基本方針として郊外に多店舗展開している。スタンダード社の競争優位の源泉は徹底的な標準化・マニュアル化による店舗オペレーションの効率化と，規模の経済を発揮した食材や備品の調達コストの低減である。店舗ではマニュアル化された作業をきちんと手順を守って遂行していくことが重視され，様々な権限は本部に集中している。店長の業務はマニュアルに沿ったオペレーションの監視と忠実な履行である。したがって店長の裁量の余地は乏しく，メニューやサービスを決めるのに店長のアイデアは反映されない。また店長に高いスキルは必要とされておらず，欠員に応じて中途採用されるケースも多い。業績給は本部上級マネジャーのみに適用されている（**表 1-1**）。

2社はそれぞれ異なるタイプの戦略，組織，人的資源，人的資源管理の補完性を実現している。ユニーク社の補完性はどのように実現しているのであろうか。まずユニーク社のように，商圏の特性に応じて店舗ごとに顧客に異なるサービスやメニューを提供することは，本部で一元的

表 1-1 補完性の例

	標準化した業態をチェーン展開するスタンダード社	商圏の特性に応じていろいろな業態を出店するユニーク社
業態戦略	ファミリーレストラン	割烹，居酒屋，和食レストラン
出店戦略	郊外型	駅前
競争戦略	コスト効率	おもてなし，高級感，鮮度による差異化
組　織	本部集権の階層的組織	店舗分権のフラット型組織
人材調達	外部と内部の区別なし	内部昇進制度，終身雇用
業績給	本部上級マネジャーのみ	店長レベルまで

（筆者作成）

に管理できるものではない。したがって店長に権限委譲する必要がある。権限委譲された店長は本部との間でメニューやサービスの調整を行っている。したがって店長にはコミュニケーションや調整能力が求められるようになってくる。店舗独自のメニューやサービスを開発していくためには，社内の誰に相談したらよいのかというような組織的知識を獲得し，社内の人脈（ネットワーク）を構築していかなければならない。またユニーク社では地域ごとに複数業態を管理するエリアマネジャーを店長から選抜登用している。エリアマネジャーは複数の業態のオペレーションに精通している必要があり，したがって店長になるまでに業態を超えた幅広いジョブローテーションが行われている。こうした業態横断的なスキルは企業特殊的なものであり，汎用的な一般的技能とは区別される。

「企業特殊総合技能」[1)] の開発は関係特殊投資である（関係特殊投資については第10章で解説する）。企業特殊総合技能の習得を促進するためには，それへの投資が大きなリターンをもたらすようなインセンティブの仕組みをつくらなければならない。その仕組みが終身雇用と内部昇進制である。終身雇用の慣行とこれまで雇用保障を堅持してきた実績が，安心して企業特殊総合技能を高める基盤となっている。また内部昇進制が企業特殊総合技能を高めるインセンティブになっている。

戦略，組織，人的資源といった企業内部のマネジメントやリソース，及び外部環境との補完性は**図 1-2** のように示すことができる。つまり，補完性は企業の中だけでなく一国の制度的環境，すなわち法制度，労働市場，文化・規範との補完性も要求される。これを制度的補完性という。例えば，日本はアメリカに比べると解雇権濫用法理によって解雇が厳し

1) 技能はさしずめ以下の4つに分類できる。①特定の仕事をうまく処理するエキスパート技能。②当該組織の文脈で具体的に習得され蓄積される文脈的技能（contextual skill）。③特定の仕事の周辺業務に関する知識を総合する統合的技能（integrative skill）。④これらの技能の習得の基礎能力として，より一般的な問題解決力やコミュニケーション力あるいは柔軟性といった可塑的技能（malleable skill）。平野（2006）はこれら総合した技能を企業特殊総合技能（firm specific general skill）と呼んだ。

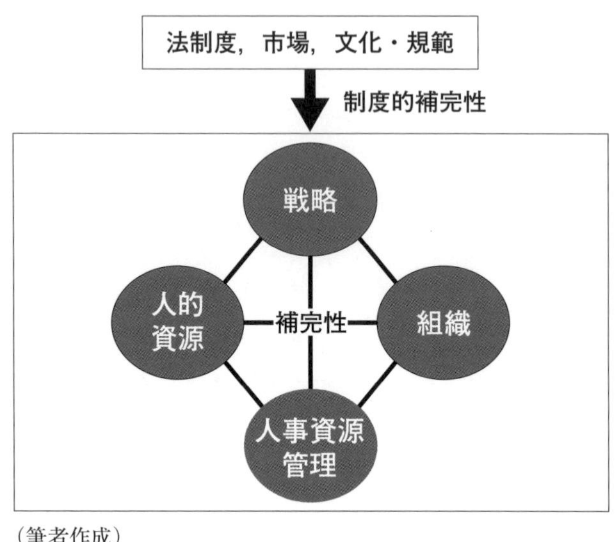

（筆者作成）

図 1-2 補完性

く制限されている。解雇権濫用法理とは，使用者が労働者を解雇するには合理的な理由が必要で，なおかつ，解雇することが社会一般的に相当な処置だと認められなければ，権利濫用として「解雇を無効とする」というものである。こういった厳しい解雇規制と企業の終身雇用の雇用慣行は補完的である。また企業はいったん正社員として採用した従業員の雇用保障を，柔軟かつ曖昧な職務編成のもとで実現しようとする。したがってキャリアの幅は広くなる。一方，日本は欧米に比べて転職市場が発展していないので，社内の雇用を維持すべく社内の様々な仕事をうまくこなす企業特殊総合技能が補完的である。働く人々は転職に有利な汎用的一般的技能の向上よりも内部労働市場での雇用や昇進を確かなものにする企業特殊総合技能の向上に励むようになる。こうした日本の制度的環境と企業内部の活動の補完性は，日本型とも呼べる人的資源管理を確立していく要因となる。人的資源管理は制度的環境が変化すればそれと補完的に進化していく。日本型人的資源管理の確立と現在に至る進化の過程は，第2章「日本型人事管理の進化」で検討する。

3. 人的資源管理の様々な活動

（1）人的資源管理の活動

人的資源管理の具体的な諸活動はどのように整理したらよいのか。戦略と人的資源管理の関係を考察したデバナ・フォンブラン・ティッシーは，**図1-3**のように，選抜・評価・報酬・開発といった人的資源管理における個別の活動の連関を図式化した（Devanna, Fombrun & Tichy, 1984）。選抜（selection）は職務の履行に最適な人材のスペックを定めて獲得供給する活動である。評価（appraisal）は組織内の公正性を担保しつつ報酬（rewards）と開発に結びつけることである。さらに開発（development）は現在の職務のパフォーマンスを高めることのみならず，将来その人が就くポジションを想定してキャリア開発することである。したがって再び選抜に戻る。

選抜は「募集と採用」にはじまる。ひとたび従業員を採用すれば，成果を上げる（または上げることが予想される）従業員が，長期間組織にとどまってその能力を発揮することができるようにするキャリア開発が

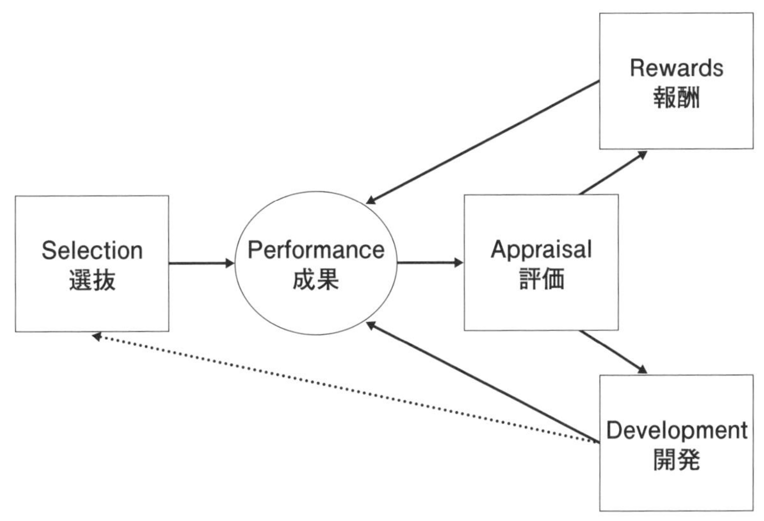

出所：Devanna, Fombrun & Tichy（1984），41頁より。

図1-3　人的資源管理の活動のサイクル

重要となる。人的資源管理の基本システムが第4章で解説する「社員格付け制度」である。社員格付け制度とは，組織の中の社員序列や人的資源管理の諸活動を規定する基本システムである。近年，日本では職務遂行能力によって等級の序列を定める能力主義の職能資格制度を，職務や役割の価値によって等級を決める職務等級制度や役割等級制度に変更する企業が増えている。これは人やその能力という供給側（労働者）の事情で処遇を決めるのではなく，「市場における付加価値」を職務価値に翻訳して需要側（職務）の事情で処遇を決めるというものである（石田・樋口，2009）。その面で成果主義の色彩が濃くなる。

能力主義から成果主義への移行の流れに伴い，日本で普及したのが目標管理制度である。目標管理制度を導入すれば，評価の中心は従来の能力考課から成績考課，あるいは業績考課へシフトする。しかし成果を厳しく問う人事考課は，働く人々の意欲を高める可能性がある一方で，制度や運用に問題があれば不満の種にもなる。それゆえ企業には評価方法の再検討が求められている。詳しくは第5章「人事考課制度」で検討する。また従業員が仕事を通して成果を生み出すためには，それを行おうとする個人の積極的な意思が必要である。したがって従業員の努力を特定の方向に導き引き出す「賃金制度」を準備しなければならない。このことは第6章で解説する。

企業は従業員の知識，スキル，能力などを必要に応じて発展させるべく人材育成に取り組まなければならない。人材育成の方法は一般的にOJT と Off-JT に区別される。近年の人材育成に関する議論は，単発的な OJT または Off-JT の方法やその効果というよりも，キャリアを通じた育成または開発というテーマへと転換している。キャリアとは，狭義に捉えれば，組織の中で経験する「仕事の幅の広がり」（ヨコのキャリア）と「職位の上昇」（タテのキャリア）の時間的経路のことである。キャリアの節目は異動である。すなわち従業員を組織の権限によって，元の職務から他の職務に移す行為によってキャリアは開発されていく。第7章では個人と組織の相互作用の視点に立って「キャリア開発」のあり方について検討する。

なお，**図 1-3** には描かれていないが，「労使コミュニケーション」も人的資源管理の重要な活動である。働き方や報酬の仕組みや水準を規定するルールは経営者の一存で決めることはできず，労使による合意形成が不可欠である。労使コミュニケーションの方法には，団体交渉や労使協議などがある。第８章で解説する。

（2）人的資源管理の３機能

人的資源管理の活動は実に多様である。しかし具体的な諸活動は基本的に共通機能を持っている。奥林（2010，2014）はそれを人的資源管理の３機能として整理している。

第１に，作業能率促進機能である。組織課題を効率的に達成する基本的な方法は，従業員が担当する職務をより能率的に遂行することである。換言すれば人的資源をより能率的に発揮することである。科学的管理法を開発したテーラー（Taylor, F.W.）は，１日の標準的作業量を科学的に測定し設定することにより，作業者の作業量を３倍に増大させることを考えた。作業能率の促進は作業者の個人的能率を促進することのみならず，職場の集団がチームとして作業する方法を考えることにより，職場全体の作業能率を上げることも考えられる。デジタル小型機器の組み立てなどに利用されているチーム作業方式は，製品の種類や量が日々変わる不安定な経営環境のもとで作業能率を向上させるのに適した作業方式である。

第２に，組織統合機能である。個々の従業員の作業能率は高いとしても，従業員がたびたび欠勤や離職を繰り返せば，組織全体の効率は落ちることになる。個人人格としての勤労者が組織人として行動しなくなれば，組織全体の効率は高まらない。従業員が組織へのコミットメントを高め，組織人として行動することを促進するのが組織統合機能である。例えば，目標管理においては，個々の従業員に示される業務目標は組織課題から導き出されたものであり，その目標を達成することにより，各自の職務行動が組織課題の達成に自動的に統合されるようになっている。目標を達成しそれに喜びを感じるのは，人間にとって自然なことであるが，そのメカニズムを利用しながら従業員の組織コミットメントを高める仕組みが目標管理である。

第3に，変化適応機能である。組織の環境変化に対して，組織とそこにおける従業員の職務内容は，ある程度柔軟に対応できる仕組みを組み込んでいる。組織は環境変化に対応して組織課題を変更するが，その変化を吸収できる余裕を人的資源管理は制度の中に組み込んでいる。例えば，非正規労働者の「量的基幹化」（第10章参照）は生産量や景気変動に対して従業員の数を容易に調整できる仕組みでもある。あるいは，複数の職務を担当できる多能工の養成は，生産物の変更に機動的に対応できる仕組みでもある。「役割等級制度」（第4章参照）のもとにおいて，従来の職務を大括りにして，同じ賃金制度の中で職務内容の変化にも容易に対応できるようにしたブロードバンディングは変化に適応しやすい賃金制度である。

これら3つの機能は，個々の人的資源管理の諸制度の中に体現されていると同時に，新しい制度を導入する際に考慮すべき観点でもある。例えば役割等級制度を導入する場合，それは従業員の作業能率を高めるか，組織へのコミットメントを強化するか，少々の経営環境の変化にも耐えうるかなどを検討しておかねばならない。

4. 人的資源管理の課題と展望

（1）新しいタイプの労働者と人的資源管理

環境が変われば従業員（人的資源）の構成も変わり，それに応じて人的資源管理も修正されなければならない。人的資源管理のあり方に影響を与えるのは，先に述べたように法制度，市場，文化・規範といった制度的環境である。なかでも21世紀に入って日本で起こった労働市場の著しい変化は非正規労働者の量的・質的拡大である。企業は，職務の特性を踏まえて必要な人的資源のタイプを設定し，企業内部で長期的に育成する正社員と，外部労働市場から短期・スポット的に獲得する非正規労働者の組み合わせを考えなければならない。ここで言う非正規労働者とは，直接雇用のパート，アルバイト，契約社員のみならず。間接雇用

（使用者と労働者の間に直接の雇用関係がない雇用形態）の派遣社員や請負も含む。近年は組織に所属することなく個人で仕事を請け負うフリーランスも増えてきている。こうした多様な人材の組み合わせのマネジメントは「雇用ポートフォリオ」と呼ばれる。第10章で解説する。

雇用ポートフォリオでは，企業特殊総合技能を用いて組織的に進める職務は内部育成の正社員に担わせることが望ましい。一方，汎用的専門的能力を用いて仕事を進める人材も必要である。典型的には，研究者，データサイエンティスト，知的財産権を扱う法務専門家といった知識労働者である。従来の日本企業は長期安定雇用をベースにして組織に対する一体感や愛着を高めてきたが，知識労働者には従前のマネジメントは十分機能せず，異なる人的資源管理が要求される。この問題は第12章「知識労働者」で解説する。

もう1つの，日本の労働市場の重要な変化は少子高齢化である。出生率の低下と少子化を経て高齢化が進む日本において，将来にわたって長期に経済成長を持続させていくには，生産性の高い分野で女性に働き手として活躍してもらわなければならない。しかし，日本では男女の性別によって雇用形態，就業時間，労働力率，管理職比率などの点で差異がみられる。この問題は第11章「女性労働者と雇用」で解説する。

女性や高齢者の一部は，育児や介護などの理由により，企業から要求される様々な拘束性（転居転勤，残業，職種変更など）を受容するのに一定の制約がある。人手不足に直面する企業では，そうした女性や高齢者など多様な人材の多様な働き方を柔軟に受け入れることが重要であり，長時間労働の是正がその方途である。この問題は第9章「ワーク・ライフ・バランスと働き方改革」で検討する。

産業構造の変化も人的資源管理に影響を与える。主たる変化は経済のグローバル化とサービス化である。グローバル経営とそれを推進するグローバル人材を速やかに体系的に育成することは現代の日本企業の人的資源管理の重要課題である。しかしその方策は多様である。というのはグローバル経営において人的資源は，現地特有の社会文化的影響（ローカル・コンテキスト）を強く受けており，人的資源管理の仕方に世界標準が存在するわけではないからである。第14章「グローバル化と労働者」では，グローバル経済下の雇用問題について解説する。

もう1つの，産業構造の変化はサービス化である。総務省の統計によると，日本のサービス関連業種に従事する労働者は全体の7割以上にのぼっており，今後も国の観光産業振興の政策と相まって，サービス業従事者はますます増加していくことが予想される。しかしサービス業で働く人々，わけても対人サービス業にはそれ固有の労働特性がある。すなわち対人サービス提供者は，自分の感情がどのような状態であっても，それを押し殺して，顧客に「感じよく」対応しなければならない。なぜならば接客時の評判が企業の評判となり，顧客のリピートや拡大につながるからである。こうした対人サービス従事者における自分の感情を組織のためにコントロールしなければならない労働を，ホックシールドは感情労働（emotional labour）と呼んだ（Hochschild, 1983）。感情労働はバーンアウトや離職の原因となる。人的資源管理はいかにこの問題に取り組んだらよいのか。第13章「感情労働者」で検討する。

これまでの議論は主として企業を対象としていた。しかし冒頭で述べたように継続事業体には私的セクター（企業）とは別に公的セクター（行政）や共的セクター（ボランティア団体など）がある。当然，公的・共的セクターと企業とでは組織のミッションや戦略が異なる。ボランティア団体のように組織の目的が利益を出すことではないとき，人的資源管理の様相はどのように変わるのであろうか。第15章「共的セクターの人々」で解説する。

（2）日本型人的資源管理の進化を探る

経営学は，20世紀初頭，第2次産業革命で誕生した巨大企業の管理運営をどうするかというニーズを背景にドイツとアメリカで生成した。アメリカの経営学は，管理学としての生成・発展を特徴とし，経営者・管理者の実践的要請に応えるプラグマティックな方策を追求した。ドイツでは企業活動における価値を学問性を確保しつつ捕捉せんとし，経営経済学としてスタートした（上林，2014）。一方，日本の経営学はアメリカとドイツ双方の経営学を摂取した研究者たち，すなわち「骨はドイツ，肉はアメリカ」（三戸，2004）の研究者たちによって大正から昭和初期にはじまった。その後ドイツ経営学をフォローする研究者は次第に減少し，平成以降はアメリカ経営学一辺倒となり現在に至る。こういった出自であるから経営学のアプローチは学際的である。

人的資源管理は経営学の一分野として，継続事業体に参加する人々の管理のあり方を解明する科学である。その際，人的資源管理が経営学の他の分野とは異なるのは，人的資源が他の経営資源（モノ・カネ・情報）と違い，自ら意思・欲求，好みを持つ生身の人間であるということである。したがって人的資源管理は，モチベーション，成長欲求，働きがいといった働く人々の心理や態度および行動に働きかける必要があり，それゆえ人的資源管理論は行動科学（behavioral science）の知見を摂取してきた。

1949年にシカゴ大学の心理学者ミラー（James G. Miller）によって命名された行動科学は，人間行動を学際的・科学的に接近する新しい学問として研究の射程を広げた（大津，2011）。1950年代に入ると，行動科学の発展に影響を受けて組織心理学（organizational psychology）が誕生し，さらにアメリカのビジネススクールで組織心理学を基礎として組織の中の人間行動を扱う組織行動論（organizational behavior）が発展した。人的資源管理を学問として捉えたとき，応用から基礎へ，研究のストリームをさかのぼれば，上流に組織行動論が存在する。これまで組織行動論は人的資源管理の実務と研究に多大な影響を与えてきた。選抜，評価，報酬，開発の人事施策の有効性は，組織行動の諸理論が根拠となっているといっても過言ではない。第3章では組織行動論のメインストリームである「モチベーションとリーダーシップ」について解説する。

要するに，企業の戦略達成および競争力向上という「経営の視点」と従業員の意欲や成長といった「人の視点」をうまく接合していくことが人的資源管理の課題であり，また幅広い学問分野を応用する学際的研究分野として面白いところである。そしてこのような学際的かつ応用的な人的資源管理を理解するためには，「補完性の論理」と「比較」から学ぶことが有効であり，その視座が第2章で解説する「日本型人事管理の進化」である。実務者の中には「日本型」ないし「アメリカ型」と人的資源管理をステレオタイプに捉えるのはナンセンスだと言う人もいる。たしかに人的資源管理は本来「わが社独自」であるべきであり，その独自性が競争優位につながるという面はある。しかし独自であると主張するためには比較対象がいる。日本型人事管理の理念型はわが社独自の人的資源管理を設計する際の参照枠となる。

人的資源管理を学ぼうとする人は，本章で議論した戦略や組織と人的資源管理の補完性がいかに競争優位に結びつくかを考察してほしい。とりわけ1980年代から1990年代にかけての伝統的な日本型とアメリカ型の人的資源管理のプロトタイプを理念型に置き，それを構成する人事施策の束はいかなる補完関係にあったのかを検討することは重要である。ミドル・アップ・ダウンの調整様式，それを可能にする組織のメンバーが保有する高い「知的熟練」（第2章参照），知的熟練の向上を動機づけながらトレーニングを施す内部育成，職能資格制度，同一年次管理・定期異動・遅い昇進モード，終身雇用といった人事施策の束が，どのような類いの補完性を発揮し，業績目標の達成に貢献したのか。そして制度的環境の変化に応じて，そうした日本型人事管理の補完性は失われてしまったのか，あるいは新しい補完性を見出し，異なる形態へ進化したのか。本書を通じてより踏み込んで学んでいこう。

研究課題

1．人的資源管理の企業システムにおける基本課題は何かを論述してみよう。
2．人事制度を大きく変えた企業を調べて，その変更が，戦略や組織との補完性の再構築という観点からみて，いかなる意義があったのか考えてみよう。
3．組織の目的と個人の目的が一致せず背離している具体的なケースを考えてみよう。その上で，あなたが経営者だったら組織の目的と個人の目的をどのように統合したらよいか，想定したケースをもとに具体的に考えてみよう。

参考文献

Barnard, C.I.（1938）*The Functions of the Executive*, Cambridge, Mass.：Harvard University Press.〈＝山本安次郎・田杉 競・飯野春樹訳（1968）『新訳・経営者の役割』ダイヤモンド社〉

Cahndler, A.D., Jr.（1962）*Strategy and Structure*, Cambridge, Mass.：MIT Press.〈＝三菱経済研究所訳（1967）『経営戦略と組織』実業之日本社〉

Devanna, M.A., Fombrun, C.J. & Tichy, N.M.（1984）"A Framework for Strategic Human Resource Management," in C.J. Fombrun, N.M. Tichy & M.A. Devanna（eds.）, *Strategic Human Resource Management*, New York: John Wiley & Sons, pp.33-55.

Hochschild, A.R.（1983）*The Managed Heart: Commercialization of Human Feeling*, Berkeley: University of California Press.〈＝石川 准・室伏亜希訳（2000）『管理される心―感情が商品になるとき―』世界思想社〉

Roberts, J.（2004）*The Modern Firm: Organizational Design for Performance and Growth*, Oxford: Oxford University Press.〈＝谷口和弘訳（2005）『現代企業の組織デザイン』NTT 出版〉

石井淳蔵・奥村昭博・加護野忠男・野中郁次郎（1985）『経営戦略論』有斐閣

石田光男・樋口純平（2009）『人事制度の日米比較―成果主義とアメリカの現実―』ミネルヴァ書房

伊丹敬之・加護野忠男（2003）『ゼミナール経営学入門〈第3版〉』日本経済新聞社
占部都美（1974）『近代組織論（I）バーナードとサイモン』白桃書房
大津 誠（2011）「経営学と経営行動科学」経営行動科学学会編『経営行動科学ハンドブック』中央経済社，pp.26-35.
大湾秀雄（2009）「取引コスト経済学と「企業の境界」」『経済セミナー』No. 645, pp.78-84.
奥林康司（2010）「企業経営と人的資源管理」奥林康司･上林憲雄･平野光俊編著『入門人的資源管理〈第2版〉』中央経済社，pp.2-15.
奥林康司（2014）「企業経営と人的資源管理」原田順子・奥林康司編著『人的資源管理』放送大学教育振興会，pp.9-26.
上林憲雄（2014）「統一論題趣旨」日本経営学会編『経営学論集第84集 経営学の学問性を問う』千倉書房，pp.3-4.
平野光俊（2006）『日本型人事管理―進化型の発生プロセスと機能性―』中央経済社
三戸 公（2004）「人的資源管理論の位相」『立教経済学研究』第58巻，第1号，pp.19-34.

2 日本型人事管理の進化

平野　光俊

本章では，第1に，高度経済成長期に原型がつくられ，安定成長期に全面的展開を遂げた日本企業の正社員の人事管理の「日本型」なる特質を論じる。第2に，日本型人事管理を特徴づける様々な人事方針（ポリシー）や人事施策の束が，どのような類いの補完性を発揮し，経営パフォーマンスに結びついたのかを組織モードの双対（そうつい）原理を用いて解説する。第3に，平成雇用不況期から現在に至る間に，伝統的な日本型人事管理の補完性は失われてしまったのか，あるいは新しい補完関係をもつ人事管理の仕方に変わったのかについて検討し，日本型人事管理の進化を跡づける。

＜キーワード＞　知的熟練，組織モード，双対原理，補完性，人事部

1. 日本型人事管理とは何か

人的資源管理の多くは現実の管理活動の中から自生的に生み出されたものであり，それゆえ歴史的に変化する。したがって人的資源管理の「日本型」なる特質を見定め，さらにその変遷をたどるには，比較する時代区分がいる。仁田・久本（2008）は戦後から現代にいたる雇用状況からみた時代区分を，①戦後復興期（1945～1960年），②高度経済成長期（1960～1974年），③安定成長期（1975～1996年），④平成雇用不況期（1997年～）の4つに分けている。

同書の出版年は2008年である。それ以降の雇用の状況に鑑みれば，平成雇用不況期は，いわゆる「アベノミクス」の景気拡大期に入った2012年に終わったとみるべきであろう。以降，雇用の面では人手不足が深刻化し，長時間労働がもたらす過労死やメンタル不調が社会問題となり，同一労働同一賃金（第10章参照）や労働時間規制（第9章参照）を定めた，いわゆる「働き方改革関連法」の施行など，一連の労働政策

が企業の人事管理に多大な影響を与えた。さらに2020年は新型コロナウイルスの感染拡大が続き，雇用情勢が急激に悪化した。働き方の面でも，出張の中止・禁止，テレワーク・在宅勤務の導入・推奨，オンライン会議や電子決済の導入などデジタル技術の活用が急激に進んだ（労働政策研究・研修機構，2020）。

本章では，高度経済成長期に原型がつくられ，安定成長期に全面的に展開を遂げた「日本の大企業・中堅企業」（以下，日本企業という）の正社員に特徴的な人的資源管理の仕方を「日本型人事管理」と呼ぶ。なお本章では人的資源管理と人事管理は同じ意味の用語と捉えるが，実務では人事管理が一般的なので，ここではそれに従う。

はじめに，安定成長期の日本企業の正社員の人事管理の「日本型」なる特徴を素描する。次に，日本型人事管理を構成する人事方針（ポリシー）や人事施策の間にいかなる補完性があったのかを解説する。具体的には，擦り合わせ型のコーディネーション，それを支える職場の多くの従業員の幅広い専門性（知的熟練），その習得を促す職能資格制度，年次管理・定期異動・遅い昇進などに特徴づけられるキャリア開発，土台としての終身雇用保障といったポリシーや施策の束が，どのような補完性を発揮し，経営パフォーマンスに結びついたのか。そして平成雇用不況期から現在に至る間に，日本型人事管理は変わったのか，あるいは変わっていないのか。日本型人事管理が持っていた補完性は失われてしまったのか，あるいは新しい補完性を見出し進化したのか。以上の点について検討していこう。

2. 日本型人事管理の特徴

(1) 知的熟練

安定成長期に全面的に展開を遂げた日本型人事管理の特徴は，能力主義で設計される社員格付け制度（職能資格制度）と「知的熟練」（intellectual skill）の発展を意図した幅広い仕事経験（キャリア開発）が補完的に結合しているところに見出せる。

知的熟練とは，日本の生産労働者（ブルーカラー）が保有する技能の特徴のことである。具体的には「普段と違った作業」(unusual operation)，つまり変化と異常を処理するノウハウのことである。たとえ工程管理が行き届いた生産工場であっても職場の作業は決して普段の作業で尽きはしない。頻繁に変化と異常が起きている。異常事態にあって「その場のその人」(the man on the spot) が，生産ラインを長く止めることなく治具(じぐ)や工具を変え，その微修正を行い，うまく対応できるかどうかで効率は大きく変わる。そして日本の生産現場は，問題処理の専門家であるエンジニアではなく，現場の作業者が変化と異常に対処することが多い。結果として，日本の生産現場では，労働者の多くが知的熟練を備える中厚的なスキル分布となる (Koike, 1994)。

知的熟練の形成方法は「幅広い仕事経験 (キャリア開発)」である。これは一人の生産労働者が自分の職場の主な持ち場を経験し，ときに隣の職場に及ぶことを指す。ただし，幅広さはせいぜい両隣，つまり前の職場のスキルが他の職場で十分活用できる場合に限られる (Koike, 1994)。これには不慣れな職場に配置されたことから生じる生産性の一時悪化という機会コストやOJTの追加コストを節約するという利点もある。

知的熟練はホワイトカラーにもあてはまる。ホワイトカラーは幅広い専門性を基礎にして変化や不確実性に対処しているという意味でブルーカラーと同じである。例えば，予算管理者が予算と実績の乖離(かいり)の分析を施し次期の予算編成に活かすかどうかで，組織の効率は大きく左右されるであろう (小池，2005)。予実差の分析を的確に行うには計画に対するノイズ，つまり環境変動や現場で起こっている異常に対する洞察が不可欠である。それは現場経験を含む幅広い経験によって培われる。ホワイトカラーとブルーカラーの違いは，前者は，生産性，個人の貢献，知的熟練の測定をモニターすることが難しいということである (猪木, 2002)。

(2) 職能資格制度

知的熟練の獲得に向けてインセンティブを提供するのが「職能資格制度」と呼ばれる社員格付け制度である。職能資格制度とは，会社が認めた職務遂行能力のレベルに応じて資格等級を設定し，資格に社員を格付けして昇進や賃金を決定していくシステムで，職務遂行能力を等級の決定基準とする。

日本企業に職能資格制度が本格的に導入されるようになった端緒は，1965年の日本経営者団体連盟（略称は日経連）総会である。その後1969年に発刊された『能力主義管理―その理論と実践―』において，日経連は職能資格制度を人事制度の基軸に位置づけ，あわせて役職と資格の分離を提言し，また昇進管理においては結果業績のみならず，そこに至るプロセスを評価すべきとし，評価する能力は顕在能力と潜在能力の両方を対象とした（日経連能力主義管理研究会編，1969）。

職能資格制度を採用すれば「職位のはしご」と「資格（ランク）のはしご」という二重のヒエラルキーを昇進構造に持つことになる。報酬の基本部分は社員がどの資格に位置づけられているかで決定され，上位の資格に上がれば報酬は上がる。しかし職位が上がっても資格等級が変わらなければ報酬に変化はない。日本企業が職位の上昇を「昇進」，資格の上昇を「昇格」と使い分けるのは，この処遇と配置の分離に基づく。人件費の総額管理は，賃金の多くの部分が資格に対応するので昇格者の定数管理によって行われる。昇格は，時間の経過とともに能力が向上したことを何らかの方法（人事考課や面接）で評価し，個人間に速度と到達限度の差はあるとはいえ，次第に上位の資格に上がっていく仕組みになっていて，通常昇格は1段階ずつである。また昇格のための必要経験年数や標準年数が設けられている。降格は稀である（平野，2003）。

（3）遅い昇進

職能資格制度では，資格等級と職位は大括りの対応関係にある。したがって，たとえ管理職層の資格等級に昇格しても，実際に管理職ポストに欠員がでるまで任用を待たなければならない。すなわち日本のホワイトカラーの昇進パターンは「昇格先行・昇進追随」（八代，2002）の慣行にのっとって「遅い昇進」に従う。

日本労働研究機構（1998）の調査によれば，「同一年次の社員の間で初めて昇進に差がでる時期」(第 1 次選抜) は, アメリカ企業の入社後 3.4 年に対して, 日本企業は 7.9 年である。「同一年次の社員のなかでそれ以上昇進の見込みがなくなる人が 5 割に達する時期」(横ばい群の出現期) は, アメリカ企業の 9.1 年に対して, 日本企業は入社後 22.3 年である。つまり日本企業は第 1 次選抜が遅く, キャリアがプラトー化する (これ以上の昇進の見込みがなくなる) 時期も遅い。昇進は入社後, 一定期間はおおむね年齢・勤続年数に従って行われ, それ以降は成果や能力に応じて選別が行われる。つまりキャリアの初期は一律年功型で, 中期で昇進スピード競争型に移行し, 課長クラスになってトーナメント型となる重層型である (今田・平田, 1995)。日本企業のいわゆる正社員は, 入社年次の同期の間の昇進スピードのわずかな差が可視化され, 長期にわたって昇格・昇進競争に焚(た)きつけられる (竹内, 1995)。

(4) 終身雇用保障と無限定性

日本の正社員を識別する基準は, その働き方の包括性・無限定性に着目すると, ①活用業務無限定, ②配属先の事業所・勤務地無限定, ③残業がある, ④フルタイム勤務の 4 つである (佐藤, 2012)。つまり終身雇用保障を前提として, この 4 つの基準を満たす雇用区分が, いわゆる正社員である。日本の場合, 勤務地, 職務, 労働時間が限定されていないという無限定性が欧米諸国などと比べても顕著であり (鶴, 2016), 正社員は, 将来の勤務地や職務の変更, 残業を受け入れる義務があり, 転勤や職務の変更, さらに残業命令も断れない。つまり使用者側は幅広い人事上の裁量権を持つ。

(5) 強い人事部

日本の人事部とアメリカの人事部の権限の違いを調査したジャコービィ (Jacoby, 2005) によれば, 日本企業の人事部の人事権 (採用・異動・昇進・解雇などを決定する権利) は強い。一方, アメリカの企業では, 人事権は人事部にはなくライン管理職が持っている。アメリカの人事部は, 人事・教育制度の開発整備を担当するプロとして, ライン管理職をサポートする役割を担うが，日本の人事部は実際の社員個別の人事に直接関与する（加藤，2002）。つまり採用，配置換えによるキャリア開発，人員調整のための配置転換，その他同種のものに関する問題について，日本企業の人事部はライン管理者よりも実質的に権限を保持している。対照的に，アメリカのライン管理者は採用やレイオフの決定において大きな裁量権を有している。

安定成長期の日本型人事管理を素描すれば以上のとおりである。すなわち，その特質は，①知的熟練を開発する「幅広い仕事経験（キャリア開発）」，②知的熟練の習得にインセンティブを提供し，長期にわたって競争に焚(た)きつける「職能資格制度」，③入社年次の同期間の昇進スピードのわずかな差を可視化する「遅い昇進」，④勤務地，職種，労働時間が限定されていない働き方の「無限定性」，⑤社員個々の異動に関与し人事権を行使する「強い人事部」，以上の5つである。

3. 組織モードの双対原理

（1）シンプルな企業モデル

それでは，このような特質をもつ日本型人事管理は果たして機能的だったのか。「比較制度分析」（comparative institutional analysis）という経済学の一分野を開拓した青木昌彦は，安定成長期の日本とアメリカの人事管理の違いを分析し，それぞれの機能性に対する説明原理を提起した。組織モードの「双対(そうつい)原理」（duality principal）である（Aoki, 1988；青木，1989）。

まず企業モデルをシンプルに示すと**図2-1**のようになる。組織内部のマネジメントとして，情報システムと人事管理の2つを想定しよう。情報システムとは，組織メンバーの情報処理の限定合理性と現場情報の集中不可能性という制約のもとに，組織内外の情報を処理して戦略を立て，その遂行過程における個々の決定をうまくコーディネートするシステムである。具体的には，計画の主体を定めて，意思決定の仕組みを整備し，人々の協働の体系をコーディネートする様式である。このとき情

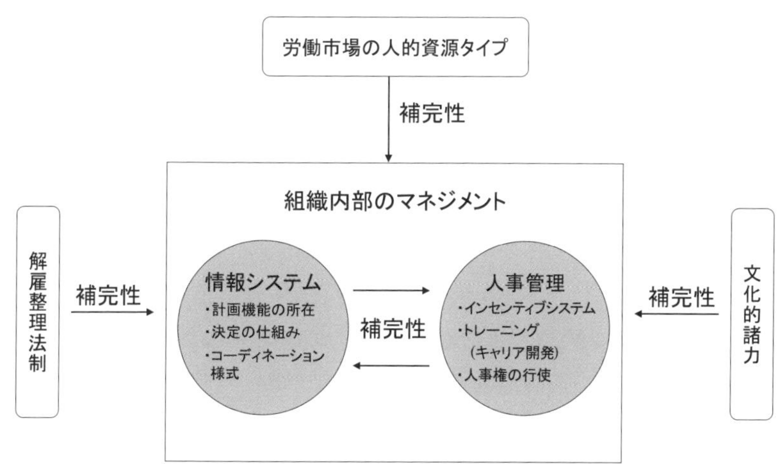

出所：平野（2006），70 頁より一部変更して筆者作成。

図 2-1　シンプルな企業モデル

報システムは，事前情報を処理してセンターが戦略決定する「集中的情報システム」（第 1 章で述べた垂直的コントロール）と，各階層が事後情報を取り入れながら共同して帰納的に戦略決定する「分権的情報システム」（水平的コーディネーション）に分けることができる。

集中的あるいは分権的な情報システムがうまく機能するには，特定の情報システムに要求される技能の効率的な利用が，それに対応するインセンティブ制度によって適切に動機づけられることが不可欠である。同時に，従業員にトレーニングを施し，必要な技能を発展させていかなければならない。トレーニングとは仕事経験の順序だった提供，すなわちキャリア開発のことである。つまり人事管理の主たる要素は，特定の情報システムをうまく機能させるよう，従業員の技能を開発するトレーニング（キャリア開発）と技能獲得を動機づけるインセンティブ・システム，および個別人事に関わる人事権の行使と捉えることができる。そして情報システムと人事管理がうまくフィットすれば，人事管理は経営パフォーマンスに対して良好に作動する。

(2) J型組織モード

日本型（以下，J型という）組織モードの補完性を説明すれば次のようになる。第1に日本企業は「分権的情報システム」（Decentralization of Information System：DIと略記）を選択した。それをうまく行うには，様々な職場の経験を通した変化と異常への推察と対処能力，すなわち知的熟練が必要であった。第2に，知的熟練をもつ人材は複数の仕事経験（異動）を通じて育つのであって，特定のやり方のトレーニング（キャリア開発）がうまく実施できるかどうかは人事管理の仕組みに依存した。つまり異動を通じて知的熟練を高めるためには，特定の仕事と結びつかない職能資格制度が向いていた。第3に，管轄を超える異動は全体最適の観点から決定される必要があるので，人事権は人事部に集中した。

要するに，日本型人事管理は現場情報のよりよい利用を可能にする幅広いキャリア形成，組織内バランスを重視した職能資格制度，会社全体の視野に立つ体系的な人材配置を可能にする人事権の人事部集中といった「集中的・組織志向的人事管理」（Centralization of Personnel Management：CPと略記）の特徴を持っていた（青木，1989；平野，2006；平野・内田・鈴木，2008）。

同時に，J型人事管理は，流動性の乏しい労働市場や厳しい解雇整理法制とも補完的に結びついていた。日本の労働法は，判例法理により解雇制限を確立してきた。つまり解雇により労働力を調整することは困難を伴う。一方，企業内部における使用者の広範な配転命令権を与えるなど，広い人事上の裁量を認めている（大竹・大内・山川編，2002）。すなわち，いったん採用した正社員の解雇は容易でないから，社員の意欲を長期にわたって継続させるためにエリート・ノンエリートの選別を遅らせること（遅い昇進モード）が適していた。また内部労働市場の中で適材適所を見出すために，あるいは全社的な人材の需給調整を円滑に行うために，ときにラインの管轄を超えて異動させる必要があった。したがって人事権は人事部に集権化する必要があった。

(3) A型組織モード

他方で，ヒエラルキーの上位と下位が命令もしくは標準という情報処理によって結びつく「集中的情報システム」(Centralization of Information System：CIと略記) では，専門に特化した能力が要求され，採用・解雇の人事権が各ライン管理職に委譲された「分権的・市場志向的人事管理」(Decentralization of Personnel Management：DPと略記) が整合的となる。

このような様式の人事管理を施す企業が社会の中で多数であれば，市場での競争が専門化された技能の標準化された評価と発展を促し，個人はよりよい機会を求めて組織間を移動することができる。したがってライン管理職の権威は弱い基盤にしか持ちえない。つまりCIを採用する企業が社会の中で多数であれば，組織の統合性とライン管理職の権威は，管理職への意思決定の集中と人事権の付与なしには確立しえないだろう。したがって標準化された技能の発展を目指すキャリア開発，市場賃金を反映したポリシーラインで規定される職務等級制度，管理職の権威を補強する人事権のライン分権に特徴づけられるDPが適合的となる。CIとDPの結合様式を青木 (1989) はA型組織モードと呼び，それは1980年代のアメリカにおいてよく当てはまった。

振り返れば，アメリカも1950年代から70年代にかけて，安定的な経済成長の下，その人事管理は多くの点で日本型人事管理と似ており，従業員は終身雇用を享受していた。しかし1978年の第2次石油危機が引金となって世界的なスタグフレーションがアメリカ経済を直撃すると，個人消費や住宅投資等の家計支出が鈍化し，輸出は伸び悩み，在庫調整の本格化とともに景気後退が鮮明となった。1980年代に入ると，アメリカの経営者はこの困難な不況をリストラやレイオフあるいはダウンサイジングと呼ばれる手法によって乗り越えようとした。ダウンサイジングとは，成績不振以外の理由で従業員を解雇し，雇用の純減を図ることである。これに加え，臨時雇用，アウトソーシング，即戦力重視の中途採用，業績給などの導入が流行し，アメリカ企業の内部労働市場に著しく市場原理が浸透した (Jacoby, 2005)。

アメリカの産業経済は1990年代になると好転する。マルチメディアや情報通信の新技術開発によってアメリカ企業の労働生産性が飛躍的に向上しはじめた。規制から解放された金融市場は世界中からカネを集めることに成功し，革新的なビジネスのアイデアと旺盛な起業家精神を持つ若者に潤沢な資金が提供された。ガレージで産声をあげたベンチャー企業が瞬く間にグローバル企業に成長し，アメリカの産業社会を牽引した。しかし，アメリカの成功は「雇用なき経済再生」(jobless recovery) とも呼ばれるように，長期に及ぶ好況下においてもダウンサイジングが継続された。

この時，1980年代初頭はリストラの対象外であった長い在職期間を持つ男性管理職にも目が向けられた。「長期雇用と十分な諸給付の提供をこれまで誇ってきた企業群――コダック，デジタル・イクイップメント，IBM ――も，今では数千人もの従業員を解雇し，中間管理職に暗黙裏に約束していた生涯に及ぶキャリア型の仕事をシュレッダーにかけたのである」(Jacoby=鈴木・伊藤・堀訳，2005：153頁)。ここにおいてアメリカの伝統的な雇用関係は，市場原理に基づく雇用契約に取って代わり，雇用保障，終身雇用，定期昇給，安定賃金といった旧来の人事管理は終焉の時を迎えた。組織が確実に保障してくれるのはエンプロイアビリティ（他社でも雇用されうる能力）を高めるキャリア機会だけ，という雇用関係が「普通」のことになったのである。個人は市場で評価される汎用的エキスパート技能を高めることに意欲する一方，雇い主はキャリア競争力を高める仕事機会を提供するという新しい心理的契約が成立した。

（4）組織モードの比較

以上の議論を要約すれば**表2-1**のようになる。双対原理から導かれるパフォーマンスに良好な組織プロトタイプ型は，DIとCPが結合するJ型組織モードと，CIとDPが結合するA型組織モードの2つである。

図2-1（37頁参照）のモデルに即して述べれば，J型組織モードは，【DI－1】計画機能のライン分権，【DI－2】情報共有に基づく各階層の

表2-1　J型組織モードとA型組織モード

	J型（DI-CP）	A型（CI-DP）
情報システム	分権的	集権的
人材の技能タイプ	知的熟練	エキスパート技能
キャリア開発	クロス・ファンクショナル	ファンクショナル
インセンティブ・システム	能力主義・組織志向（職能資格制度）	職務主義・市場志向（職務等級制度）
人材の調達	内部労働市場から	外部と内部の労働市場から
人事権の所在	人事部集中	ライン分権

出所：平野（2006），62頁より一部変更して筆者作成。

共同的意思決定，【DI－3】タスク間の水平的コーディネーションという情報システム特性と，【CP－1】組織インターナルバランスを重視した能力主義的なインセンティブ制度，【CP－2】総合的なトレーニング（クロス・ファンクショナル・キャリア），【CP－3】人事権の人事部集中という人事管理特性が結合している。

一方，A型組織モードは，【CI－1】計画機能のセンター集中，【CI－2】意思決定のセンター集中，【CI－3】ヒエラルキーに即した垂直的コントロールという情報システム特性と，【DP－1】職務主義で市場志向のインセンティブ制度，【DP－2】専門的なトレーニング（ファンクショナル・キャリア），【DP－3】人事権のライン分権という人事管理特性が結合している。

（5）組織モードと制度的環境

J型とA型それぞれの組織モードのパフォーマンスに対する優位性は「情報効率」という概念を用いて比較することができる（青木，1989）。つまり，ある組織型のもとで実現されるマネジメントと職場の実行活動の選択の組み合わせ，言い換えればコーディネーションが，同じ技術的・

環境的パラメータのもとで他の組織型より単位時間あたりの高い収益を実現しうると期待されるとき，前者の組織型は後者の組織型に比して，より情報効率が高いとしよう。

組織モードが持つ情報効率は，組織のコンティンジェンシー論的にいえば，環境に依存することになる。つまり，CIは組織環境が安定もしくはドラスチックな場合に適合し，DIは連続的な環境変化に適合する。というのは，もし環境が安定的であるなら計画に必要な事前情報はかなり正確であり，事後情報に基づく期中のアドホックな計画修正は必要としない。また現場情報の期中の応用はそれ自体時間がかかるから，非常に環境変化が速い状況においては，修正された計画それ自体がもはや環境と不適合となっている。他方，環境の変動性が中間領域であれば，作業単位における事前計画の分権的な微調整は結果を改良することになる。したがって，もし効率性のみが組織モードの選択にとり重要であるならば，CIタイプ，DIタイプの双方の情報システムが，ある社会において各産業（組織フィールド）の環境状態に依存しながら共存することになる。

しかし，**図2-1**（37頁参照）に示したとおり，組織の内部マネジメントは1つの社会に支配的な制度によっても規定される。換言すれば，労働市場，解雇整理法制，文化的諸力の経緯から生じる歴史的経路依存性に規定される。例えば，一国の中で一定の技能タイプが人口の大部分を占めるような場合，たとえ技術的・環境的予見によって他方の技能タイプが適合的であったとしても，社会に多数派の技能タイプを雇用するほうが期待利得は高まる。換言すれば，他の多くの企業が企業特殊的な知的熟練者を内部育成する戦略を採用するのであれば，自社もその人事ポリシーを採用するほうが（たとえ他の技能タイプが事業特性上適合的であったとしても），「戦略的に補完的」（strategic complementarity）である。ゆえに，産業に応じたコンティンジェントな組織モードの選択は自由に行いうるものではない。産業特性にかかわらず日本企業はJ型への，アメリカ企業はA型へのバイアスがかかり，必ずしも組織のコンティンジェンシー論は成立しない。

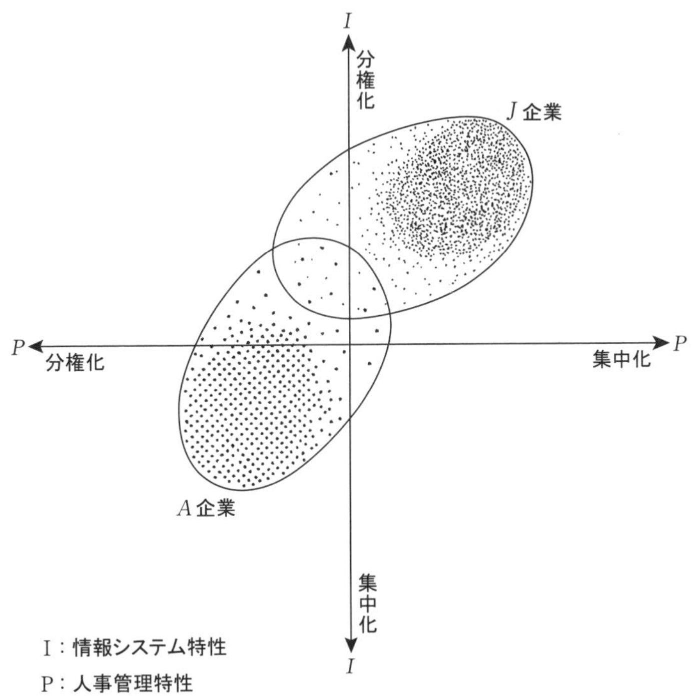

出所：青木（1989），118 頁より。

図 2-2　組織モードの 2 つのパターン

青木（1989）は一国の制度的環境にも規定される組織モードの 2 つのパターンを**図 2-2** のように描いた。つまり「アメリカの事業組織（A 企業）は，どちらかというと組織モードのスペクトラムの CI–DP 側の方向に傾斜しており，他方，DI–CP の組合せは日本の事業組織（J 企業）により顕著である」(118 頁)。

4. 日本型人事管理の課題と展望

(1) デジタル化，グローバル化，ダイバーシティ

平成雇用不況期以降この 20 年余り，日本企業は，伝統的な J 型組織モードを変化する環境に適応させようと試行錯誤を繰り返してきた。その適応行動は組織モードの一方の人事管理の修正のみでは完結しない。

組織モードの設計者（経営者と人事部）が実践したのは，情報システムと人事管理の新しい補完関係をつくり出すことにあった。その中心的な課題は，さしずめ以下の3つのショックへの対応であった。①デジタル化，②グローバル化，③人材の多様化（ダイバーシティ）である。

第1に，ICT（Information and Communication Technology：情報通信技術）の技術革新，さらには近年のIoT（Internet of Things：モノのインターネット），AI（Artificial Intelligence：人工知能）の急速な発展は，企業の情報システムに大きなインパクトを与えた。企業はビッグデータとデジタル技術を駆使して業務プロセスをモジュール化し，仕事のコーディネーションのデジタル化に取り組んでいる。

近年の企業の経営課題は，これまで人間同士がフェイス・ツー・フェイスで行ってきたコミュニケーション活動を，電子的なデジタル・プログラムやデジタル・ネットワークを利用して一層迅速に，大規模に，安価に，空間の制約をも克服して行えるようにすることである。コミュニケーションのデジタル化は，複雑な作業プロセスを同時並行化し，その処理スピードを迅速にする。そして先端デジタル技術の情報システムへの活用は，これまで日本が得意だった暗黙的な情報を共有するチームワークの比較優位を縮小せしめるように作用した。日本企業はデータとデジタルを駆使した変革，すなわちデジタルトランスフォーメーション（Digital Transformation：DX）[1)] をうまく取り込んだアメリカに大いに学ぶ必要があった。

第2に，企業活動のグローバル化はとりわけ大企業に「多国籍内部労働市場」（白木，2006）をつくるよう迫った。多国籍内部労働市場とは，例えば海外現地法人におけるローカル・スタッフの中からグローバルに活躍できる逸材を見出し，海外現地法人の内部労働市場の枠を超えて日本本社あるいは他国でキャリア開発していくことを可能にすることであ

1) デジタルトランスフォーメーション（DX）とは，事業環境の変化に対応するためにICTやデータを活用してサービスやビジネスモデルを変革する取り組み。近年は企業のみならず国や自治体など公的機関を含めた業務改善のキーワードとなっている。

る。したがって海外現地法人と日本本社合同のグローバルリーダー育成，グローバル人材情報の一元管理，グローバル共通の等級・評価・処遇制度導入に取り組む必要が出てきた。それは日本本社のＪ型組織モードのＡ型への転換を迫るものであった。

第３に，少子高齢化により労働力人口が減少しはじめるなか，あらゆる組織で，性別，国籍，年齢，知識や経験，働き方などにおける多様な人材の活躍を促すことが経営の重要課題となった。その結果，無限定な働き方を全面的に受容する男性総合職を主体とした「男性総合職モデル」（平野・江夏，2018）の見直しが求められるようになった。すなわちダイバーシティへの対応である。たとえば女性，高齢者，非正規労働者の中には，育児や介護などの理由により企業から要求される様々な拘束性（転居転勤，残業，職種変更など）を受容できない人も多い。同時に，若年層を中心にワーク・ライフ・バランスを重視する勤労観が拡大し（内閣府，2018），職種，勤務地，時間に無限定な働き方を受容しない男性総合職も増えてきている。

（2）日本型人事管理の進化型[2)]

以上のように，デジタル化，グローバル化，ダイバーシティのショックは，いずれも日本企業の人事管理をＪ型からＡ型へシフトするようプレッシャーをかける。

平野・上林（2019）は，人事システムの新展開に関する人事部長への質問票調査（以下，本調査）をもとに，Ｊ型人事管理の進化型を，①人事ポリシー，②社員格付け制度，③人事部の役割という３点から分析している[3)]。それによれば，Ｊ型人事管理は，Ａ型の特性を折衷した形態に進化しつつある。その内実は以下にように整理されている。まず平野・上林（2019）は，伝統的なＪ型人事管理に対して，現下の人事管理を「ハ

2）この項の記述は平野光俊・上林憲雄（2019）に依拠している。
3）神戸大学と日本能率協会（JMA）が参画した「人材マネジメントの新展開調査研究プロジェクト」が実施した人事部長を対象とするアンケート調査。有効回答数は134社。

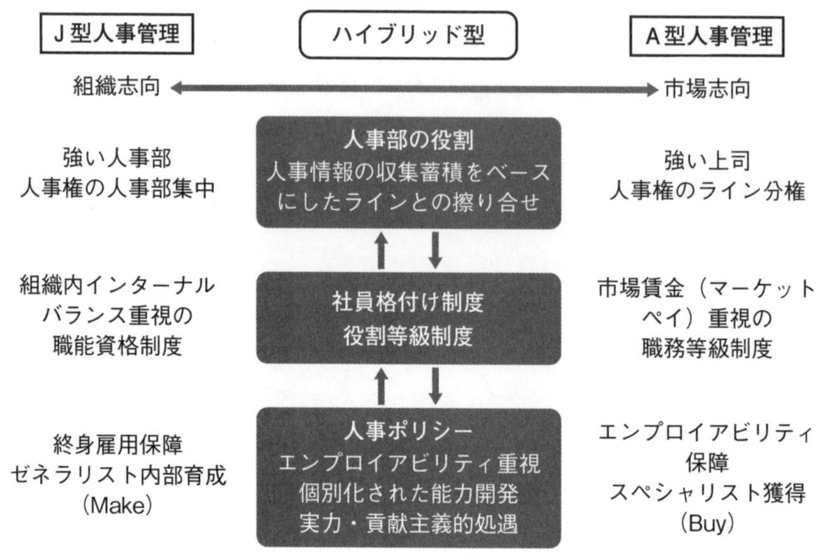

出所：平野・上林（2019），160頁より一部変更して筆者作成。

図 2-3　日本型人事管理の進化型

イブリッド型」と呼んでいる。また比較参照としてA型人事管理を念頭に置いている。結論を先取りして図解すれば**図 2-3** のようになる。

1）人事ポリシー

人事ポリシーとは，具体的な人事施策や取り組みを支える人事制度の設計や運用の方針のことである。本調査に参画した江夏（2019）が見出した人事ポリシーは「エンプロイアビリティ重視」「個別化された能力開発」「実力･貢献主義的処遇」の3つであった。エンプロイアビリティ重視とは「社員に自社のみならず幅広い企業で価値を持つような意欲や能力を蓄積・発揮することを求める」といった質問に代表される人事ポリシーである。「個別化された能力開発」とは「戦略達成のために必要な能力を従業員一人一人に合わせて定義し，成長支援を行っている」という質問に代表されるように，戦略と人材育成のリンクを強めつつ社員個別にきめ細かく能力開発を施すという人事ポリシーである。「実力・

貢献主義的処遇」とは，「個人の属性に囚われず，現在～将来の戦略達成への貢献度の違いに応じた評価や報酬を，全ての従業員に与えている」という質問に代表される人事ポリシーである。

一方，伝統的なＪ型の人事ポリシーのコアは「終身雇用保障」と「ゼネラリスト内部育成」（Make）であり，そこでは「献身的に働けば，定年まで雇用は保障される」という心理的契約が成立していた。

他方，Ａ型の人事ポリシーは「エンプロイアビリティ保障」と「スペシャリストの外部からの獲得」（Buy）である。エンプロイアビリティ保障とは「企業が雇用保障を約束できなくなった代わりに，他社でも通用する一般的・専門能力を高めるよう保障・支援する」ことである。

こうしたＡ型の人事ポリシーは，その帰結として「エンプロイアビリティ・パラドックス」を生み出す。すなわち他社で使える市場横断的な一般的・専門能力を開発すれば，結果的に従業員の転職を促し，人的資本投資が無駄になってしまうという矛盾である（Veiga, 1983）。エンプロイアビリティ・パラドックスを回避する方法は，逆説的であるが，いっそう従業員の能力開発に取り組み，「エンプロイメンタビリティ」（雇われる側からみて「魅力ある企業」だと評価される雇用主の能力）を高めることである（山本，2014）。つまり「エンプロイアビリティ重視」単独でなく，個人の育成ニーズをよく吟味する「個別化された能力開発」と「実力・貢献主義的処遇」に合わせて取り組むハイブリッド型人事管理は，エンプロイアビリティ・パラドックスを解消する可能性がある。

2）役割等級制度

平成雇用不況期における日本企業の人事改革は，外部労働市場において正社員の職務ごとの賃金相場が十分に形成されているとは言えないなか，正社員の処遇の決定に際して，製品市場（売上，収益），資本市場（株価）から発せられる価格情報＝サインを人事制度にどのようにルールとして落とし込むのかという課題から出発した（石田・樋口，2009）。役割等級制度を採用すれば，賃金は他社で同様の仕事をしている人と比較考量される。その結果，賃金決定原理に，市場横断的な能力評価と賃金水準の市場相場が加味されるようになる。

さらに，役割等級制度は職務定義に能力規定を組み込む柔軟性が担保されている。したがって，たとえ職務が変わらなくても，能力伸長とそれに伴うジョブサイズの拡大さえ認められることになれば昇級することも可能である。すなわち，組織内バランスを重視して能力主義で設計する職能資格制度（組織志向）と，職務の市場賃金（マーケットペイ）を重視する職務等級制度（市場志向）という，一見対立する設計原理を折衷する社員格付け制度として，日本企業は役割等級制度を編み出した。

3）人事権のライン分権と人事部による人事情報の収集蓄積

人事部の役割について，平野・上林（2019）が見出したことは，役割等級制度を採用するのであれば人事権はラインに分権化したほうがよいということである。しかし，同時にわかったことは，社員個別の「粘着的人事情報」[4)]は，従前どおりもしくはそれ以上に人事部に収集蓄積されているということであった。

市場の価値を処遇に反映する社員格付け制度（役割等級制度）と「強い人事部」は理論的に言って補完的にはならない。市場の価値を評価できるのは人事部ではなくライン（上司）であるからである。しかし「強い人事部」を「強い上司」に置き換えるだけでは適材適所のキャリア開発を進めることは難しい。ハイブリッド型人事管理では，人事権はライン上司に委譲するが（市場志向），社員個別の人事情報については人事部が引き続ききめ細かく収集蓄積している（組織志向）。そのうえで人事部とライン上司が緻密に擦り合せを行いながら，適材適所の異動を実現していくことが有効なのである。

4）平野（2006）は，粘着性（stickiness）という観点から，粘着性の高い人事情報と低いそれとに分けている。粘着性とは局所的に生成した情報を，それを生成した場所から移転するのにかかる費用のことである。粘着性が低い人事情報とは，学歴，異動歴，職位，人事考課，研修受講歴といった人事情報システムにデータベース化されているような客観的な情報である。他方，潜在能力，強みや弱み，キャリア意識，価値観，成果の再現可能性といった定性的かつ私的な情報は，職場から人事部へ移転するのに費用がかかる粘着性の高い情報である。

（3）コロナ禍と日本型人事管理

Ｊ型とＡ型の複数均衡は特定の組織モードの戦略的補完性が成立している状態である。すなわちＪ型にせよＡ型にせよ，現状の人事管理の仕方を維持することが自己の利益を最大化する。よって企業はシステムを変更するインセンティブを持たない。つまり補完性の再構築を迫る外生的ショックなしに組織モードの変革は起きない。その意味で，現下のコロナ禍はＪ型人事管理のさらなる進化を促す要因となるだろう。

研究課題

1．ハイブリッド型人事管理に近似した日本企業と，Ａ型人事管理に近似した外資系企業を取り上げ，そうした人事管理が機能的でありうる理由を，制度的環境および戦略や組織などの内部要因との補完性から論じてみよう。
2．人事権が人事部に集権化されている企業とラインに分権化されている企業を比較して，なにゆえに人事権の所在が異なるのか，その理由を考えてみよう。
3．エンプロイアビリティを保障する人事施策は，従業員の市場で評価される汎用的・専門的能力を高めることにつながるので，結果として優秀な人材の離職を促すことになりかねない。エンプロイアビリティ保障と離職のパラドックスに，企業はどのように対応していけばよいか，考えてみよう。

参考文献

Aoki, M.（1988）*Information, Incentives and Bargaining in the Japanese Economy*, Cambridge; New York: Cambridge University Press.〈＝永易浩一訳（1992）『日本経済の制度分析―情報・インセンティブ・交渉ゲーム―』筑摩書房〉

Jacoby, S.（2005）*The Embedded Corporation: Corporate Governance and Employment Relations in Japan and the United States*, Princeton: Princeton University Press.〈＝鈴木良始・伊藤健市・堀 龍二訳（2005）『日本の人事部・アメリカの人事部―日米企業のコーポレート・ガバナンスと雇用関係―』東洋経済新報社〉

Koike, K.（1994）"Learning and Incentive Systems in Japanese Industry," in Aoki, M. & Dore, R.（eds.）*The Japanese Firm: Sources of Competitive Strength*, Oxford; New York: Oxford University Press.〈＝NTTデータ通信システム科学研究所訳（1995）小池和男「技能形成の方式と報酬の方式―日本の職場で―」青木昌彦，ロナルド・ドーア編『国際・学際研究　システムとしての日本企業』NTT出版，pp.49-76.〉

Veiga, J.F.（1983）"Mobility Influences during Managerial Career Stages," *Academy of Management Journal*, 26, pp.64-85.

青木昌彦（1989）『日本企業の組織と情報』東洋経済新報社

石田光男・樋口純平（2009）『人事制度の日米比較―成果主義とアメリカの現実―』ミネルヴァ書房

猪木武徳（2002）「ホワイトカラー・モデルの理論的含み」小池和男・猪木武徳編著『ホワイトカラーの人材形成―日米英独の比較―』東洋経済新報社，pp.35-54.

今田幸子・平田周一（1995）『ホワイトカラーの昇進構造』日本労働研究機構

江夏幾多郎（2019）「人事ポリシーと従業員の働きがい」上林憲雄・平野光俊編著『日本の人事システム―その伝統と革新―』同文舘出版，pp.42-62.

大竹文雄・大内伸哉・山川隆一編（2002）『解雇法制を考える―法学と経済学の視点―』勁草書房

加藤隆夫（2002）「大企業におけるキャリア形成の日米比較」小池和男・猪木武徳編『ホワイトカラーの人材形成―日米英独の比較―』東洋経済新報社，pp.289-303.

小池和男（2005）『仕事の経済学〈第3版〉』東洋経済新報社

佐藤博樹（2012）「正社員の無限定化と非正社員の限定化―人事管理の新しい課題―」『日本労務学会第42回全国大会報告論集』, pp.201-208.

白木三秀（2006）『国際人事管理の比較分析―「多国籍内部労働市場」の視点から―』

有斐閣
竹内 洋（1995）『日本のメリトクラシー─構造と心性─』東京大学出版会
鶴 光太郎（2016）『人材覚醒経済』日本経済新聞出版社
内閣府（2018）『平成30年版 子供・若者白書』https://www8.cao.go.jp/youth/whitepaper/h30gaiyou/pdf_indexg.html（2021年1月30日閲覧）
日経連能力主義管理研究会編（1969）『能力主義管理─その理論と実践─』日本経営者団体連盟弘報部
日経連能力主義管理研究会編（2001）『能力主義管理─その理論と実践─〈新装版〉』日経連出版部
仁田道夫・久本憲夫編（2008）『日本的雇用システム』ナカニシヤ出版
日本労働研究機構（1998）『国際比較：大卒ホワイトカラーの人材開発・雇用システム─日，英，米，独の大企業（2）アンケート調査編（調査研究報告書No.101）』日本労働研究機構
平野光俊（2003）「キャリア発達の視点から見た社員格付け制度の条件適合モデル」『経営行動科学』第17巻，第1号，pp.15-30.
平野光俊（2006）『日本型人事管理─進化型の発生プロセスと機能性─』中央経済社
平野光俊・江夏幾多郎（2018）『人事管理 ─人と企業，ともに活きるために』有斐閣
平野光俊・上林憲雄（2019）「エピローグ　日本の人事システムの変貌と今後の行方」上林憲雄・平野光俊編著『日本の人事システム─その伝統と革新─』同文舘出版，pp.151-165.
平野光俊・内田恭彦・鈴木竜太（2008）「日本的キャリアシステムの価値創造のメカニズム」『一橋ビジネスレビュー』第56巻，第1号，pp.76-92.
八代充史（2002）『管理職層の人事管理─労働市場論的アプローチ─』有斐閣
山本 寛（2014）『働く人のためのエンプロイアビリティ』創成社
労働政策研究・研修機構（2020）「ビジネス・レーバー・モニター調査」『ビジネス・レーバー・トレンド』2020年8月・9月号，pp.40-45. https://www.jil.go.jp/kokunai/blt/backnumber/2020/08_09/040-045.pdf（2021年1月31日閲覧）

第2部　人的資源管理の制度と機能

3　モチベーションとリーダーシップ

三輪　卓己

人的資源管理の重要な目的として，企業で働く人々の意欲や満足度を高めることがあげられる。それによって人々が企業に定着し，能力を発揮して事業の発展に寄与すると考えられるからである。経営学では古くから，そうした働く人の心理や行動を重要な研究の対象としてきたのであるが，組織行動論はその代表的な学問領域である。

本章では，多数ある組織行動論の研究テーマの中でも，最も代表的なテーマであるモチベーション（motivation）とリーダーシップ（leadership）を取り上げ，人的資源管理とのかかわりを含めて考察していきたい。

＜キーワード＞　実体理論，プロセス理論，欲求，期待，職務特性，配慮，構造づくり，変革型リーダー

1. 組織行動論と人的資源管理論

組織行動論は組織の中の集団や個人の行動を理解しようとするものであり，行動科学の中から生まれ，人間の心理に注目するところに特徴がある（二村，2004）。人はなぜ働くのか，働くことのどこに喜びを見出すのかといった問いに答えようとするものだといえる。本章で取り上げるモチベーションに関する研究は，人の働く意欲の源泉や，意欲が高まる過程を直接的に議論するものである。そしてリーダーシップに関する研究は，部下の意欲や満足度，生産性を高めるリーダー行動を探求するものである。それらが企業の中での人のマネジメントにおいて，非常に重要であることは言うまでもないだろう。また，次章以降で人的資源管理の諸制度や仕組み等を詳しく見ていくわけであるが，それらがモチ

ベーションやリーダーシップにどのような影響を与えているのかを考察することも重要なことだと思われる。働く人の意欲を高めることを通じて，企業の発展に寄与する人的資源管理を探索することにつながるからである。

2. モチベーションの代表的な理論

（1）欲求階層説

モチベーションとは，平易な言葉でいえば「やる気」や「何かをする意欲」にあたるものであり，何らかの行動を起こす心理（動機づけ）を説明する概念だといえる。モチベーションは組織行動論の研究の中でも，最も古くから研究されているものであるが，それらの研究は「実体理論」と「プロセス理論」に大別できるといえる。前者は行動を動機づける特定の個人要因や，個人にとっての環境要因といった実体の解明を重視するものであり，後者はモチベーションが生起する心理学的なメカニズムおよびプロセスの説明を重視するものである（坂下，1985）。まず，実体理論の代表的な研究から見ていきたい。

実体理論には，古くから優れた研究が数多くあるのだが，ここではまず，様々な学問領域においてよく知られているマズロー（Maslow, 1954）の欲求階層説からとりあげたい。欲求階層説は他の実体理論と同様に，人間が何かの欲求（needs）を持ち，それを満足させるために行動を起こすと考えるのであるが，5つの欲求が階層を成していると考えるところに大きな特徴がある（坂下，1985；高階，2014）。

1つずつ順にみていこう。最も下位にある生理的欲求（physiological）は，飲食や睡眠等の欲求，つまり生き物としての人間の生命を維持することに関わる欲求である。その中には生活を維持するための金銭を得る欲求も含まれている。

次に，その上の安全欲求（safety）は，安全な状況を求め，不確実な状況を避けたいという欲求である。職場や仕事が安定し，収入が保証されることを望むことなどがそれにあたる。

3つめの所属と愛情の欲求（belongingness）は，社会的欲求（social）

とも呼ばれているものである。家族や地域社会，企業などの職場に所属し，そこで友情や愛情を得たいと願う欲求だといえる。

４つめの自尊欲求（esteem）とは，他者から尊敬され，自分を承認されたいと思う欲求である。責任のある地位や仕事を求めたり，自律的に考えて行動できる仕事を求める欲求だといえる。

そして最上位にある自己実現欲求（self-actualization）は，自己の成長や発展を求めたり，自分独自の能力の利用や潜在能力の実現を望む欲求である。自分らしい能力を発揮して何かを成し遂げたいという欲求だといえる。

この欲求階層説には，次のような特徴がある。まず，これら５つの欲求の中で満足されていない欲求がある場合に，人間はそれを満たすために何らかの行動をすると想定されている。そして，行動によって不満足であった欲求が満たされると，その欲求は行動を動機づけることができなくなると考えられている。

次に，５つの欲求はそれぞれの優勢度にしたがって，最も下の欲求から最も上の欲求へと下から順に求められるとされている。人間の欲求満足化行動が低次欲求から高次欲求へと，逐次的，段階的に移行していくとされているのである。

その中で，最上位にある自己実現欲求は他の欲求と異なる特徴があるとされる。他の欲求は満足されてしまうと，それ以上人の行動を動機づける力を失うのに対し，自己実現欲求だけはそれが満足されてもその重要度が減少せず，さらに増加するとされている。マズローによれば，自己実現欲求を持つに至る人は稀であるのだが，そこに到達した人間は，より高い満足レベルの達成を求めて行動し続けるのである。

この欲求階層説は，その後の研究に大きな影響を与え，様々な学問の領域で取りあげられ，議論されるようになっていった。ただし，マズローの研究は実証研究によるものではなかったため，その後，数多くの研究者がそれを実証しようと試みることになった。その代表的なものにアルダーファー（Alderfer, 1969）があるが，そこでは５つの欲求が実証分析によって，生存（existence），関係（relatedness），成長（growth）

の3つに集約され，それによってERG理論が示されている。同時に，一度満足された欲求は人を動機づける力を持たなくなるというマズローの主張も検証され，上位の欲求が満たされない場合に，一度満足したはずの下位欲求がさらに希求される場合があることが明らかにされている。

（2）動機づけ－衛星理論

さて実体理論のもう1つの代表的な研究として，ハーズバーグ（Herzberg, 1966）の動機づけ－衛生理論（motivation-hygiene theory）があげられる。この研究の最大の特徴は，人が働くことに関連して満足を感じる要因と，不満足を感じる要因は別のものであると主張した点にある。そして前者を動機づけ要因と呼び，後者を衛生要因と呼んでいる。

この研究はアメリカのピッツバーグ州で働く会計士や技師に対する広範な調査に基づいている。面接調査において，仕事の上で際立って好感情，または悪感情を持った経験についての質問がなされた。そして，そのような感情の原因となったことを探り，それらを調査者が分類していったのである。

その結果，満足に関わる要因として，達成，承認，仕事自体，責任，昇進があげられている。そして不満足に関わる要因として，会社の政策と管理，監督技術，給与，対人関係，作業条件があげられている。前者は人が従事している仕事に関連する要因であり，動機づけ要因とされた。そして後者は仕事をめぐる環境要因であり，衛生要因とされた。また，調査において満足の原因となったものは不満足の原因として語られることは少なく，反対に不満足の原因となったものが満足の原因として語られることも少なかったことから，それらの要因は別物であるとする，二要因理論が展開されたのである。

動機づけ－衛生理論では，動機づけ要因は人を動機づけ，満足させるものであるが，それが不足しても不満足になるのではなく，満足がゼロになるということが主張される。一方，衛生要因は不満足をもたらすが，それが改善されても満足につながるわけではなく，不満足がゼロになるだけだとされている。そしてそれらに基づき，人を真に動機づけるためには，衛生要因を改善するのではなく，動機づけ要因に働きかける必要があることが述べられる。具体的には，仕事の内容を豊かにし，責任を与えるような，職務充実を進めていくことが重要であると述べられている。

満足と不満足に関わる要因は別であると主張するハーズバーグの研究は多くの注目を集め，現在でも多くの研究書やテキストにおいて紹介されている。ただ，その研究結果に対する批判的な見解がないわけではない。特に調査方法について，人間はそもそも満足に関わることは自身の努力や遂行の結果であるとみなしたがるのに対し，不満足に関わることは自身の努力とは無関係の環境のせいにしたがるものなので，この研究で行われた面接調査では，そうしたバイアスを避けることはできないという批判がなされている。

（3）期待理論

今度はプロセス理論についてみていきたい。プロセス理論は，モチベーションが生起する心理学的なメカニズムおよびプロセスの説明を重視する。その代表的なものに，期待理論（expectancy theory）がある。ここでは代表的な研究としてよく知られている，ローラー（Lawler, 1971）の研究を中心にみていきたい。**図3-1**はそこで提示されたモデルである。

そこにおけるモチベーションは，Σ［(E→P）×Σ（P→O）（V)］で示されている。ここでいう（E→P）とは，努力（effort）が成果や業績（performance）に結びつく主観的確率であり，自分が努力すれば望ましい結果が得られるであろうと思う自信のようなものである。一方，(P→O）とは，何らかの成果や業績が達成された場合に，それが報酬(outcome）に結びつく主観的確率であり，報酬が確実にもらえるかどうかの見込みのようなものである。なおここでいう報酬とは，金銭や昇進などの外的報酬だけでなく，満足や仕事の達成感といった内的報酬も含まれている。そして最後に，(V）とは報酬の誘意性のことであり，それは2つの要因によって規定される。1つはその報酬が個人の欲求を

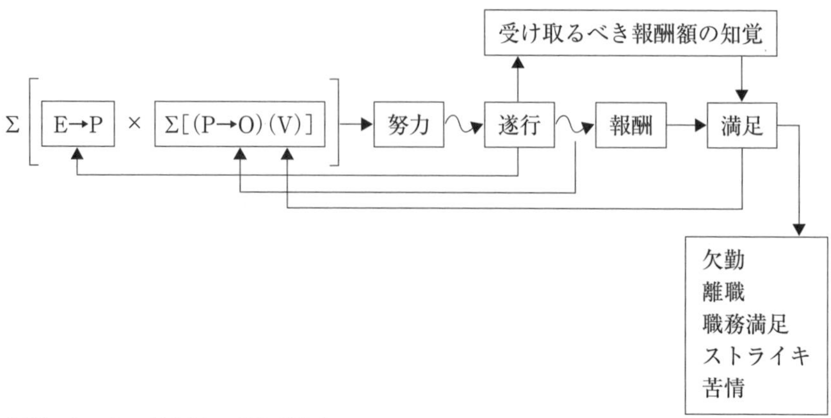

出所：Lawler (1971)，270頁より。

図3-1　Lawler（1971）の期待モデル

満足させるものとして知覚される程度であり，もう1つはその報酬の公平性である。それらが高い場合に，（V）は大きくなるとされている。そして実際の職場では，果たすべき業績も報酬も複数あるのが普通であるため，それぞれに総和を示すΣが加えられているのである。

期待理論のモチベーションは，それが（E→P），（P→O），（V）の積によって表されることが特徴的である。(E→P）が高く（やればできると考えられ），(P→O）が高くて（報酬がもらえると予測され），(V）が高い（報酬が魅力的である）ほど，モチベーションが高くなると想定しているのである。ここで大事なことは，モチベーションがそれらの積である以上，どれか1つでも極端に小さくなった場合は，他の2つが高い状況においてもモチベーションは低くなるということである。働く人のモチベーションを向上させるためには，どれか1つを改善するのではなく，それぞれを高い状態にしなければならないのである。

なお，ローラーの期待モデルでは，ある仕事の遂行が（E→P）を高め，遂行した結果が報酬に結びついた経験が（P→O）を高め，それによって満足した経験が（V）を高めるというフィードバックのループが示されている。過去の努力，業績，報酬，満足が，以降のモチベーションにつながっていくのである。

(4) 職務特性モデル

一方，報酬が得られる確率ではなく，仕事自体の特性（魅力や面白さ）によってモチベーション等を説明しようとしたのが，職務特性に関わる研究である。

図 3-2 は，その代表的な研究にあたるハックマンとオルダム（Hackman and Oldham, 1975）の職務特性モデルであるが，そこには中核的職務次元として5つの特性が示されている。最初の技能の多様性とは，職務が多くの技能や才能を要する程度であり，それに関わる多様な活動を要求する程度である。次のタスクの一貫性とは，職務が仕事の全部，あるいは識別可能な一まとまりの部分を完遂することを求める程度である。一通りのことをやることが望まれる程度といいかえることができるかもしれない。次のタスクの有意味性（あるいはタスク重要性）とは，職務が他の人々の生活や仕事にインパクトを与える程度である。続く自律性とは，その職務を行う上で独立性や自由裁量がある程度である。自由に計画が立てられ，実行できる程度ということができる。最後のフィードバックとは，職務の遂行についての情報を明確に得られる程度である。自分

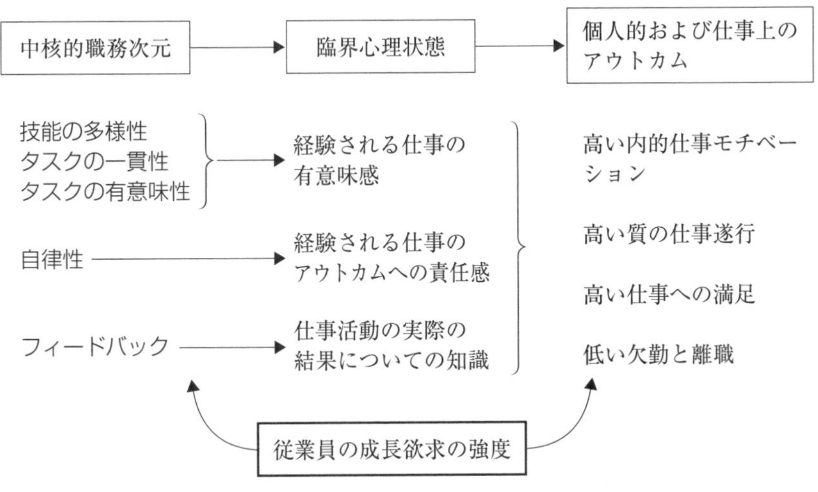

出所：坂下（1985），104頁より。

図 3-2　Hackman & Oldham（1975）の職務特性モデル

の仕事の成果を知ることができる程度といってよいだろう。職務特性モデルとは，これら５つの職務特性を改善することによって，仕事に関わる内的モチベーションや満足度が向上することを示すものである。

図 3-2 にあるように，５つの職務特性は臨界心理状態に影響を与える。技能の多様性とタスクの一貫性，ならびにタスクの有意味性は，経験される仕事の有意味感につながっていく。そして自律性が経験される仕事のアウトカムへの責任感につながり，フィードバックは，仕事活動の実際の結果についての知識を増やすことにつながる。そしてそれらが結合して，高い内的モチベーションや満足といった仕事上のアウトカムをもたらすのである。

この職務特性モデルによると，色々な技能を使う仕事や，自分で計画を立てられる仕事であるほど，モチベーションが高くなるということになる。平易な言葉でいいかえるならば，難しい仕事であるほど，自己責任の仕事であるほど，それは面白く魅力的な仕事であり，人はそれに動機づけられるということであろう。その主張は，分業を徹底して個々の職務を単純化し，効率を上げようとする古典的な経営管理とは反対のものだといえる。また人を動機づけるものとして，金銭的な報酬のみを重視する経営とも大きく異なるものだといえる。

ただここで注意が必要なのは，**図 3-2** の下方に，従業員の成長欲求の程度という変数が置かれていることである。実はこれは，職務特性が従業員を動機づけるプロセスが，その人の成長欲求の強さによって条件づけられることを示すものである。すなわち，成長欲求が強い人は職務特性の改善によって（仕事が難しくなるほど）動機づけられるが，成長欲求が弱い人はそうではないことを示している。そしていくつかの実証研究において，職務特性の改善に動機づけられない人たちがいることも明らかになっている。それゆえ，職務特性モデルを使った動機づけも決して万能ではなく，時には単純な職務設計と，金銭的インセンティブによる動機づけが有効な場合もあると考えられる。どのような人を相手にするかによって，有効な動機づけの方法は異なるということであろう。

3. リーダーシップの代表的な理論

(1) リーダーシップとは何か

ここからはリーダーシップの代表的な研究を見ていく。リーダーシップは，リーダーが他者（フォロワー）に対して，一定の社会的影響力を与える過程の中に存在するといえる（三隅，1974）。ストッグディル（Stogdill, 1971）は，リーダーシップを「集団のメンバーに受け入れられるような目標を設定し，それを達成するために個々のメンバーの態度や行動を統合的に組み立て，いわゆる組織化を行い，それをさらに一定の水準に維持するという集団全体の機能」，あるいは「そのために対人的な影響が集団に及ぶ過程全体」であると定義している。したがってリーダーシップの研究とは，リーダーだけに注目して行うものではなく，リーダーとフォロワーとの関係や相互作用をみるものだといえるだろう。

(2) 初期のリーダー行動の研究

何らかの組織のマネジメントにおいて，リーダーの存在が重要であることは疑いようもない。それゆえ，古くから多くの研究が蓄積されてきたわけであるが，ここでは経営学領域での代表的な研究の概略を順に見ていきたい。

早い段階でのリーダー行動研究の代表例として，ミシガン研究があげられる。そこでは高業績の部門と低業績の部門のリーダー行動が比較された。その結果，高業績の部門では厳格に仕事を管理する生産指向の行動よりも，そこで働く人々を大切に扱う従業員指向のリーダー行動が強くみられるこがを明らかにされた（金井，1991）。これにより，仕事を重視するリーダー行動と，人間を重視するリーダー行動に基づくリーダーシップ研究が盛んになっていく。

続くオハイオ研究では，仕事指向のリーダー行動として「構造づくり」が，そして人間指向のリーダー行動として「配慮」が提示される。前者は，部下が標準的な仕事のやり方に細部にわたって従うように主張することや，部下に一番よいと思う方法で仕事をさせること，仕事の手順等を細かに決めることなどを含むものである。それに対し後者は，部下の一人が良い仕事をした場合に評価することや，それが報われるよう気を配ること，部下の個人的問題を助けることや，すべての部下を平等に扱うことなどを含むものである（金井，1991）。

仕事と人間に基づく2つのリーダー行動を扱う点で，オハイオ研究はミシガン研究と共通しているのであるが，明確に異なる点としては，ミシガン研究が生産指向と従業員指向を対極のものとして捉え，片方が強いリーダーはもう一方が弱いと捉えているのに対し，オハイオ研究は2つを独立した二次元として捉え，配慮と構造づくりをともに高い状態にできると考えたことがあげられる。そして，業績やメンバーの満足を高める優れたリーダー行動とは双方が高いレベルにあるものであり，それがHi-Hiパラダイムとして確立されていくことになる。日本においても，三隅（1974）によってP（performance）機能（目標達成＝仕事指向）とM（maintenance）機能（集団維持＝人間指向）の双方が高いリーダーが望ましいと主張するPM理論が確立された。

（3）リーダーシップのコンティンジェンシー理論

このように，仕事指向と人間指向に基づくリーダー行動の研究が発展していったのであるが，その後，そこに新しい見方を取り入れた研究が現れてきた。それがコンティンジェンシー理論（contingency theory）である。

コンティンジェンシー理論とは，条件適合理論と訳されることが多く，唯一最善のリーダー行動があると考えるのではなく，状況に適したリーダー行動を探索するものである。常にHi-Hi型のリーダー行動が求められるのではなく，状況によって望ましいリーダー行動が異なると考える理論だといえる。

表3-1は，代表的なコンティンジェンシー理論の概略を示している。様々な状況変数が設定され，それに応じたリーダー行動が提示されているのだが，ここでは，リーダー行動の効果を左右する状況変数として部下の成熟度に注目するハーシーとブランチャード（Hersey and

表3-1　代表的なリーダー行動のコンティンジェンシー理論

研究者	状況変数	理論の概略
Fiedler (1967)	状況好意性 ・リーダーと成員の関係 ・タスクの構造化 ・職位上のパワー	状況好意性が非常に良い場合と非常に悪い場合では仕事指向のリーダー行動が業績を高め，状況好意性が中程度の場合には，人間指向のリーダー行動が業績を高める。
Hersey and Blanchard (1977)	部下の成熟度 （4段階に区分される）	部下の成熟度に合わせて 教示的（仕事指向） 説得的（仕事指向＋人間指向） 参加的（人間指向） 委任的（できるだけ任せる） にリーダー行動を変える。
House (1971) 他	タスク不確実性（役割曖昧性） タスク内在満足 その他リーダーシップの代替物（部下特性，タスク，組織特性）	タスク不確実性が高い場合には構造づくり（仕事）のリーダー行動が部下のモチベーションを高め，タスク内在満足が低い場合には，配慮(人間)のリーダー行動が部下のモチベーションを高める。

（筆者作成）

Blanchard, 1977）のSL理論（situationally leadership）を見ていく。

SL理論では，部下の成熟度が4段階に区分され，それぞれにおいて有効なリーダー行動が異なることが議論される。最初の部下の成熟度が非常に低い段階では，仕事指向のリーダー行動が有効になるとされている。次に部下がやや成長した2つ目の段階になると，仕事指向のリーダー行動だけでなく，人間指向のリーダー行動も必要になるとされている。ここでは，Hi-Hi型のリーダー行動が求められるのである。そして，さらに部下が成熟した3段階目では，リーダーは仕事指向のリーダー行動を抑えて，人間指向のリーダー行動をとることが求められるとされている。最後に，最も部下が成熟した4段階目においては，リーダーは両方のリーダー行動を弱め，できるだけ部下に仕事を任せることが求められるとされている。この段階ではリーダーは困った時にだけ部下を助けるような存在であることが望ましいとされているのである。このようにコンティンジェンシー理論は，唯一最善のリーダー行動を求める議論に疑問を投げかけ，より実践的なインプリケーションを追求したといえるだろう。

（4）変革型リーダーシップ

コンティンジェンシー理論はリーダーシップ研究に新しい考え方を導入したといえるが，リーダー行動そのものについていえば，従来からの二次元のモデルを踏襲していたといえる。それに変化がみられたのは，1980年代の後半からであったと考えられるだろう。

この頃から，経営環境の複雑化に伴い，リーダーシップ研究の関心も現場の監督者レベルから，ミドル，あるいはトップに近いマネジャーへと移っていったといえる。そしてそれとともに，リーダー行動の目的が，職場の秩序の維持や生産性の向上を超えて，組織やビジネスの変革へと移行していった。そのことにより，リーダーシップ研究で扱うリーダー行動も，従来よりもはるかに高度で範囲の広いものになっていったのである。

組織やビジネスの変革を担うリーダーは変革型リーダーと呼ばれるようになり，コッター（Kotter, 1990）などがその先駆的研究として知られている。日本では金井（1991）が変革型リーダーの実証研究を行っており，そこで多くの成果が示されている。

表3-2は，コッターとコーエン（Kotter and Cohen, 2002）が提示した組織変革のステップであるが，それを見ると，従来の研究で論じられていたリーダー行動とは異なる行動が注目されていることがわかる。

二次元モデルに基づくリーダー行動では，しっかりとした仕事の構造や計画をつくり，それを部下に守らせるようなリーダー行動が重視されていた。しかしながら変革を志向するリーダーは過去の成功体験を否定

表 3-2　Kotter and Cohen（2002）が提示した変革の 8 段階

段階	活動	新たな行動
第1段階	危機意識を高める	「やろう。変革が必要なんだ」と互いに話しはじめる
第2段階	変革推進チームをつくる	大規模な変革を先導するだけの力のあるチームが編成され，協力しはじめる
第3段階	適切なビジョンを高める	変革チームが適切なビジョンと戦略を掲げる
第4段階	ビジョンを周知徹底する	周りが変革を支持するようになり，それが行動となって現れはじめる
第5段階	自発的な行動を促す	ビジョンに基づいて行動できると感じ，実際に行動する人が増える
第6段階	短期的な成果を実現する	ビジョンの実現に向けて動き出す人が増えるにつれ，勢いがつく。変革に抵抗する人は減る
第7段階	気を緩めない	変革の波を次々と起こし，ビジョンを達成する
第8段階	変革を根づかせる	伝統が重石となり，変革リーダーが交代しようとも，勝利をもたらす新たな行動を続ける

出所：Kotter and Cohen（2002）邦訳書，25 頁より。

し，危機意識を持たせるなど，それまでの常識や仕組みを壊すような行動をとることが求められる。そしてそのうえで新しいビジョンを示し，メンバーをその方向に導いていくことになる。その際に大事になるのは，部下を命令に従わせるのではなく，部下の自発性を引き出して積極的に挑戦させることである。

そして，変革を推進する段階においては，短期的な成功を生み出して，それを基に変革の連鎖を起こしていくことが必要になる。組織には既存の価値観や慣行を維持しようとする力が働くため，変革を進める活動が弱まれば，簡単に以前の状態に戻ってしまう。そうならないようにリーダーは変革のための施策を次々に行い，新しい価値観や慣行を組織に根付かせなければならないのである。なお金井（1991）の知見を借りるならば，その際には小さな成功を果たしたメンバーをモデルとして賞賛し，他の人の追随を促す必要がある。そして次々に他者を巻き込んで，変革の動きを大きくしていく必要があるとされている。

こうして見ると，変革型リーダーに求められる行動は，それまでの研究で見てきたリーダー行動よりもはるかに高度で広範囲にわたるものである。秩序を守るのではなく，新しい価値観を生み出してメンバーに共感させることが必要であるし，メンバーの自発的行動を生み出さないといけない。そのために求められるのは，配慮や気遣いを超えた人間指向のリーダー行動だと考えられるだろう。そして人々を巻き込んで変革を大きくしていく際には，他部門を巻き込んでいくような広範囲の行動も求められる。こうしたことは誰にでもできることではなく，難易度の高いものであるのだが，経営環境が複雑で不確実性が高く，常に新しいことに挑戦することが企業に求められる時代においては，こうしたリーダーの活躍が強く望まれてくると理解できる。

4. 人的資源管理とモチベーション，リーダーシップ

本章の最後に，これまで学んできたモチベーションとリーダーシップに関する知見を用いて，本書のテーマである人的資源管理について考えてみたい。第2章で見たように，高度成長期から1990年代にかけて発展した「日本型」と呼ばれるような人事管理には，他国とは異なる特徴が見られるのであるが，それらがモチベーションやリーダーシップの観点からどのように評価できるのかを検討したいと思う。

日本企業の人的資源管理の特徴の1つとして，長期雇用が基本となっており，その下で幅広い知識やスキルを持った人材の内部育成が行われることがあげられる。大半の日本企業では，多くの人が新卒で企業に入社して長期間働く。そしてその長い雇用期間の中で何度かの配置転換が行われ，複数の職能や部門の仕事が理解できて，その企業に特有の知識やスキルを持つ人が育てられるのである。これにより，雇用が安定することはもちろんであるが，そこで働く多くの人が，特定の専門分野に詳しい人ではなく，その企業を詳しく知る人として育てられることになるのである。

次に2つ目の特徴として，組織内，職場内の分業が明確ではなく，チームによる職務，あるいはタスクの遂行が重視されることがあげられる。

日本の製造業の中には，こうした特徴を生かして，製造現場で働く人を優れた熟練工に育てあげる企業もみられる（奥林，1988；小池，1993）。それらの企業の製造現場では，メンバーが協力しながら自己管理を行い，チーム活動を推進していくことになる。またそれだけでなく，現場で働く一人一人が変化と異常に対応しながら，知的熟練を遂げるのである（小池，1993）。

そして3つ目にあげられる特徴として，賃金や昇進における差がなかなかつかず，時間をかけて人の選抜が行われることがある。いわゆる「年功制」と呼ばれるようなものであるが，正確には小さな差を蓄積していくことによって，時間をかけた競争，あるいは遅い昇進競争が行われるのである。このことは，2つの意味を持っていると考えられるだろう。

1つは早い段階から昇進の速い人と遅い人の区別がなされないことから，企業の中に階層意識のようなものが生まれにくくなるということである。そしてもう1つは，管理職に登用されるのが遅いので，多くの人が長く現場で働くことになり，実務やオペレーションに強い人に育てられるということである。この点は，一部のエリート層を早期に選抜することの多い欧米企業とは対照的だといえるだろう。

さてこれらの人的資源管理の特徴は，働く人のモチベーションやリーダーシップにどのような影響を与えているのだろうか。まずモチベーションから考えてみたい。

最初に，これら3つの特徴が，欲求階層説における所属と愛情の欲求に強く応えられるものであるということができるだろう。これらの人的資源管理の特徴は，いずれも企業と個人の結びつきを強くするものであり，所属と愛情の欲求に基づくモチベーションを高く保つ効果があるものと思われる。特に重要なのは，一部のエリート層だけでなく，現場で働く人を含むすべての人が組織に参画意識を持てることである。それによってモチベーションの個人差が少なくなることが考えられる。

次に，何度かの配置転換を経て行われる人材育成や，チーム作業に参画することによる熟練の形成を見ると，職務特性モデルや動機づけ－衛生理論で議論されていた職務充実が進みやすいことが推察される。これらの理論の主張は，仕事を複雑にして面白くすることによって人を動機づけるというものであるが，日本企業の人的資源管理にはその機会が豊富にあると考えることができるだろう。しかもそれが一部のエリート人材だけでなく，現場の一人一人にあることが重要だといえる。

このように見ると，日本企業の人的資源管理にはモチベーションを向上させる効果があると考えられるのであるが，そこに問題点がないわけではない。例えば特に優秀で自分の意志を強く持つ人にとっては，そうした人的資源管理はかえってモチベーションを低下させてしまう恐れがあるとも考えられる。

それに強く関わるのが，日本型の人的資源管理の3番目の特徴としてあげた時間をかけた選抜や競争である。なかなか差のつかない競争は，平均的な能力の人や，周囲と協力して働くのが好きな人には働きやすいものかもしれない。しかし特に優秀な人，あるいは仕事における自分の目的意識が明確で，それを追求したい人などにとっては窮屈で，物足りないものになりかねない。それらは期待理論におけるP→O期待，すなわち業績が報酬に結びつく期待を低くするだけでなく，欲求階層説における高次欲求に応えられないものだとも考えられる。また優秀な人の仕事の成果を過小評価する人的資源管理のように理解される可能性もあるだろう。彼/彼女らは自分が持つ能力を十分に発揮できず，認めてももらえないと感じるかもしれない。

不確実性の高い今後の社会では，自律的で起業家精神にあふれた人が企業で活躍することが期待される。そうなれば，上記の問題点が重大なものになってくる可能性がある。特に，詳しくは第12章で議論するのであるが，今後の企業の競争力を左右する高度に専門的な仕事に従事する人や，創造的な仕事に従事する人のモチベーションを高めるためには，高次欲求に応えるための人的資源管理がより強く求められることになるだろう。もちろんこれらの人たちは，先に述べた特に優秀な人に該当することが多い。彼/彼女らに応えていくためには，小さな差を積み上げていくような競争，言い換えれば突出を許さないようなマネジメントを見直すことが必要となる。近年の日本企業では，これについても見直しが始まりつつあるのだが，今後の日本企業はこの問題に真剣に対峙する必要があると思われる。

さて次に，リーダーシップについて考えてみたい。具体的には，日本企業の人的資源管理がリーダーの育成に適しているのかを考えてみたい。

日本企業の人材育成には先述のような特徴があるのだが，その中の時間をかけた昇進競争については，本格的な選抜が始まるのが管理職（課長）登用段階であり，年齢で言えば40歳前後であることが明らかにされている（今田，1994)。そしてそれまでは昇進における明確な差はつきにくく，多くの人が現場での実務を長く経験しながら育てられるのである。

今田（1994）によれば，特に歴史の長い伝統的な日本企業において，こうした時間をかけた昇進競争が顕著に見られるようである。この仕組みは簡単に差がつかない昇進競争であるため，早い段階であきらめて働く意欲をなくしてしまう人が少ないというメリットを持つと考えられる。そしてそれと同時に，管理職登用以前の段階では，そこで働く人が競争よりも協働を意識しやすくなることから，企業内，組織内における知識やスキルの共有が図られやすくなるというメリットもあると考えられる。先のモチベーションでの議論と同様，企業と個人の結びつきを強くする効果があるといえるだろう。

おそらくこのような日本企業の人材育成や昇進競争は，優秀な実務家，あるいはオペレーションに熟練した人材を育てるためには有効なものであろう。かつての日本企業の繁栄には，こうした人材育成が寄与した部分も多分にあるものと思われる。しかし，それが本章で議論している優れたリーダーの育成にも寄与するかどうかについては大きな疑問がある。このような人材育成は堅実でチームワークが得意な実務家を育てることができても，大きな視野を持ったリーダーや戦略的なリーダーを育てることは難しいと考えられるからである。長期にわたって現場の細かい実務に従事しすぎると，事業全体の構想を考えたり，将来の戦略を思い描くような習慣がつかなくなる恐れがある。前節で議論したように，これからの社会では秩序を維持して生産性を上げるようなリーダーだけでは不十分である。不確実性の高い環境に対処するためには，組織を変革するようなリーダーや，新しい事業を創り出すようなリーダーが，より強く求められてくるものと思われる。そう考えるなら，日本企業の人的資源管理には，リーダーの育成に関して問題があるように思われる。

これからは，有望な人に早く責任を与えてリーダーの育成経路に乗せ，より大きく，長期的な視野から仕事経験を積ませるような人材育成施策が必要になるものと思われる。従来から日本企業，あるいは日本社会には強力なリーダーが現れにくいといった主張がなされることが多いのだが，それはこうした人的資源管理と無関係ではないだろう。その克服は，これからの日本企業の大きな課題だと考えられる。

研究課題

1．モチベーションの実体理論やプロセス理論を用いて，身近にいる人の行動がどのように説明できるか，あるいはどうすればその人のモチベーションを向上させられるか考えてみよう。

2．組織コミットメントという概念について調べ，モチベーションとどこが違うのか調べてみよう。

3．身近にいるリーダーを観察して，理論を参考にしながらリーダー行動にどんな特徴があるか考えてみよう。

参考文献

Alderfer, C.P.（1972）*Existence, Relatedness and Growth*, New York: Free press.

Fiedler, F.E.（1967）*A Theory of Leadership Effectiveness*, New York: McGrawhill.〈＝山田雄一監訳（1970）『新しい管理者像の探求』産業能率短期大学出版部〉

Hackman, J.R. and Oldham, G.R.（1975）'Development of the Job Diagnostic Survey,' *Journal of Applied Psychology*, Vol.60, No.2, pp.159-170.

Hersey, P. and Blanchard, K.H.（1977）*Management of Organizational Behavior*, New Jersey: Prentice-Hall.〈＝山本成二・山本あづさ訳（2000）『行動科学の展開―人的資源の活用〈新版〉』生産性出版〉

Hertzberg, F.（1966）*Work and Nature of Man*, NY: World Publishing.〈＝北野利信訳（1968）『仕事と人間性：動機づけ―衛生理論の新展開』東洋経済新報社〉

House, R.J.（1971）'A path-goal theory of leader effectiveness,' *Administrative Science Quarterly*, Vol.16, pp.321-338.

Kotter, J.P.（1990）*A Force for Change*, New York: The Free Press.〈＝梅津祐良訳（1991）『変革するリーダーシップ―競争勝利の推進者たち』ダイヤモンド社〉

Kotter, J.P. and Cohen, D.S.（2002）*The Heart of Change : The Real-life Stories of How People Change Their Organizations*, Boston, Mass.: Harvard Business Review Press.〈＝高遠裕子訳（2003）『ジョン・コッターの企業変革ノート』日経BP社〉

Lawler, E.E.（1971）*Pay and Organizational Effectiveness: A Psychological View*, NY: McGrawhill.〈＝安藤瑞夫訳（1972）『給与と組織効率』ダイヤモンド社〉

Maslow, A.H.（1954）*Motivation and Personality*. New York: Harper & Brothers.〈＝小口忠彦監訳（1971）『人間性の心理学』産業能率短期大学出版部〉

Stofdill, R.M.（1948）'Personal factors associated with leadership: A survey of the literature,' *Journal of psychology*, Vol.25, pp.35-71.

今田幸子（1994）「年功昇進の謎」日本労働研究機構編『組織内キャリアの分析―ホワイトカラーの昇進構造―』日本労働研究機構，pp.35-52.

奥林康司編著（1988）『ME技術革新下の日本的経営』中央経済社

金井壽宏（1991）『変革型ミドルの探求―戦略・革新志向の管理者行動』白桃書房

小池和男（1991）『大卒ホワイトカラーの人材開発』東洋経済新報社

小池和男（1993）「日本企業と知的熟練」伊丹敬之・加護野忠男・伊藤元重編『日本の企業システム　第3巻　人的資源』有斐閣，pp.53-76.

坂下昭宣（1985）『組織行動論研究』白桃書房

高階利徳（2007）「モチベーション」開本浩矢編著『入門組織行動論』中央経済社，

pp.15-30.
二村敏子編（2004）『現代ミクロ組織論』有斐閣ブックス
三隅二不二（1978）『リーダーシップ行動の科学』有斐閣

4 社員格付け制度

平野　光俊

人的資源管理の基本システムである社員格付け制度の設計原理を，能力主義（職能資格制度），職務主義（職務等級制度），役割主義（役割等級制度）の３つに分類して解説する。次に，最近の日本企業の社員格付け制度の実態を確認する。最後に多国籍内部労働市場およびその人的資源管理の基盤となるグローバル・グレーディング制度について解説する。
<キーワード>　職能資格制度，職務等級制度，役割等級制度，グローバル・グレーディング制度，多国籍内部労働市場

1. 社員格付け制度とは何か

平成雇用不況期（1997～2012年）に入り，日本企業は成果給の比重を高めるなど賃金の変動費化を進めてきた。しかし賃金制度は人事制度全体の１つのサブシステムにすぎず，成果給の導入もその対象を管理職に限定するなど部分的であった。しかし21世紀に入ると，日本企業は社員全体をカバーする人事制度の基本システムの改革に着手しはじめた。基本システムとは社員格付け制度であり（今野・佐藤，2009），実務では人事等級制度とも呼ばれる。社員格付け制度とは，組織の中の社員序列を構造化するとともに，賃金の上がり方（賃金カーブ）や決め方（賃金の算定要素），および仕事の配分を規定するシステムである。

経営組織を外部環境に開かれたオープンシステムと捉えれば，組織は労働市場から特定の能力を持った人材を獲得し（インプット），職務に従事させ（スループット），成果を生み出す（アウトプット）。インプット（人），スループット（職務），アウトプット（成果）のどの要素を用いて設計するかによって社員格付け制度のタイプは異なる。ただし，成果はその変動性の高さゆえ，社員序列という安定的な秩序とするのは論

理的に矛盾する（石田，2003）。したがって社員格付け制度の設計はインプットもしくはスループット，どちらの要素を用いて等級の基準をつくるのかという「主義」に関わる。人の職務遂行能力を基準とすれば職能資格制度となり，これは能力主義である。職務それ自体を基準とすれば職務主義の職務等級制度となる。平成雇用不況期以降は，職務遂行能力と職務それ自体の両方を基準にする制度設計もみられる。すなわち役割主義の役割等級制度である。以下，職能資格制度，職務等級制度，役割等級制度の3つのタイプに着目して，社員格付け制度の内実を解説しよう。

2. 社員格付け制度の３タイプ

（1）職能資格制度

能力主義の職能資格制度とは，会社が認めた職務遂行能力のレベルに応じて資格等級を設定し，資格等級に社員を格付けして昇進や賃金を決めるシステムで，職務遂行能力を等級の決定基準とする。日本企業に職能資格制度が本格的に導入されるようになったのは，1965年の日本経営者団体連盟（略称は日経連）総会が端緒になっている。続く1969年に発刊された『能力主義管理―その理論と実践―』において，日経連と当時の主要産業の人事担当者による研究会（能力主義管理研究会）は，職能資格制度を人事制度の基軸に位置づけ，あわせて役職と資格の分離を提言し，また昇進管理においては結果業績のみならず，そこに至る全プロセスを評価すべきとし，顕在能力と潜在能力の両方を評価対象にするとした（日経連能力主義管理研究会編，1969）。

職能資格制度を採用すれば，「職位のはしご」と「資格（ランク）のはしご」という二重のヒエラルキーを昇進構造に持つことになる。賃金の基本部分は社員がどの資格等級に位置づけられているかで決まり，上位の等級に上がれば賃金は上がる。つまり賃金はその人の職務遂行能力に応じた職能給（第6章参照）である。日本企業が職位の上昇を「昇進」，資格等級の上昇を「昇格」と使い分けるのは，この処遇と配置の分離に基づく。したがって職能資格制度では，職位が上がっても（下がっても）

資格等級は変わらないこともある。人件費の総額管理は，賃金の多くの部分が資格等級に対応するので昇格者の定数管理によって行われる。昇格は，時間の経過とともに能力が向上したことを何らかの方法（人事考課や面接）で評価し，個人間に速度と到達限度の差はあるとはいえ，次第に上位の資格等級に上がっていく仕組みになっていて，通常昇格は1段階ずつである。また昇格のための必要経験年数や標準年数が設けられている。職能資格制度は「人が仕事を創り」，「仕事により人の能力は伸びる」という人間中心の思想のもと，いったん身についた能力は減らないという能力観を基本とする。それゆえ降格は馴染（なじ）まない。

（2）職務等級制度

職務等級制度とは，職務を必要なスキル，責任，難度等をもとに評価して，職務価値を決め，いくつかの等級を設定し，昇進や賃金設定などの基準にするシステムで，職務それ自体を等級の決定基準とする。職務価値はジョブサイズ（職務の大きさ）とも呼ばれる。職務等級制度では「職務給」（第6章参照）のウエートが高まるが，範囲職務給型で階層をブロードバンディング化して等級数を絞り，成果の反映やキャリアの幅に柔軟に対応していこうとする企業が多い（笹島，2001）。これは職能資格制度においてインセンティブを高めようと等級数を増やした動きとは逆である。

職務等級制度の昇級パターンは2通りある。1つは，従事している職務が再評価されて上位の等級に位置づけられるときで，新しい職務が追加されたり，職務再編によって職務価値（ジョブサイズ）が見直されたときに昇級する。2つめが，異動によって上位等級の職務に就いたときである。その際，ランクアップは飛び級の場合もある。逆に職務の再評価で職務価値が下がったり，下位等級の職務に異動するときは降級となる。つまり処遇と配置は連動し，報酬は等級に応じて変動する。したがって人件費の総額管理は職務（ポスト）数の定数管理による。

(3) 職能資格制度と職務等級制度の長所と短所

職能資格制度は人件費を変動費化しにくく賃金インフレ（高資格化が進み人件費が高騰）を起こしやすい。そもそも職能資格制度の導入目的は賃金決定における能力主義選別により年功制を改めることにあった。しかしインセンティブ強化のために等級数を増やし，同時にその能力要件を曖昧にしてきたことが職能資格制度を年功的に傾けていった。

人件費を変動費化しにくいという問題は，職能資格制度が持つ2つの基本思想に起因する。1つは「資格は過去から積み上げてきた成果を反映したもの」であり，2つめは「一度身についた能力は減らない」である。しかし，現実には過去の成果は現在の成果ではないし，能力は陳腐化する。職能資格制度ではこの当たり前のことが処遇に反映されない。賃金インフレも，高資格等級者に見合う職務が与えられ，報酬を上回る付加価値を上げられれば問題にはならない。しかし低成長下では，職務が変わらないのに資格等級が上昇し，同じ職務に異なる等級の社員が混在することになる。

職能資格制度の長所は，第1に配置転換（異動）の柔軟性を確保できるところである。職能資格制度では職務（ジョブ・サイズ）変更に伴う処遇の変化はないので育成型の配置転換も柔軟にできる。第2に，処遇のベースを職務遂行能力に置くことによって能力開発へのインセンティブを与える。第3に，職務の境界を厳密にせず柔軟な職務編成を可能にするので端境（はざかい）の職務領域をカバーしあい協働（チームワーク）を促す。第4に，従業員の能力に関わる人事情報は人事部が集約し，それをもとに人事部が格付けの決定に関与するので，社内の序列付けの細かなバランスを調整することができる。

一方，職務等級制度の長所は，年功的処遇が避けられ，担当する仕事に見合った報酬を提供できることにある。会社への貢献度を職務価値として測定し，それを市場相場に合わせながら報酬に反映させることは，報酬と市場賃金（マーケットペイ）をリンクさせることになる。その際，個々の社員が担っているジョブサイズを把握できるのはライン管理職である。したがって職務等級制度では，人事部からライン管理職へ等級決定の権限が移行する。また社員の将来就きたいポストに関するキャリア意識が高まる。職務をベースにした処遇制度であることから，目標とするポスト（キャリア目標）と報酬が連動し，そのことがインセンティブとして働くからである。

職務等級制度の短所としては，等級が下がる配置転換や管轄を超える異動が困難ということがある。また職務価値の測定に関わる作業の負荷が大きく，職務の再編成が頻繁に行われる企業ではそれだけ負担が大きい。さらに測定の難度が高いのは「今はない職務」のジョブサイズである。例えば新規事業や新技術開発の職務，あるいは部門横断的に組成されたプロジェクトチームのリーダーなど新たな職務の価値をどう測定するのかという問題である。

以上，**表 4-1** に両者の相違をまとめておく。

表 4-1　職能資格制度と職務等級制度の対比

	職能資格制度	職務等級制度
制度の設計方針	能力主義	職務主義
賃　金	職能給	職務給
賃金の決定要因	過去から蓄積されてきた職務遂行能力	現在就いている職務のジョブサイズ
評価する能力	潜在能力＋顕在能力	顕在能力
昇進・昇格パターン	役職昇進と職能資格上の昇格の2つのはしご	昇進が中心。他に職務自体の再評価。飛び級あり
降格・降級	原則なし	あり
人件費管理の方法	昇格者数管理	ポスト数管理
運用のポイント	能力要件の見直し	ジョブサイズの見直し
格付けの決定権	人事部	ライン管理職
賃金水準の調整	組織内のバランス	市場賃金

出所：平野（2003），17 頁より一部変更して筆者作成。

（4）役割等級制度

人事管理は組織内外の様々な制度との補完性を要求されるので，その変化は漸進的・限定的とならざるを得ない。「グローバル化の中での世界標準化（ないしはアメリカ化）が進んだ」とはいえない今日の多くの日本企業にとって，職能資格制度（能力主義）と職務等級制度（職務主義）のいずれが合理的であるかは定かではない（江夏・平野，2012）。

そうした現状を踏まえ，一部の人的資源管理の実践では職能資格制度と職務等級制度の双方をとり込んだハイブリッド型の設計がなされてきた（上林・平野編著，2019）。日本企業の社員格付け原理の変化には，①能力主義から職務主義へ，②能力主義から能力主義と職務主義の混淆思想へ，という2種類の流れが存在する。このうち，②に当てはめられる経営実務の取り組みに役割等級制度の登場・普及がある。役割等級制度とは，役割の重要度に応じて等級を区分し，役割ベースで設定された目標の達成度（成果）を処遇に反映させる社員格付け制度である（堀田，2001）。ここで言う役割には，「職務分析・職務評価によって厳密に確定される職務価値とは異なり，経営状況や企業組織の変化をみながら部門長により柔軟に決定される」（都留・阿部・久保，2005：47頁）という特徴がある。また，役割等級制度のもとでの等級の決定，特に昇降級においては，ジョブサイズの大小や変化に基づきつつも，顕在化した能力伸張への配慮がなされている（石田・樋口，2009）。

職務定義に能力規定を付加的に組み込むという点で能力主義と職務主義の双方の性質を備えた役割等級制度であるが，そうした複合的な格付け原理は役割等級制度という名称を用いない企業でも，程度の差こそあれ見出すことができる。典型的な役割等級制度では，「職種や職位階層ごとにいくつかのグレードを設け，そのグレードを役割の高低に応じて決定している。役割の評価は目標管理の中で展開され，担当職務に本来求められる責任に加え，目標以外の課題を主体的に取組み，どの程度成果を達成したかを勘案して，役割グレードが決められる。したがって，役割等級は定期的に見直され，可変的な性質を有する」（厨子，2010：70頁）。具体的なイメージは**図4-1**のようになる。

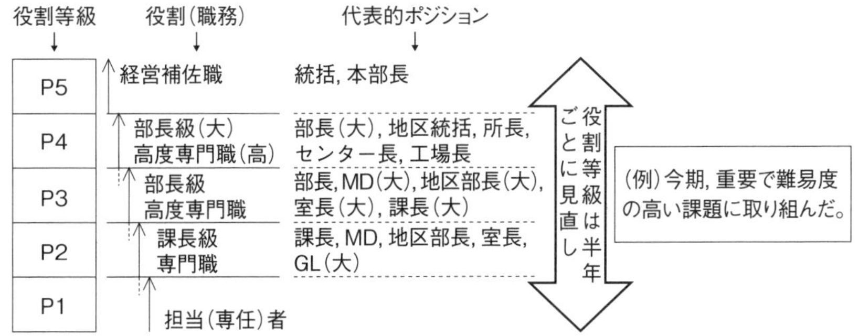

出所：厨子（2010），70 頁より（労務行政研究所編（2006），11・12 頁の内容を図解している）。

図 4-1　役割等級制度のイメージ

3. 日本企業の社員格付け制度の現実

（1）社員格付け制度の概念化

ここでハイブリッド型の社員格付け原理をあらためて役割主義と称することとしよう。まず役割主義は能力主義と職務主義の双方に立脚した，双方を下位次元とした格付け原理であるとみなせる。次に，能力主義と職務主義の結合のパターンに着目することで，各企業の役割主義の特徴を捉えることができる。ここで役割主義を，能力主義の程度と職務主義の程度の一元尺度のトレードオフの関係ではなく，独立した 2 軸の直交で捉える。これにより「能力主義と職務主義のいずれかが高水準」という企業と「能力主義も職務主義も強い」というパターンに分けることができる（**図 4-2**）。

現状の日本企業の社員格付制度は「能力主義への強い傾斜」と「役割主義の強い現実化」の間で多様化しているであろう。例えば，管理職層は職務主義に転換するが，非管理職層は職能資格制度を継続する企業も多い。また管理職層に限っても格付け原理および運用が 1 パターンでなく複数設けている企業もある。例えば，ジョブサイズの測定がたやすい職務（例えばライン管理職）は職務主義への傾斜を強め，測定が難しい職務（例えば専門職，研究開発，新規プロジェクト）は役割主義を採用するといったケースである。

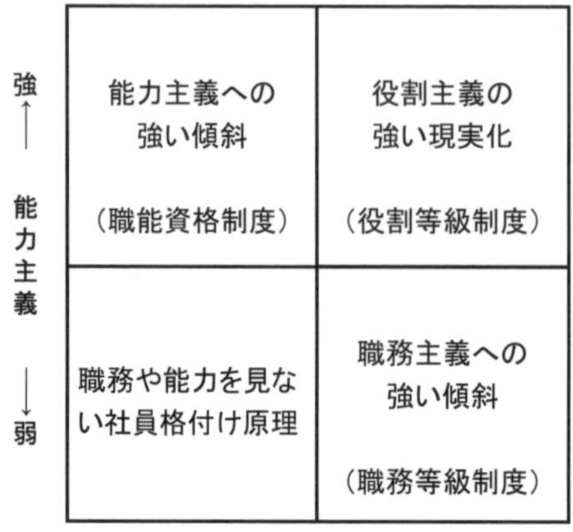

出所：平野（2011），67頁より一部変更して筆者作成。

図4-2　社員格付け制度の概念図

（2）社員格付け制度の実態[1)]

それでは神戸大学と日本能率協会（JMA）が2017年に行った「人材マネジメントの新展開調査プロジェクト」（以下，本調査という）のデータを用いて，最近の日本企業の社員格付け制度の実態をみてみよう。本調査は，日本国内の従業員数100名以上のJMA会員企業と会員以外の上場企業2,500社，および外資系企業500社の合計3,000社の人事部長を調査対象とし，2017年5月から2017年8月にかけて，郵送にて調査票を送付し，郵送による回答，もしくは，JMAのウェブサイト上の回答画面へ回答入力を依頼する形で調査を実施した。有効回答は134社，回収率は4.5%であった。

本調査では，管理職と非管理職の社員格付け制度に関わる10個の質問を「因子分析（最尤法，プロマックス回転）」[2)] したところ固有値1以

1）この項の記述は，平野（2019）に依拠している。

2）因子分析とは複数の変数（質問項目への回答）の関係性をもとにした構造を探る多変量解析の統計手法の1つ。各測定値に対して共通因子を抽出し，その共通因子で説明される部分がどの程度あるかを確認する。プロマックス回転の「回転」とは，測定値と因子がうまく合致するように縦軸と横軸を原点を中心に回転させること。プロマックス回転とは縦軸と横軸をそれぞれ別に回転させる方法の1つであり，2つの軸が直角でなく斜めになることから斜交回転と呼ばれる。

上の４つの因子に分かれ，それぞれ能力主義，市場主義，職務主義，期待役割主義とネーミングした。具体的な質問項目は，能力主義が「同じ職務であっても，担当する人物や経験により等級が異なる場合がある」と「その人の能力やスキル（職務遂行能力）について，等級が定められている」である。市場主義は「特定の職務の賃金は市場相場に応じて，適宜見直しされている」。職務主義は「担当する仕事（職務）の価値に基づいて等級が定められている」。期待役割主義は「仕事（職務）を遂行していく上で，本人に期待されている役割の価値に基づいて等級が定められている」である。

ここで得られた因子は概念的なものであり，現実の社員格付け制度は４つの主義が混淆しているとみるべきであろう。そこで社員格付け制度の類型を識別するためにクラスタ分析を施したところ，職務主義の傾向をもつ職務等級制度（第１クラスタ：15 社），能力主義の傾向をもつ職能資格制度（第２クラスタ：44 社），能力と職務の両方が高い役割等級制度（第３クラスタ：71 社）を抽出した（**図 4-3**）。

日本の社員格付け制度は，職能資格制度，職務等級制度，役割等級制度に分化しているが，そのトレンドは職能資格制度から能力主義と職務主義を折衷する役割等級制度への移行である。調査時点では，アメリカ型の職務等級制度へ移行する企業は多いとはいえず，伝統的な職能資格制度と新興の役割等級制度が主流である。

先述したが，役割等級制度は職務定義に能力規定を組み込む柔軟性が担保されている。したがって，たとえ職務が変わらなくても，能力伸長とそれに伴うジョブサイズの拡大さえ認められれば昇級することも可能である。役割等級制度は，組織内バランスを重視して能力主義で設計する職能資格制度（組織志向）と，職務の市場賃金（マーケットペイ）を重視する職務等級制度（市場志向）という，一見対立する社員格付け制度の設計原理を折衷する社員格付け制度であるといえよう。

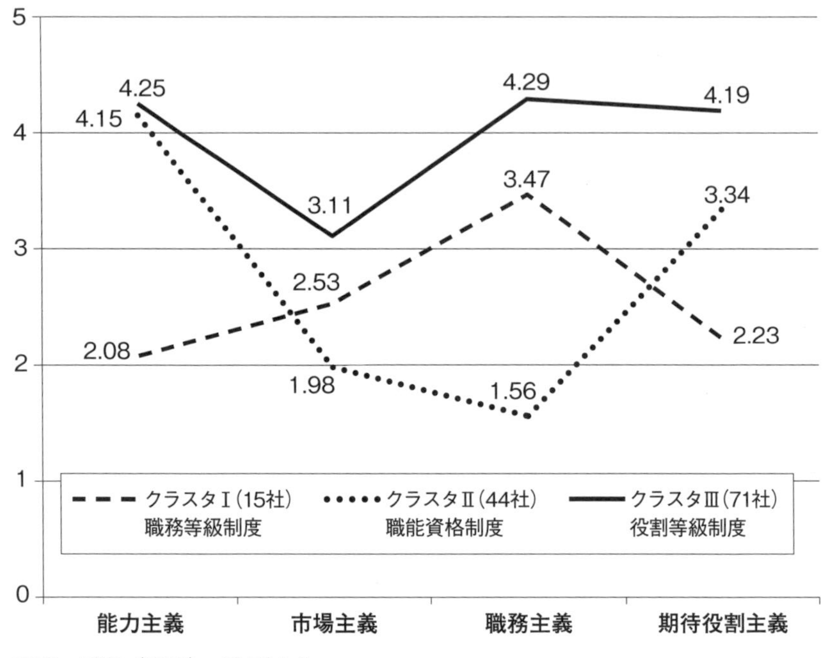

出所：平野（2019），28 頁より。

図 4-3 社員格付け制度クラスタのプロフィール

4. 社員格付け制度の課題と展望[3)]

（１）多国籍企業の社員格付け制度

近年は経営のグローバル化が社員格付け制度の選択に大きな影響を与えている。とりわけ海外での事業展開が進んでいる企業では，多国籍内部労働市場構築との関連で社員格付け制度の改革が喫緊の課題となっている。

所属組織や国籍に関係なくグローバル人材を育成・確保するには，グローバル・グループレベルでキャリア開発が行われ，そのキャリア開発のプラットフォームとなる社員格付け制度が整備されなければならない。しかし，日本の多国籍企業の多くは，社員格付け制度が国ごと・地

3）この節の記述は平野・江夏（2018）第 14 章（248 ～ 265 頁）に依拠している。

域ごとに異なっている。また重要なポジションを務める幹部は日本人中心であり，海外子会社の社員は，本社を含めたグループ全体でのキャリアを描くことが難しい。したがって，グループ全体でグローバル人材を一元的に配置，評価，処遇する内部労働市場の構築が求められている。

しかし日本の多国籍企業の内部労働市場は海外現地子会社ごとに分断されている。つまり現地子会社でそのキャリアを終える内部労働市場が現地法人の数だけあり，一方で日本本社をベースとして海外子会社の幹部のキャリアを挟みながら昇進していく本社採用の主として日本人の内部労働市場が存在する。白木（2006）は，多国籍からなる人材配置をカバーする内部労働市場の形成がグローバル人材の確保・育成の要諦であると考え，多国籍内部労働市場を構想した（**図 4-4**）。多国籍内部労働市場では，日本本社（P国）に所属する日本人や高度外国人材（PCNs）がA国の海外子会社に派遣された後，日本への帰国を挟まずにA国からB国へ異動する。あるいは海外子会社（B国）の現地人材（HCNs）が日本本社へ逆出向する。あるいはB国からA国の経営職に第三国籍人材（TCNs）として異動する[4]。

ここで多国籍内部労働市場に包摂される人材が海外子会社で雇用される全従業員となっていないことに注意が必要である。A国とB国では海外子会社固有の内部労働市場に包摂される従業員と多国籍内部労働市場に包摂される従業員とに分かれている。

そのことを示したのが**図 4-5** である。多国籍内部労働市場に包摂されるのはマネジャー・バンド以上の上位ランクを構成する管理職層である。この層はグローバル社員と位置づけられ，グローバル統合した共通の社員格付け制度が適用される。一方，現地子会社の内部労働市場にとどまり組織の下層部を構成する従業員層はローカル社員と位置づけられ，現地固有の制度的環境に適応した社員格付け制度が適用される。この場合，グローバル社員とローカル社員とで異なる制度が適用されるの

4）PCNs は Parent Country Nationals の略，HCNs は Host Country Nationals の略，TCNs は Third Country Nationals の略である。

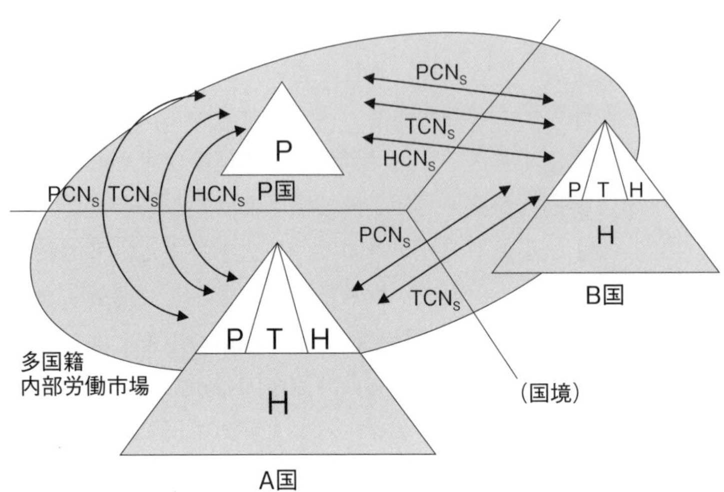

注：P国は本社所在地を表す。PCNs（またはP）は本国籍人材を，HCNs（または H）は現地国籍人材を，さらに，TCNs（またはT）は第三国籍人材を表す。
出所：白木（2006），28頁より。

図 4-4　多国籍内部労働市場

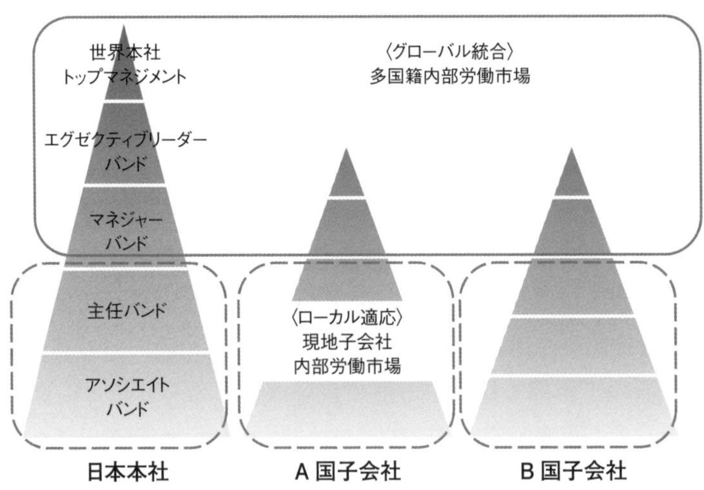

出所：平野（2016），5頁より。

図 4-5　多国籍内部労働市場と現地子会社内部労働市場

で，海外子会社の社員格付け制度は複数化することになる。

（2）タレントマネジメント

多国籍内部労働市場を機能させるには，どこにどのような人材がいるのかを一元的に管理するグローバル人事情報データベースがいる。つまりグループ・グローバルで個人の人事情報のデータベースを構築することが不可欠である。欧米のグローバル企業では，人材の一元的管理のため，社員を「顕在化された業績への貢献」（performance）と「潜在的な昇進可能性」（potential）の２つの軸から評価するケースが多い。この２軸をそれぞれ評価に応じて３分割した９ブロックのマトリックス上に，個々の社員を評価しプロットしていくことにより人材育成（人的資本投資）の方針が定められる（石山，2020）。

こうしてできあがった９ブロックはタレントマネジメント（Talent Management：TM）を稼働させる情報源となる。TMとは「組織の持続的競争優位に貢献するキーポジションをシステマチックに特定し，高い潜在能力を持ち，高業績を挙げる人材のタレントプールを開発し，キーポジションに相応しい人材をタレントプールから充足する仕組みを構築し，有能な人材の組織への継続的コミットメントを確保すること」と定義される（Collings and Mellahi, 2009）。

TMは**図4-6**の通り５段階のプロセスに分けることができる。第１段階は，経営戦略を推進するうえで重要なキーポジションを本社と海外子会社含めて選定することである。

第２段階は，キーポジションを担うために必要と考える人材像の要件をコンピテンシーとして特定することである。

第３段階は，人材要件を満たすと考えられる候補者を選定するために，マネジャー・バンド以上のホワイトカラーの人事情報を一元的に管理するグローバル人事情報データベースを構築することである。この情報は入社年次，経歴，人事考課などの通常の人事データのみならず，キャリアプランの内容，本人の強みや弱み，社内外の評価等といった定性的な情報も蓄積し，常にアップデイトされなければならない。このシステム

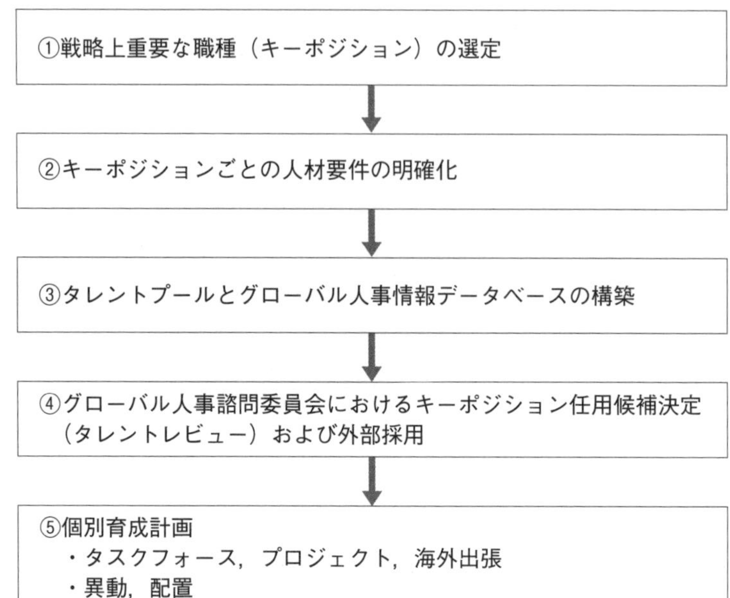

出所：平野・江夏（2018），262頁より。

図4-6　タレントマネジメントのプロセス

に海外子会社のローカル人材も加えることでグローバル人材の「見える化」が進む。なお人材プールには主任バンドからもポテンシャルの高い人材を発掘し追加する。

第4段階は，キーポジションごとに複数の候補者を，タレントレビューを通して決める。タレントレビューを行うグローバル人事諮問委員会の機関が設置される。次のようなケースが典型である。委員会の委員長はCEOで，メンバーは事業部長，機能（グローバルファンクション）本部長，有力海外子会社の社長（リージョン本部長を兼務）である。委員会は月1回程度開催される。キーポストの任用候補の決定や，その前提となる後継者計画の作成などを議論する。なおグローバル人事諮問委員会はこうしたコーポレート（本社）レベルのほか，各国のリージョンレベルでも開催されるケースもある。グローバル・キーポジションの後継者計画や異動・配置を決定するのはコーポレート（本社）に設置されるグローバル諮問委員会であるが，そこへ提案をあげるのがリージョンの委員会の役割である。

第５段階は，どのように育成・登用するかの計画を立て，個別育成計画の実効をフォローする。育成の専任担当者として事業部長を経験したシニアが務めるメンター（助言者）を指名し，任用候補者にコーチングを施す体制を整える。また経営トップのビジョン提示や主導による全社的グローバル人材育成研修が同時に整備される。

（３）グローバル・グレーディング制度

多国籍内部労働市場のプラットフォームとなるのが，本社と各国子会社共通の基準で，グローバル社員のポジションすべてを評価，位置決めし処遇するグローバル・グレーディング制度である。これにより本国人材，現地人材，第三国籍人材にかかわらず国境を越えて異動することができるようになる。グローバル・グレーディング制度の設計に際しては，以下の３つのオプションがある。

①　**職務基準で共通化**：欧米グローバル企業のグローバル・グレーディングの仕方で共通化する。例えば，日立製作所ではグループ・グローバル共通の役割や職責の大きさで格付けする職務基準制度で，４万8,000のポジション（マネジャー以上）が評価，位置決めされている。報酬水準は市場賃金とのリンクを強めている（山口，2014）。

②　**能力基準で共通化**：日本的な能力主義の職能資格制度をベースとして世界共通基準を設計しグローバル人材を評価処遇する。例えば，デンソーでは，海外グループ会社を含めた幹部層約2,300人を「グローバルマネジメント職」とし，個人の発揮能力にフォーカスした個人の等級（Global Individual Grade：グローバル職能資格）を昇格・評価・報酬制度など人事制度の基軸としている。事業ニーズに即した柔軟な配置・役割変更（ポストや職責は変わっても求められる発揮能力は同一）と機能や事業あるいは拠点間の異動の円滑化（処遇に影響なし）が狙いである（平野，2016）

③　**職務基準と能力基準の複数化**：職務基準と能力基準が並列する複数のグレーディング制度を構築し，複線型キャリア開発を行う。例えば，野村証券では，基幹的業務に幅広く取り組む総合職Ａ／Ｂは，特定の専門知識・分野に限らず，幅広い経験に基づくキャリアの形成を目指し，多職種に転換が可能なキャリア開発が施されている。一方，総合職Ｃはそれぞれのビジネスに求められる高度な専門性を追求し，徹底した実力主義のもと成果に応じた処遇と流動的な雇用を前提としている。

多国籍内部労働市場を機能させるにはグローバル・グレーディング制度がインフラとして不可欠である。その設計においても能力主義・職務主義・役割主義の社員格付け制度のオプションがありうる。しかし海外現地法人との接合のしやすさという観点からすると職務等級制度に分がある。一方で，日本企業が長年慣れ親しんできた職能資格制度に対する歴史的経路依存もある。したがってグローバル化の進展に応じて，能力主義と職務主義を折衷する役割等級制度を採用する日本企業が今後増えていくことが予想される。

研究課題

1．社員格付け制度の設計における能力主義，役割主義，職務主義と賃金制度における成果主義との対応関係を考えてみよう。
2．社員格付け制度の設計において，非管理職層には職能資格制度を，管理職層には役割等級制度を適用している日本企業もあるが，それはなぜか。社員のキャリア開発との関係からその合理性を考えてみよう。
3．特定の多国籍企業の社員格付け制度を取り上げ，グローバル・グレーディング制度がどのように設計されているか調べてみよう。

参考文献

Collings, D.G. and Mellahi, K. (2009) Strategic Talent Management: A Review and Research Agenda, *Human Resource Management Review*, 19, pp.304-313.

石田光男（2003）『仕事の社会科学―労働研究のフロンティア―』ミネルヴァ書房

石田光男・樋口純平（2009）『人事制度の日米比較―成果主義とアメリカの現実―』ミネルヴァ書房

石山恒貴（2020）『日本企業のタレントマネジメント―適者開発日本型人事管理への変革―』中央経済会社

今野浩一郎・佐藤博樹（2009）『人事管理入門〈第2版〉』日本経済新聞社

江夏幾多郎・平野光俊（2012）「社員格付原理としての役割主義の機能要件―人事部の権限と体制に着目して―」『組織科学』第45巻，第3号，pp.67-79.

上林憲雄・平野光俊編著（2019）『日本の人事システム―その伝統と革新―』同文舘出版

笹島芳雄（2001）『アメリカの賃金・評価システム』日経連出版部

白木三秀（2006）『国際人的資源管理の比較分析―「多国籍内部労働市場」の視点から―』有斐閣

厨子直之（2010）「社員格付け制度」奥林康司・上林憲雄・平野光俊編著『入門人的資源管理〈第2版〉』中央経済社，pp.55-72.

都留 康・阿部正浩・久保克行（2005）『日本企業の人事改革―人事データによる成果主義の検証―』東洋経済新報社

日経連能力主義管理研究会編（1969）『能力主義管理―その理論と実践―』日本経営者団体連盟弘報部

日経連能力主義管理研究会編（2001）『能力主義管理―その理論と実践―〈新装版〉』日経連出版部

平野光俊（2011）「2009年の日本の人事部―その役割は変わったのか―」『日本労働研究雑誌』No. 606，pp.62-78.

平野光俊（2016）「多国籍内部労働市場におけるグローバル人材の確保・育成の課題」『ビジネス・インサイト』No. 95，pp.2-7.

平野光俊・江夏幾多郎（2018）『人事管理　人と企業，ともに活きるために』有斐閣

平野光俊（2019）「人事部の新しい役割」上林憲雄・平野光俊編著『日本の人事システム―その伝統と革新―』同文舘出版，pp.18-41.

堀田達也（2001）「人事制度における“役割”の位置づけとその活用」『労政時報』3495号，pp.43-49.

山口岳男（2014）「真のグローバルカンパニーを目指して―グローバル人財戦略とその実行―」『ビジネス・レーバー・トレンド』2014 年 7 月号，pp.3-6. https://www.jil.go.jp/kokunai/blt/backnumber/2014/07/002-015.pdf
労務行政研究所編（2006）「職務別人事・賃金制度事例―花王―」『労政時報』第 3673 号，2006 年 3 月 10 日，労務行政，pp.6-26.

5 人事考課制度

三輪　卓己

人事考課制度とは，定期的に企業が従業員の働きぶりを評価する制度であり，その結果に基づいて従業員の昇給・賞与・昇格等の処遇を決定するとともに，その働きぶりを改善して企業の目的達成に結びつけていこうとするものである。日本では1960年代後半くらいから，職能資格制度に基づく独特の人事考課制度が成立し，普及していった。その後1990年代以降に，大企業を中心として職務（役割）等級制度に基づく人事考課制度に移行する企業が増加したわけであるが，本章では，それら2つの人事考課制度について詳しくみたうえで，その変化が意味するものを考えていきたい。

<キーワード>　成績考課，能力考課，情意考課，考課ランクの分布制限，目標による管理，コンピテンシー

1. 人事考課の定義と変遷

（1）人事考課とは何か

人事考課制度を詳しく定義するならば，①企業組織全体の業績向上を最終的な目的として，②それに対する従業員個々の貢献度や貢献可能性を，③公式化された科学的あるいは合理的な方法によって定期的に評価し，④その結果に基づいて従業員の処遇を改定することをはじめ，個別の選抜・配置・異動・能力開発等の決定に役立てるための制度，ということになるだろう。

人事考課は従業員の処遇に直接的に影響を与えるため，公正で合理的な方法でなされる必要があることは言うまでもない。もちろん，働く一人一人の従業員を適切に評価することは簡単なことではないのだが，多くの企業において様々な工夫や努力が行われている。日本企業における人事考課制度の変遷を見ても，その内容とともに考課の方法に工夫が行

われ，公正さが追求されていることがわかる。

その一方で，人事考課は従業員の働きぶりを改善し，企業全体の業績向上につなげていくことを最終的な目的としている。したがって，企業は考課結果を活用して，従業員の働き方や行動をより良いものにしていかなければならない。特に，新しい経営環境に適応しなければならない時などはそれが重要になるのだが，その実行が簡単なことではないことは言うまでもないだろう。丁寧な人事考課をすることを通じて，あるいは考課結果のフィードバックを通じて，従業員の意識改革を進めていくことが多くの企業の課題になっているといえる。

（2）日本企業の人事考課制度の変遷

日本の人事考課制度の変遷については，遠藤（1999）に詳しいのであるが，ここでは，①アメリカの制度の導入段階，②職能資格制度における人事考課の成立段階（日本独自の人事考課の成立），③成果主義への移行に伴う人事考課の変化の段階に大別してみていきたい。そのうち，①のアメリカの制度の導入段階では，戦前において，科学的管理法の1つとして日本に紹介された人事考課制度が研究され，模倣されたようである。当時の制度では個人の性格的特徴が主な評価項目になっており，評価方法は図式尺度法（例えば1～5の間で評価する）を使ったものが大半だったようである。

その後，日本企業に独自の制度がみられるようになったのは，職能資格制度が普及した1960年代後半から1970年代ということになる。職能資格制度では，その格付け基準でもある職務遂行能力を中心とした人事考課が行われるのであるが，そこには日本独自の特徴がいくつか見られるようになった。その代表的なものは，評価項目と個人の職務内容との関連性が乏しいことであろう。第4章で触れたように，日本企業においては職務の概念が明確でなく，職務等級に基づいた人事制度は根付かなかった。それに代わって普及した職能資格制度は，曖昧で流動的な職務を前提としたものであり，したがって人事考課も，上記のような特徴を持つことになるのだろう。詳しくは次節以降で述べるが，そうした特徴が日本の組織と適合的であったことも事実であるし，その反面，曖昧な考課になりやすく，客観性や公正さが乏しいものになりかねない制度であったことも否定できないであろう。

そして1990年代の後半以降，成果主義が志向されるようになり，職務（役割）等級に基づく人事制度への移行が進みはじめた。そしてそれに伴い，人事考課制度も大きく変わっていったのである。考課の中心は職務遂行能力から成果へと移行し，その具体的な評価の手法として目標による管理（Management by Objectives：以下MBO）を使った評価が一般的なものになった。また能力に関わる評価項目も，より具体的で，優秀な人の選抜に利用できるものが導入されるようになっていった。その背景には，年功的な人的資源管理が問題視されたことはもちろんであるが，企業等の組織が従業員に期待する働き方や行動が変化したことがある。簡単に言えば，従来よりも戦略的に思考し，自律的に行動することが求められるようになったのであるが，この点についても，後に詳しく議論したい。

2．職能資格制度における人事考課

（1）3つの考課要素

まず職能資格制度における人事考課についてみていく。職能資格制度では，成績・情意・能力という３つの考課要素を中心に人事考課がなされる。

① 成績考課：考課期間（通常半年あるいは１年）の仕事について上司から指示や命令を受けたこと，あるいは自ら定めたことをどれだけやったかの考課である。仕事の目標の達成度や出来栄えが考課対象となる。

② 情意考課：組織の一員としての自覚，意欲などに関する考課である。考課期間における仕事の取り組み姿勢の考課といえる。

③ 能力考課：職能資格にふさわしい職務遂行能力（知識や技能などの修得要件と，折衝力，判断力などの習熟要件）をどれだけ身に付けているか，あるいはそれがどの程度開発されたか（前期よりも伸

びたか）の考課である。

そのうち，職能資格制度で最も重視されるのは能力考課である。一般的には成績考課と情意考課は半年ごとに支給される賞与を決定するために使われることが多く，能力考課は昇給や昇格，さらには能力開発計画の策定のなど，様々な目的のために使われる。考課期間中の実績を問う成績考課よりも，能力の開発を問う能力考課のほうが重要視されることは，職能資格制度における人事考課の最大の特徴であるといえるであろう。また情意考課が行われ，仕事に対する取り組み姿勢や組織への貢献意欲が問われることも注目すべき特徴だといえる。

表5-1は，各々の考課要素の代表的な評価項目を例示したものである。表中に示された評価項目ごとに，さらにいくつかの小項目が設定されることもあり，それらが個々に評価されたうえで総合的な考課結果が決められることになる。

さて職能資格制度の人事考課はこれらの評価項目によって行われるわけであるが，その評価項目はやや曖昧なものになりやすいことが指摘されている（遠藤，1999）。例えば，職能資格制度における能力考課の項目は，従業員一人ひとりが従事している職務内容に照らして設定した具体的なものではなく，一般的な内容であることが多い。職能資格制度では職務等級制度にみられるような詳細な職務記述書は作成されない。そのため各等級に求められる能力要件も，多くの職務に適用できるような一般的で曖昧な内容になりやすい。したがって能力考課の項目も，職務

表5-1　職能資格制度の考課要素

成績考課	情意考課	能力考課
仕事の質 仕事の量	規律性 協調性 積極性 責任性	知識・技能 判断力 企画力 折衝力 指導力

出所：楠田（1992），127～128頁より作成。

別や職種別の具体的なものではなく，かなり一般性の高い，曖昧なものになりやすいのである。職能資格制度ではそうしたやや曖昧な評価項目を使って，上司が部下を観察することによって評価する。そのため，評価が主観的なものになってしまう恐れがある。このことは，職能資格制度の人事考課の大きな特徴といえるだろう。

(2) 人事考課のプロセス

次に，人事考課のプロセスについてみてみよう。日本企業では複数の考課者が多段階方式で人事考課を行うのが特徴になっている。その主たる目的は，考課者間，部門間における評価基準（厳しさ，甘さ）の差の調整であるが，日本企業の人事考課は，こうした全社的な統制の中で行われているといえるのである。しかしそれについては，後に述べるような批判もなされている。

最初に，個々の従業員の直属の上司によって一次考課が行われる。この段階では，従業員は他者との比較によって評価されるのではなく，その従業員が属する職能資格等級の資格要件に照らして評価される。いわゆる絶対評価である。その後，さらにその上の上司による二次考課が行われ，その際には，複数の一次考課者間での評価の甘さ，厳しさの差異が調整され，場合によっては相対評価によって一次考課が修正される。それによって，一次考課者ごとの評価の偏りを是正するのである。

そして最終的には，全社の委員会や人事部門による調整が行われる。この段階では昇給や賞与の金額決定をめぐって原資をいかに配分するか，昇格する人を何人とするか，従業員の処遇にどう格差をつけていくかを検討するための相対評価がなされる。各従業員には考課の結果として考課ランク（S，A，B，C，Dなど）が与えられ，それに基づいて昇給額や賞与の額が決められることになるのだが，当然各ランクの出現率によって昇給や賞与の原資は大きく異なってくる。そのため，ランクの出現率には一定の分布制限が設けられることが多い。それによって全社的なバランスと毎年の昇給額や昇格人数の安定性が保たれることになるのである。

(3) 制度の意義と問題点

さてこのような特徴を持つ人事考課制度の意義としては，①従業員の企業組織へのコミットメントを高める，②長期的な勤続の意欲を高める，③幅広い実務能力を体得させる，などの効果を持つことがあげられるだろう。先述のように，職能資格制度における人事考課では，実際の成績よりも職務遂行能力の発揮や開発のほうが重視され，しかも情意考課なども行われる。つまり，仕事の結果よりもプロセスのほうが重視されるのだといえる。そのことにより，従業員は組織人として組織の規範に従い，組織に貢献するように動機づけられるのである。また能力開発が最も重要な考課要素となることにより，従業員にとって長期にわたって社内の仕事に熟練することの意義が強くなる。このように，職能資格制度の人事考課には，組織へのコミットメントと長期勤続を強化するインセンティブが働いていると考えられる。さらに，能力考課の項目が職務内容をもとにした具体的なものではなく，かなり一般的なものであることから，従業員は自らの担当や専門領域に関わらず幅広い知識やスキルを体得しやすくなる。自分の仕事に直接関わるような知識や技能だけでなく，むしろ応用範囲の広い能力こそが高く評価されるからである。それゆえ，職能資格制度の人事考課には多能工や幅広い能力を持ったホワイトカラーになることへのインセンティブが働いていると考えられるのである。

そして，これらの人事考課制度の特徴は，日本企業の経営や組織の特性と非常に合致したものであったと思われる。第2章でみたように，日本の企業等の組織構造は高度に分業化されたものではなく，組織，職務の境界がやや曖昧なものである。また現場の従業員が自分たちで考えて創意工夫する範囲が大きいことも日本の組織の特徴である。有名なトヨタ生産システムを支えているのは，このような特徴を上手く活用した柔軟な作業組織であるといわれているが，そこで働く人々は，組織への参画意欲が強く，色々な仕事を経験した多能工であり，部門間の意思疎通や調整を可能にする対人関係能力に優れた人だと推察することができる。

従業員の組織へのコミットメントを強化するような人事考課制度は，従業員一人ひとりが創意工夫を行い，積極的に改善活動などに参加することを促したものと思われる。また長期勤続や幅広い能力の開発を促す人事考課制度は，職務境界が曖昧な組織で必要となる多能工の育成やチームワークを促したものと思われる。つまり，職能資格制度における人事考課は，1960年代から1990年代の日本企業で求められた働き方の実現に寄与していたと推察され，それゆえ多くの企業に普及したと考えられるのである。

しかしその一方で，職能資格制度の人事考課にはいくつかの問題点があると考えられる。

その１つが，人事考課の項目が曖昧で主観的な考課になりやすいことである。日本企業では個人の職務が不明確であるため，人事考課の項目が曖昧になるのは避けられないのかもしれない。しかしそれは公正な考課を難しくし，考課の信頼性を低下させることにもつながってしまうだろう。例えば職務等級制度の下で職務分析が行われ，職務記述書が作成されていれば，職務に直結した評価項目によって客観的な人事考課が行いやすくなる。しかし職能資格制度の人事考課は職務記述書に基づくものではなく，評価の根拠が不明瞭になりやすいものであるため，主観的な考課に陥る可能性があることは否定できない。

またこの人事考課制度には情意考課，能力考課など客観的考課が難しい考課要素が含まれている。情意考課は考課者の主観的判断に依存するところが大きいものであるし，能力考課の項目も客観的に把握しやすい内容とはいいがたいものもある。客観性と具体性に乏しい考課は職能資格制度の人事考課の最も重大な問題点として理解できるだろう。

そしてもう１つが，人事考課が多段階で行われて結果の分布制限がされることである。多段階で考課が行われると，徐々に考課結果がゆがめられるという疑念を持つ従業員も出てくるだろう。また，一次考課と最終的な考課が違った場合に，一次考課者が本人に結果を説明できないといった事態も起こりかねない。さらに，結果の分布制限が行われると，考課ランクの高い人の数が一定比率で制限されるだけでなく，ランクの低い人が必ず一定比率作られてしまうという問題が発生する。そうした仕組みは従業員にとって，不満の原因となる場合もあるだろう。多段階の考課や分布制限は，もともと評価の偏りを是正するために行われはじめたものであるが，それがかえって考課結果の客観性や信頼性を低下させる原因にもなっていると考えられる。

3. 職務（役割）等級制度における人事考課

（1）業績や成果を中心とした人事考課

今度は，職務（役割）等級制度における人事考課についてみていきたい。それらは成果主義と呼ばれる人的資源管理の普及に伴って導入されてきたものである。成果主義化に伴う人事考課制度の変化の傾向をまとめるならば，①考課の中心が成績，あるいは業績考課へシフトした，②能力考課の内容が具体化されて優秀な人を選抜するような狙いが強くなったと表すことができる。

まず業績考課についてみていきたい。職能資格制度では成績よりも能力開発を重視した考課が行われていた。それに対し，成果主義である職務（役割）等級の下では，考課期間（通常半年から1年）において達成された成績，あるいは業績の考課が最も（企業による差はあるが，少なくとも以前より強く）重視される。そのため，個人間での考課結果の差もつきやすく，従業員の業績達成意欲を高めることができる反面，従業員にとって厳しい制度になったともいえるだろう。

業績考課を行う方法として代表的なものが，MBOを用いた考課方法である。MBOとはそもそも，ドラッカー（Drucker, 1954）が「目標と自己統制による管理」として表したマネジメントの方法である。当初のMBOが重視していたものは，①全社の目標が部門や個人にブレークダウンされることにより，目標が企業の従業員の貢献を共通の方向に向ける役割を果たすこと，②目標の設定に個々の従業員が参画することによって，従業員の自己統制が可能になることの2つである。つまり，MBOはもともと人事考課のために提唱されたのではなく，企業の全般管理や従業員の経営への参画，動機づけのためのものだったのである。

日本の企業においても，早い段階からMBOを導入した企業では，こうした意義が重視されていた。しかしながら1990年代以降に，成果主義の人事制度の流行とともにMBOを導入した企業の中には，MBO本来の意義への関心が弱く，単に業績考課の手法としてMBOを捉えている企業がかなりあることに注意が必要である。おそらくは自分で設定した目標の達成率で業績を評価するという手法が，多様な職場に適用できる便利なもので，従業員本人の納得感も得られやすいと受けとめられ，多くの企業で導入されたのであろう。しかし後にみるように，MBOの運用は決して簡単ではなく，業績考課の手法としてのMBOだけが強く意識されてしまうと，多くの問題を引き起こす恐れがあるのである。

さてMBOのプロセスをごく簡単に説明するならば（**図5-1**参照），①期初において上司と本人が相談のうえで1年あるいは半年の仕事の目標を定め，②その目標を基準として期中の仕事の進捗を管理し，③期末において本人，上司の双方で目標の達成率を評価し，④その結果を人事考課にも利用する，というものである。

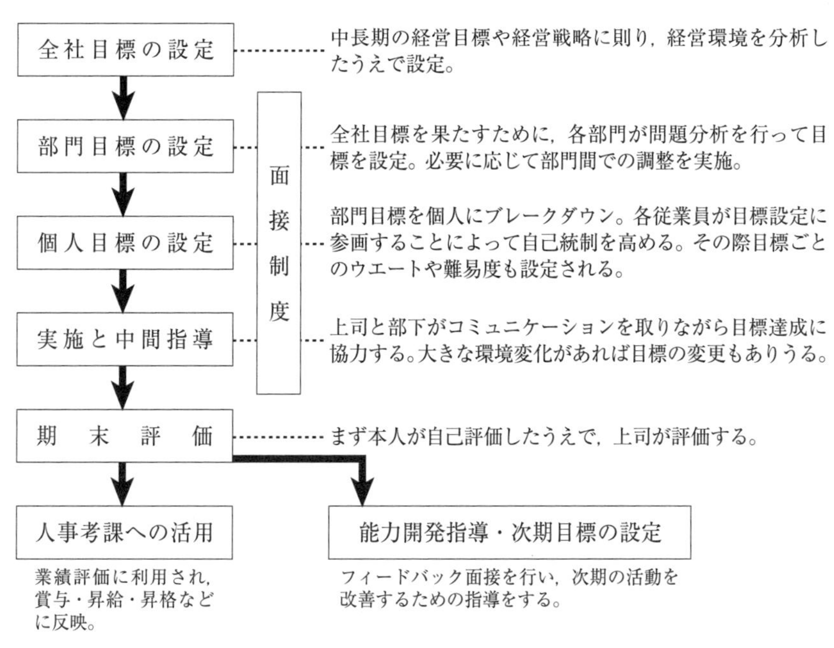

（筆者作成）

図5-1　MBOの一般的フロー

表 5-2 はMBOを進めるために使われるシートの実例である。こうしたシートに目標が記入され，期の終了後にそれが振りかえられる。シートには，目標項目をいつまでに，どの程度までやるかの他に，その目標の難易度も書かれるようになっている。多くの企業において，難易度の高い目標については一定の加点評価がなされることが多い。さらに複数の目標がある場合には，その重要度や優先度に応じたウエート（目標の配分比率）も設定されるようになっている。ここでもウエートが大きな目標のほうが高く評価されることになる。こうしたシートを用いることにより，優先度が高く，かつ難しい目標を達成した人が高く評価されるようになるのである。

ただし，先述のようにMBOを適切に運用することは難しく，多くの企業が問題を抱えているのも事実である。MBOの誤った運用として，まず目標の設定が不適切で，個々人の職務等級や役職にふさわしい目標が立てられないということが起こり得る。これは，人事考課が過度に意識されることに起因する弊害なのであるが，目標達成率が強く業績考課

表 5-2　MBOのシートの事例（キッセイ薬品工業の個人目標マネジメントシート）

役割（—を—なやり方で—する）		目標				期首難易度（ランク）	期首ウエート（%）
		目標項目（何を）	現状レベル（どこから）	目標到達レベル（どの程度まで）	期間（いつまでに）		
Ⅰ							
Ⅱ							
Ⅲ							
Ⅳ							
Ⅴ							
追加変更							
追加変更							

上司への要望（本人）	面接者所見

出所：日経連出版部編（2001），171頁より。

に反映されるため，従業員が目標達成にこだわりすぎる場合があるのである。例えば達成しやすい目標ばかりが立てられて，本来取り組むべきレベルの仕事が回避されたり，挑戦的な取り組みがみられなくなることなどが，その代表的な例であろう。またそれに付随して，個人の目標ばかり意識されて他者との協力が疎かになってしまう場合もある。このようなことが起これば，MBOは公正なものでなくなるばかりか，企業の活力を低下させるものになってしまう。

次に管理者のMBOに対する理解が不十分で，適切な運用がなされないことがあげられる。先述の通り，MBOは本来，全般管理や自己統制を目的とするものであるが，それを理解していない管理者も多いのである。MBOは，目標設定に従業員本人が参画することにより，目標達成に対する意欲や責任感を高めるものである。しかしながら，ともすれば目標設定が上司主導になってしまい，目標ではなく，事実上のノルマとなってしまうこともある。また実行段階においても，従業員への支援やアドバイスの提供が不足する場合が少なくないようである。そうなれば，MBOは単なる結果の管理になってしまい，従業員の参画意識を高めないだけでなく，反対に従業員を圧迫するものになりかねない。

さらにもっと本質的なことであるが，そもそも企業の目標が不明確で個人目標へのブレークダウンがしにくいといったこともある。個人目標と企業目標の結びつきが保たれていなければ，個人目標が全て達成されても企業目標は達成されないといった事態を招くことになる。管理者が明確な組織目標を提示できない場合は，その部門のMBOは形骸化してしまう。そうなってしまうと，せっかくMBOを導入しても，その手続きに忙しくなるばかりで成果は少しも向上しないということに陥ってしまうし，人事考課も公正なものとはいえなくなってしまうだろう。

それに加えて，多くの日本企業では職務（役割）等級の人事制度に移行した後においても，多段階にわたる人事考課や，考課ランクの分布制限が続けられている。したがって，職能資格制度の人事考課に比べて，一次考課段階での客観性や公正さは向上したとしても，その後の調整によってそれらが失われてしまう可能性がある。この点も，新しい人事制度の問題点だといえるだろう。

(2) 具体化された能力や行動の考課

人事考課の中心が成績や業績になったからといって，能力などのプロセスの考課がなくなったわけではない。それは依然として行われているし，成績や業績を裏付けるものとしてかなり重視している企業も多い。ただし，職能資格制度の能力考課にみられた曖昧さを少なくし，より具体的で客観性の高いものに，また，より優秀な人を選抜することを志向したものに変化してきたといえるだろう。

例えばその1つとして，多くの企業が考課制度に取り入れたのがコンピテンシー（competency）の考課である。コンピテンシーとは，「ある職務または状況に対し，基準に照らして効果的，あるいは卓越した業績を生む原因として関わっている個人の根源的特性」と定義され（Spencer and Spencer, 1993），動因（特に達成動機），特性（身体的，情緒的特徴），自己イメージ（態度，価値観，自我像），そして知識，スキル，行動などが対象となる。もともとはアメリカの心理学の研究成果に基づくものであるが，現在は優秀な人材の特性として幅広く認知されており，それに基づいた採用や人材育成も盛んに行われている。

コンピテンシーと従来の日本の人事考課で捉えていた職務遂行能力との違いをまとめるならば，①特定の職種，職務やポストを対象に設定されるものであること，②高業績者のみにみられる特徴を扱うこと，③心理学研究をベースに体系的に導き出すものであること，といえよう。職務との関連性が強く，しかも有能な人材の特性に注目しているため，高度な専門職や戦略的なマネジャーの選抜や育成に利用可能であることが特徴となる。

またコンピテンシーとは異なるが，企業が従業員に期待する能力や行動を具体的に定め，それを用いて評価したり，企業の理念や重視する価値に関わる行動を具体的に示し，個々の従業員がそれに沿った行動をどれだけできているかを評価する企業も増えてきている。こうした考課制度も，その目的はより具体的な考課の実施であり，企業に貢献する優秀な人材の選抜や育成とみることが可能である。**表 5-3** に具体的な評価項目の事例を示している。事例の企業では成果を生み出すための優れた行動の評価を，成果プロセス評価として行っている。

表 5-3　新しい能力や行動評価の事例
（リコーの成果プロセス評価，シニアスペシャリスト；マネジメント）

		評価項目	視点
課題形成	1	市場・顧客の動向・ニーズ把握	担当分野における社内外の環境変化，競合や市場の動向，顧客・現場のニーズを把握している
	2	課題の体系化	担当分野における問題の全体像を明らかにしたうえで，取り組むべき課題を体系的に整理している
	3	目標・戦略の設定	上位方針を踏まえて担当組織やプロジェクトの目標と戦略，戦略推進のためにやるべきことを明確にしている
	4	新たなことへのチャレンジ	新たなことに対しても，様々なリスクを想定したうえで果敢に挑戦している
	5	実効性の高い企画立案	戦略目標の達成に向け，既存の方法にとらわれず実効性の高い企画を立案している
課題遂行	6	適切な判断	様々な影響を広く考慮し，可能性やリスクを踏まえたうえで判断を下している
	7	課題解決の実行	業務分担と資源配分を行い組織の課題・テーマを推進している
対人／組織影響	8	動機付け	相手の特性や状況に応じた働きかけを行い，メンバーやパートナーの前向きな姿勢や行動を引き出している
	9	組織統率	目標達成のためのプロセス管理や人材管理を確実に行っている
	10	人材育成	メンバーの強み・弱みを見極め，育成的視点でテーマや課題を与え，メンバーの成長をサポートしている
3つの行動様式	11	顧客起点	お客様の課題を理解し，価値向上につながる課題解決策を提案，実行している
	12	ファイヤー行動	チャレンジングな目標を素早く達成するために，制約を設けず仮説検証のサイクルを回している
	13	利益創出志向	全体最適の視点，長期的視点で会社の利益を創出するための最適行動を行っている

出所：日本経団連出版編（2008），48 頁より抜粋。

(3) 制度の変化が意味するもの

1990年代の後半から，日本の人事制度や人事考課制度は大きく変化しはじめたわけであるが，その背景には，かつて有効であった日本企業の経営や組織がその優位性を失い，見直しを迫られたことがある。例えば現場の熟練工によるチームワークや創意工夫によって高い品質を実現するような経営は，近年のデジタル化が進んだ電子機器製品等には有効ではなくなってきた。デジタル化の進んだ製品は製品のアーキテクチャ（設計構想）がモジュール化しているため（いくつかのサブシステムに分かれていて，その連結ルールが簡潔であるため），組み立てなどが比較的簡単になり（青木・安藤，2002），多くの熟練工を必要としなくなった。そのため，デジタル化やIT化の進展とともに日本企業はかつての強みを失うことになり，現場のオペレーションに依存する経営から脱却し，ユニークな新製品開発や戦略性，創造性を重視した経営を行うことが求められるようになったのである。

こうした環境の変化は工業化社会から知識社会への移行を表すものとしてみなすことができるだろうが，それによって社会に求められる人材や働き方，あるいは経営が変化したのだと考えられる。現場のオペレーションの優劣ではなく，戦略性や創造性によって企業が成長する時代においては，それらを強化するような人的資源管理が必要になるのが当然である。本章でみた人事考課制度の変化も，それに応じたものだと考えられよう。

ではMBOやコンピテンシーによる人事考課は，働く人にどのようなことを求めているのだろうか。そこには，①自律的かつ戦略的に考えて行動する，②高度な専門性やリーダーシップを開発する，などへの企業の強い期待がみられると考えられる。

MBOは全社の目標や計画をブレークダウンし，目標設定に従業員が参画するものである。そこで働く従業員には，期ごとに全社目標や組織目標に照らして自らの仕事の問題を分析し，取り組むべき課題を探し，目標として設定することが求められる。戦略的に仕事を計画し，自律的に思考することが求められるわけである。そこには参画や自己統制から得られる自由と同時に，大きな責任が発生することになる。新しい人事考課制度は，従業員にそのような考え方，働き方をするように促すものだといえる。

またコンピテンシーによる考課や人材育成は，戦略的なリーダーや高度な専門職を選抜的に育成することにつながるため，従業員は自らのキャリアを自律的に選択し，開発することが求められるようになる。コンピテンシーによる考課は，職能資格制度の能力考課に比べて選抜的になるため，従業員は昇進や昇格に対してより競争的な意識を持たなければならなくなる。実際，コンピテンシーを採用する企業の中には，ファスト・トラックと呼ばれるような管理者の早期育成プログラムや，サクセッション・プランと呼ばれる次世代経営幹部の育成プランを取り入れる企業が数多くある。そうした中で働く従業員は，自らのキャリアに対する意識を強く持ち，将来を展望しながら働くように求められるだろう。またコンピテンシーは職務や職種ごとに設定され，評価されるものであるため，従業員は自らに適した仕事の領域を意識するように促されるだろう。それにより，専門性への志向がより強くなることも考えられる。新しい人事考課制度では，日本企業で働く人にこのような変化が期待されているのだと考えられるのであり，それが実現されることによって，人事考課制度の最終目的である企業全体の業績の向上に結びついていくのだと推察される。

4. 将来に向けての課題

本章の最後に，人事考課制度に関する今後の課題について述べておきたい。議論すべきことは数多くあるのだが，ここでは２つのことをあげておく。

その１つが，さきほど議論した従業員の働き方や行動の変革である。おそらくそれが，最大の課題だといえるだろう。1990 年代後半から，大手企業をはじめとして多くの日本企業が MBO やコンピテンシー評価などの新しい制度を導入してきた。すでにかなりの年数が経過していることもあり，それらの制度は日本企業に定着してきたといえるだろう。

しかしながら，表面的には新しい人事考課制度に馴染(なじ)んだように見える日本企業においても，まだ従来の働き方や考え方が根強く残っているように思われる。先に述べたように，新しい人事考課制度が導入された背景には，そこで働く人たちが戦略的に考え，自律的に行動することや，高度な専門性を持つ人材として，あるいは戦略的なリーダーとして活躍することへの期待があった。ところがMBOやコンピテンシーが導入されて長年経つにもかかわらず，多くの企業においてそのような人材は多くなく，働き方も変わっていないように思われる。人事考課制度を変えることはできても，人の意識や行動を変えるのは容易ではないのである。

近年の日本企業の国際的競争力は高いとは言い難く，多くの産業において新興国の脅威にさらされている。諸外国の企業に比べ，日本企業は新しい技術や環境変化への対応が遅れているという評価がなされているし，良い品質の製品を作ることができても，戦略性に乏しくて他国企業との競争に勝てないという評価も聞かれる。それらは日本企業の本質が変化していないことの証左だと思われる。

人事考課制度が変わりはじめてから20年以上たち，MBOやコンピテンシー等は定着したといえるものの，その本来の目的を達成できたとはいえないだろう。もちろん，単純に流行に乗って成果主義を導入した企業や，人件費を抑制するためだけに人事制度を改革した企業にそれができないのは当然である。人事考課制度が経営に寄与するためには，表面的な制度を変えるだけでなく，働く人々の意識や行動を変えていく必要がある。今後はその努力が求められるのではないだろうか。おそらくそのためには，経営自体が戦略志向のものに変化し，組織の構造や意思決定のプロセスが新しい時代に即したものに変わることが必要になるだろう。つまり経営層が自らを厳しく見直し，率先して変わることによって，従業員の意識や行動の変革が進むのだと思われる。

次に，もう1つの課題として，多様な人材，多様な働き方に対応できる人事考課を確立することがある。これからの社会では，フルタイムで働く人や社内で働く人だけが活躍するわけではない。正規従業員，非正規従業員に関わらず，育児や介護をしながら短時間働くような人も増えてくるだろう。また特別な役割や責任を担う高齢者や外国人なども増えてくるものと思われる。それだけでなく2020年以降，新型コロナウイルスの影響もあり，テレワークやリモートワークで働く人が増えてきている。今後は，そうした多様な人材に対応できる人事考課が必要になる。

本章で見てきたように，多くの日本企業の人事考課が成果を重視したものに変化してきているのだが，コンピテンシーなどの能力や仕事のプロセスの評価も依然として重視されている。それはおそらく，仕事の結果だけで評価するよりも，プロセス等についても丁寧に観察して評価したほうが被考課者の納得が得られやすく，公正なものになるだろうという，日本企業らしい考え方によるものだと思われる。

しかしそうした人事考課が，多様な人材に適しているかは疑わしい点も多い。正規従業員ほど上司の観察が行き届かず，上司との会話も少ない人たちについては，こうしたプロセス等の評価が正確に行われない場合もあるだろう。また，テレワークやリモートワークにおいては，プロセスの管理が難しくなるだけでなく，無理にプロセスを管理しようとすると働きにくくなる可能性すらある。自宅でのテレワークは子育てと並行して行われることも多く，決まった時間に働き，毎日定時に報告することが難しい場合もある。そうした人たちにとっては，プロセスの管理が多く，その評価に重点がかかることは，デメリットになってしまうこともあるだろう。おそらく今後，多くの日本企業は今以上にIT化やデジタル化を進め，多様な働き方を推進していくものと思われる。そしてそこでは，職務や役割をできるだけ明確にしたうえで，その成果を重点的に評価するような人事考課が望ましくなる可能性がある。日本企業は今後，そうしたことの再検討を迫られるものと思われる。

研究課題

1. 職能資格制度における人事考課は，働く人々の能力を鍛える厳しい制度なのか，それとも甘い制度なのかを検討してみよう。
2. 目標管理制度をうまく活用するためには何が必要になるか考えてみよう。
3. 成果主義を志向する組織では，人事考課制度の他にどのような改革に取り組んでいるのか調べてみよう。

参考文献

Drucker, P.F. (1954) *The Practice of Management*, New York: Harper & Row.〈＝上田惇生訳（2006）『現代の経営　上・下』ダイヤモンド社〉

Spencer, L.M. & Spencer, S.M. (1993) *Competence At Work*, New York: John Wiley and Sons.〈＝梅津祐良・成田　攻・横山哲夫訳（2001）『コンピテンシー・マネジメントの展開―導入・構築・活用―』生産性出版〉

青木昌彦・安藤晴彦編著（2002）『モジュール化―新しい産業アーキテクチャの本質―』東洋経済新報社

遠藤公嗣（1999）『日本の人事査定』ミネルヴァ書房

楠田　丘（1992）『加点主義人事考課―人材を育て活用する新人事システム―』日本生産性本部生産性労働情報センター

日経連出版部編（2001）『成果主義人事制度事例集　先進12社の全評価システム』経団連出版

日本経団連出版編（2008）『最新・目標管理シート集』経団連出版

三輪卓己（2010）「人事考課制度」奥林康司・上林憲雄・平野光俊編著『入門人的資源管理〈第2版〉』第7章，中央経済社，pp.111-129.

6　賃金制度

三輪　卓己

日本企業では，長い間，職能給を中心とした能力主義の賃金制度が普及していたのであるが，1990年代以降の成果主義人事制度の広がりに伴い，職務給や役割給を中心とした制度が増加している。本章では，それらの制度の特徴や変遷の過程を整理したうえで，これからの日本企業の課題である外部競争性の強化や同一労働同一賃金の実現について論じていく。
<キーワード>　内部公平性，外部競争性，職能給，職務給，役割給，同一労働同一賃金

1. 賃金の設計基準と日本企業における変遷

（1）賃金の体系と設計基準

企業などの組織は，優れた人材を獲得し，維持するために，公正で魅力的な報酬を提供する必要がある。そのことによって，組織活動の成果も高まることが期待できる。

従業員に与えられる報酬には，金銭や金銭以外のもの（表彰や権限の付与等）も含め，様々なものがあるが，中でも本章で取り扱う賃金は非常に重要なものである。賃金とは，組織と従業員との交換関係において，従業員が提供する労働ないし貢献に対し，組織がその対価として従業員に支払う経済的報酬であると定義できる（正亀，2010)。賃金は組織に働く人々の生活を支えるものであり，それゆえその制度や管理が重要であることは疑いのないことである。また賃金を改定する際には，人事考課の結果が反映される。従業員が企業や組織の期待にどの程度応え，組織目標の達成に貢献したか，組織が従業員の働きをどの程度高く評価しているかが賃金の多寡に現れるのである。それを考慮するならば，賃金は単なる金銭的報酬ではなく，承認などの非金銭的な報酬を伴うものだ

と捉えることができる。それゆえ多様な報酬の中でも，特に注目されるべきものだといえるのである。

図 6-1 は，賃金の体系を示したものであるが，非常に多くの要素から成り立っていることがわかる。本章においてそれらすべてを扱うことは難しいので，主に賃金の中心的な部分にあたる基本給に焦点をあてて議論していきたい。

正亀（2010）は，賃金制度，特に基本給部分の設計基準について，代表的な２つの基準を取り上げて議論している。その１つが内部公平性であり，もう１つが外部競争性である。

まず内部公平性についてみていこう。内部公平性基準とは，企業内の従業員間に賃金格差をつける際の基準となるものである。一般に，企業に対して多大な貢献をしている人は賃金が高く，そうでない人の賃金は相対的に低くなると考えられる。ただその差をつける際においては，その根拠をある程度合理的に，そして従業員が納得できるような形で示す必要がある。漠然とした理由では，企業内部の公平感が得られないからである。そしてその格差をつける根拠であり基準として，実際の企業で

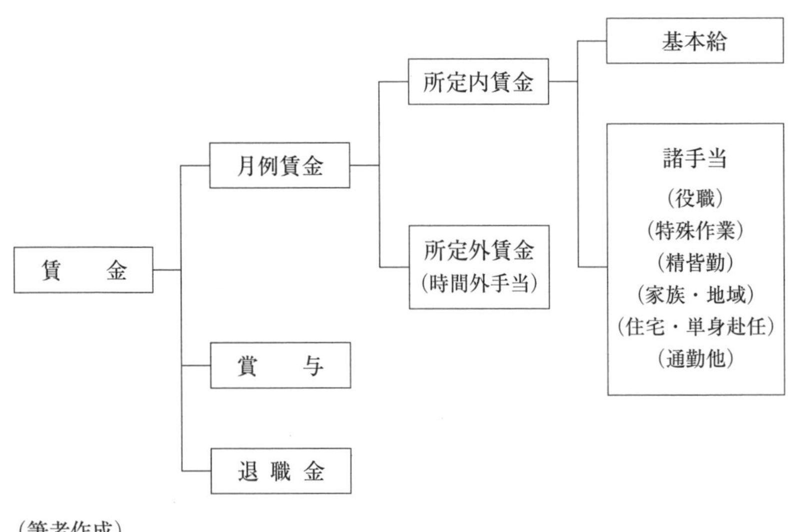

図 6-1　賃金の体系

広く使われているものの1つが仕事（職務）であり，もう1つが能力なのである。

まず仕事で賃金格差をつけるという考え方に依拠した場合，実際に難しい仕事や責任の重い仕事をしている人の賃金が高くなり，比較的平易な仕事をしている人の賃金は低くなる。そしてこの基準に基づく賃金は，職務給と呼ばれている。第4章でみた職務等級制度に基づく賃金制度である。

一方，人が持つ能力で賃金格差をつけるという考え方に依拠した場合，現在の仕事内容ではなく，これまで培ってきた能力が高いと判断される人の賃金が高くなる。あるいは直接的には測定しにくい能力の代理指標として，経験の豊富さをみることにより，多くの経験を積み重ねてきた人の賃金が高くなる（結果として年功的にもなる）。この基準に基づく賃金が職能給であり，第4章でみた職能資格制度に基づく賃金制度である。そこでも触れられていたように，職務等級や職務給は欧米で一般的な制度である。それに対し日本では，長い間，職能資格制度と職能給が多くの企業等に普及していた。

次に外部競争性についてみてみよう。それは市場の中における，自社の賃金水準の競争力といってよい。外部競争性基準は，従業員の獲得や定着を図るうえから，自社の賃金水準を市場相場と同等かそれ以上に設定すべきであることを意味している。

外部競争性は，欧米でも日本でも賃金を決める際に意識されるべきものであるが，特に欧米ではそれが強く意識されてきたといえる。日本に比べて労働移動が多い欧米では，同じような仕事である場合に，賃金の高い企業のほうが人材の獲得や維持がしやすくなる。先述の通り，職務給が一般的な欧米社会では，同じ仕事の賃金水準の比較も容易であり，そのため，企業は賃金の外部競争性を強く意識せざるを得ない。それに対し，労働移動が少なく，長期雇用が一般的な日本では，外部競争性よりも内部公平性のほうが強く意識されやすい。そもそも転職する人が少なく，賃金が仕事によって決められない状況では，賃金の市場相場というものが曖昧になりやすいのである。それよりも，長期間同じ企業で働

表 6-1　職能給と職務給の比較

職能給		職務給
職能資格（職務遂行能力）に基づく ・新入社員は同一等級に格付け ・その後，能力開発状況に応じ，何年かに一度昇格 ・過去からの貢献の蓄積に報いる	基本的な考え方	職務等級（仕事の難易度，責任の重さ）に基づく ・より難しく重要な職務につけば等級と賃金が上がる ・簡単な職務になれば下がる ・現在の貢献に報いる
毎年の能力考課に応じて昇給する（習熟昇給） ・昇進しなくても熟練が認められれば相当の期間は昇給可能 何年かに一度の昇格によって昇給する（昇格昇給）	昇給	上位の職務につくことで昇給する ・職務の変更がない場合，全く賃金が変わらないシングルレート型のものと，一定の昇給幅のあるレンジレート型のものがある ・昇進しなければ昇給は制限される
長期勤続のインセンティブとなりえる 年功的な運用に陥りやすい	その他	職務を基準とした公平さを実現 職務の変更が処遇の変更につながるので，配置転換に消極的になりかねない

（筆者作成）

くことから，勤続年数や昇進に応じてどれくらい賃金が上昇するのかといった，内部公平性が強く意識されるのである。なお**表 6-1** は，職能給と職務給を簡単に比較したものである。

（2）日本企業における賃金制度の変遷

第4章や第5章で見てきたように，日本企業の人事制度は時代とともに変化してきたのであるが，賃金制度の変遷をまとめるならば**表 6-2** のようになる。

戦後にまず導入されたのは，生活保障を主たる目的とした賃金制度であった。敗戦直後の働く人々に何よりも必要とされたのは「食えるだけの賃金」であった。そこで，所定内賃金の大半を生活保障給が占めるような賃金制度が導入されたのである。この賃金制度は，1946 年に電力業界においてはじめて導入されたので，「電産型賃金体系」と呼ばれている。生活保障給は従業員に必要な生計費を満たすことを目的としてお

表 6-2　賃金制度の変遷

時　期	中心的な給与制度
戦前	欧米の制度を模倣することからスタート
終戦後	電産型賃金（生活保障給中心）
1960年代中盤	職務給の導入と挫折
1960年代後半以降	職能給の普及
1990年代後半以降	新しい職務給や役割給（成果主義化）

（筆者作成）

り，本人の年齢と扶養家族の人数によって決められていた。当時の経済環境では，個人の働きぶりに応じたインセンティブの付与よりも，生活の安定が人々の望みとして強かったのだといえる。

しかし徐々に経済環境が好転してくると，生産性や貢献度が賃金に反映されにくい賃金制度が，労使双方から問題視されることになった。そこで1950年代の後半から1960年代前半にかけて，アメリカで普及していた職務給を中心とした賃金制度が試行されることになった。職務給であれば，同一職務同一賃金，あるいは同一労働同一賃金という公平性が担保され，かつ重要な仕事をする人は，若くても高い賃金を得ることができるので，従業員のやりがいを高めることができると期待されたのである。しかし，この試みは挫折することになる。その原因として考えられるのは，日本企業の組織と職務の特性である。日本の製造業では分業がそれほど明確でなく，また従業員が担当する仕事も配置転換などによって流動的である。さらに，当時は技術革新などによって仕事自体が大きく変化したり，新しい仕事が生まれることも多かった。そのような状況ではその都度職務分析を行うことが企業にとって大きな負担になるし，頻繁に賃金が変わることが従業員にとっても不満の源泉になることが予測された。当時の鉄鋼業の賃金制度の変化を研究した青木（2012）においても，技術革新による生産設備の進歩が職務の大括り化や配置転換を促進し，職務の序列による賃金管理を形骸化させたことが述べられている。職務給は日本企業の特性や当時の状況に合致していなかったのである。

そして1960年代の後半以降，職務給に代わって導入され，多くの企業に普及したのが職能給であった。職務給とは異なり，担当する仕事内容ではなく，個人の能力に応じて等級や賃金が決まる制度である。入社後の能力の伸長を賃金に反映でき，しかも配置転換の影響を受けないので，安定した賃金管理が可能になる。能力主義の賃金管理と柔軟な組織運営を両立させたい日本企業にとっては，非常に有益な賃金制度であったといえるだろう。

その後，職能給は1990年代の前半まで，事実上日本企業の標準的な賃金制度として普及した。しかしながら1990年代後半以降の経済の停滞に伴い，その見直しが進められることになる。職能給は能力主義とは言いながら多分に年功的な特徴を残しており，不安定な経営環境に対応できないと判断されたのである。それに代わって現れたのが成果主義と呼ばれる賃金制度であり，かつて導入に失敗した職務給が，やや形を変えて再度導入されたり，業績に連動して賃金（特に賞与）が改定されるようになったのである。成果主義の賃金は，現在の仕事価値と業績で決められる傾向が強い。つまり過去の貢献を従来よりも評価しない制度であり，そのことによって年功的な賃金からの脱却を意図したものといえるだろう。

2. 職能給

（1）職能給の特徴

ここからは職能給について詳しくみていきたい。第4章でみたように，職能資格制度では従業員一人一人に能力に応じた資格等級が与えられる。職能給は，その等級に設定された賃金テーブルによって金額が決まり，能力が向上してより上位の等級に昇格した場合には，より高い水準の賃金テーブルに移行していくことになる。

職能給の特徴は，その昇給管理によく表れている。職能給の昇給には，習熟昇給（昇格を伴わない例年の昇給）と昇格昇給（昇格した年の昇給）

という２種類があるのだが，まず習熟昇給からみていきたい。

表 6-3 は，職能給の賃金テーブルのイメージである。職能給の習熟昇給は等級ごとのテーブル上で，より高い号数の金額に移行していく形での昇給がなされる。各等級のテーブルには，等級の最低金額である初号金額と，それに昇給ピッチの金額を足した各号の金額が並んでいる。習熟昇給とは低い号数の金額から，より高い号数の金額に移行することを表しているのである。その移行の際に，いくつ上の号数に移行できるかは人事考課の結果によって決定される。第５章でみたように，月例賃金に影響する人事考課は能力考課を中心に行われ，その結果は通常５〜７段階の考課ランクにまとめられる。**表 6-4** は，その考課ランクごとの昇給号数を示した例であるが，このように，考課ランクが高い従業員が多くの号数を昇給できることになり，考課ランクが低ければ昇給号数も少なくなるのである。

例示したような制度は職能給の仕組みとして非常に一般的なものであるが，そこには職能給の特徴がよく表れている。例えば，人事考課の結果によって昇給金額は異なるものの，ほぼ全員が何らかの昇給を得ることがあげられる。**表 6-4** では最低のＥ評価になれば昇給はないのであるが，多くの日本の企業等において最低評価になるというのは極めて例外的なことである。したがって昇給に差はあるもののほぼ全員が昇給するとみて差し支えない。さらにその差についても，等級ごとにみればそれほど大きくないことが分かる。いずれも細かく刻まれたピッチの１号か２号分の差であり，１年だけの昇給でみれば，評価の高い人も低い人も顕著な差はつかないのである。これは職能給の昇給管理の大きな特徴だといえるだろう。そこには，人は働くことによってわずかでも能力が高くなるのであり，優秀な人とそうでない人の差も簡単にはつかないという年功重視の能力観がある。

さて次に，昇格昇給についてみていきたい。昇格とは上位の等級に移行することであり，同一等級で何度かの習熟昇給を繰り返した後に，数年に一度行われるものである。**表 6-3** でみるならば，昇格した人はとなりの賃金テーブルに移行することになる。その際，昇格前の等級の職

表6-3 職能給の賃金テーブルのイメージ

等級	1	2	3	4	5
昇給ピッチ	400	500	600	800	1000
初号（0号）	150000	160000	173000	188000	208000
1号	150400	160500	173600	188800	209000
2号	150800	161000	174200	189600	210000
3号	151200	161500	174800	190400	211000
4号	151600	162000	175400	191200	212000
5号	152000	162500	176000	192000	213000
↓	↓	↓	↓	↓	↓
45号	168000	182500	200000	224000	253000
46号	168400	183000	200600	224800	254000
47号	168800	183500	201200	225600	255000
48号	169200	184000	201800	226400	256000
49号	169600	184500	202400	227200	257000
50号	170000	185000	203000	228000	258000
↓	↓	↓	↓	↓	↓

（筆者作成）

表6-4 職能等級の昇給号数のイメージ

考課ランク	S	A	B	C	D	E
昇給号数	8	6	4	2	1	0

（筆者作成）

能給のすぐ上の金額（直近上位）の金額に移るのが一般的であり，移った時の差額が昇格昇給ということになる。昇格すれば賃金テーブル自体が高い水準へと移行するし，昇給ピッチも大きくなる。したがって従業員からすると，昇格することによって賃金の上昇に対する期待が大きくなるのである。

ところが昇格に関わる昇給についても年功的な傾向が存在する。その原因として，まず昇格そのものがかなり年功的に行われる傾向が強いことがある。多くの企業において昇格にかかる標準年数が決められていて，ほとんどの場合はそこから大きく離れない形で昇格管理がなされることになる。同じようなタイミングで昇格するのであれば，賃金もあまり差がつかないのは当然である。さらに，職能資格制度には各等級の職能給テーブルがかなり長いという特徴がある。したがって，従業員はもし昇格できなかったとしても同一等級でかなりの期間昇給できるのであり，その結果として若い上位等級者よりも，ベテランの下位等級者のほうが賃金が高いということも起こり得るのである。

（2）職能給の意義と問題点

職能給は1960年代後半から1990年代前半まで，事実上日本の賃金制度の標準となっていたわけであるが，そこにはどんな意義があったのだろうか。

第1に，従業員に長期の勤続に対するインセンティブを与えたことがあげられる。職能給は能力主義を謳いながらも，経験の蓄積を尊重し，年功を熟練とみなす傾向が強い。そのため従業員は長く同一企業に勤務することにより，自分の評価が高くなり，賃金も上昇するという期待を持つことが可能になったのである。

また第2に，多能工の育成を可能にしたことがあげられる。先述の通り，1960年代の職務給導入の失敗には，日本の柔軟な作業組織が影響しているものと思われる。職能給は職務との結びつきが弱く，経験の蓄積に基づいて昇給がなされるために，配置転換が賃金に不利に働くという心配がない。むしろ多くの職場を経験して熟練を重ねるほうが従業員にとってよい結果をもたらすことになる。職能給は日本の組織に上手く対応した仕組みであったといえるだろう。

そして第3に，上記とあわせて優秀なブルーカラーや実務担当者の育成を促進したことがあげられる。職能給制度では，ブルーカラーとホワイトカラーが賃金テーブルを共有することが多く，ブルーカラーもかなりの水準まで昇給することができた。日本とアメリカでブルーカラーとホワイトカラーの賃金格差を比較すると，日本のほうがはるかに小さいのである。アメリカ式の職務評価では肉体的な作業に対するポイントが小さく，知的な判断に対するポイントは大きくなる傾向が強い。そのため，必然的にブルーカラーの賃金は低くなってしまう。日本の職能給にはそのような差が生まれにくく，そのため多くのブルーカラーや，現場で実務を担当するホワイトカラーの働く意欲が高くなり，優秀な人材が育ちやすくなるのである。

一方，職能給には以下のような問題点があると考えられる。

第1に，年功制はやや緩和されたものの，依然として残っていたことがあげられる。経験の蓄積を重視する職能給では，ほぼ全員が自動的に昇給していく。その結果として賃金は強い下方硬直性を持つことになり，企業の人件費を高いものにしてしまう。経営環境が悪化し，高齢化が進む昨今では，それが大きな問題であることは間違いない。

第2に，昇格に対するインセンティブが弱いことがあげられる。職能給では各等級の賃金テーブルが長いために，昇格しなくてもかなりの期間昇給することが可能である。それが従業員に過剰な安心感を与え，努力する意欲を低下させてしまうことが懸念される。

そして第3に，優秀な若年者を高く処遇することができないことがあげられる。職能給は小さな差を長年積み上げていく仕組みである。そのため，いかに優秀でも若い人が高い賃金を得られる機会は少なく，反対にベテランは平凡な人でもそれなりの賃金を得ることになる。経営環境が厳しい時代には，優秀な若年者に大きな仕事を任せることも必要になるのだが，職能給では大きな仕事に見合った賃金が支払えないのである。

3. 職務給，ならびに役割給

（1）成果主義という考え方

1990年代になって経済が停滞し，経営環境が悪化すると，職能給による賃金制度の意義よりも問題点が指摘され，議論されることが多くなった。その問題点を解決するために導入されたのが成果主義の賃金制度といえるだろう。

成果主義の賃金制度においては，職能給に代わって職務給や役割給がその中心に据えられた。かつて導入に失敗した職務給は，主にブルーカラーを対象にしたものであったが，近年の職務給や役割給は，ホワイトカラーを対象として導入が進められている。職務給は職務の難易度や責任の重さに応じて賃金を決める仕組みであるため，ベテランでも簡単な仕事に従事している人の賃金を抑制することができる。反対に若くても重い責任を担う人の賃金を高くすることが可能なので，人件費の適正化と優秀な人の動機づけが実現できる制度だと評価されたのである。

その職務給をベースとして，日本の組織で使いやすいように改変したものが役割給ということができるだろう。かつて職務給の導入に失敗した背景には，日本の企業では職務が柔軟に変更されるため，その都度職務分析や職務等級の変更を行うことが現実的ではないことがあった。役割給はそうした職務給の弱点を修正したものだといえる。

まず職務分析を省略，あるいは簡略化するために，職務を細かく分けるのではなく，大括りに捉えてその基本的な職責だけを定義することにした。それによって，職能給と大差のない等級数の簡潔な制度となり，配置転換によって頻繁に等級が変わるといった事態を避けられるようになった。さらに企業によっては，経営環境や個人別の期待に応じた役割設定を可能にすることにより，より柔軟な運用ができるように工夫している。例えば同じ部門の同じ職位であっても，通常業務を遂行するだけの場合と，業績の立て直しや重要なプロジェクトの実行をする場合では，役割の大きさは変わってくるだろう。当然後者の場合のほうが困難な役割となり，優秀な人が登用されることになると思われる。また個人が継続的に高い業績をあげることによって，その職務や職位に対して経営が期待する役割が大きくなることもあるだろう。それらのことに配慮して，多くの企業などにおいて，職務や職位の価値を柔軟に捉え，それに応じて役割等級を決める取り組みが行われている。いわば仕事基準の考え方に，人基準（個人への期待）の考え方を加味して，日本企業の組織に適合した社員格付け制度（等級制度）や賃金制度を目指したものだといえるだろう。もちろん人に着目したからといって，役割給はかつての能力主義や職能給に類するものではない。役割給は職務給と同じく，仕事の価値が変わることによって昇格し，下位の仕事になれば降格もあり得るわけだから，あくまで職務給の発展形だと理解するのが妥当である。ただし，役割等級や役割給には柔軟性があるのと同時に，曖昧さがあることも事実なので，企業がその運用を誤れば，個人の貢献と賃金水準が一致しなくなる可能性もある。

（2）職務給，役割給の特徴

職務給は職務の難易度や責任の重さに基づいて決められるので，同一労働同一賃金が実現されやすくなると考えられる。また，職能給と比較するならば，年功的な賃金にはなりにくい。ただし，職務給は職務が変われば賃金も変わることがあり得るので，従業員の配置転換を慎重に行う必要があるといえる。

そのような特徴を持つ職務給の昇給管理について見ていきたい。職務給には，1つの職務等級ごとに1つの金額が決まっているシングルレート方式と，1つの職務等級に一定の幅をもった金額が設定されたレンジレート方式とがある。同一労働同一賃金を厳密に維持しようとするならば，シングルレートのほうが望ましいといえるのであるが，そうすると上位の職務に移るとき以外の昇給はなくなってしまう。しかも配置転換が賃金の増減に結びつきやすいので，職務の変更も簡単には行いにくくなるといったデメリットも出てくる。特に日本企業においては，毎年の昇給がなくなることへの不満が大きくなるし，かつての年功的な賃金からの移行が難しくなってしまう。それゆえ，大半の企業においてレンジ

表6-5　職務給や役割給における昇給管理の考え方

等級	ゾーン	考課S	考課A	考課B	考課C	考課D
5						
4				（省　略）		
3	36号＊＊＊＊円（バンドの上限） ↑　エクストラゾーン	+2号	+1号	0号	-1号	-2号
3	24号○○○○円（ポリシー金額） ↑　スタンダードゾーン	+3号	+2号	+1号	0	-1号
3	12号□□□□円 ↑　ライジングゾーン 初号××××円（バンドの下限）	+4号	+3号	+2号	+1号	0
2						
1				（省　略）		

出所：石田・樋口（2009），37頁をもとに作成。

レートの職務給が採用されたようである。**表6-5**はその昇給管理の考え方を示したものである。

等級ごとに賃金テーブルが設定されることや，人事考課によって昇給号数が変わることについては，職能給と大きな違いはない。違うのは，各等級の下限金額と上限金額とが明確に決められており，昇進しない限りはレンジレートの範囲（バンドと呼ばれている）で昇給がストップするという点である。職能給の場合，等級別の賃金テーブルが長く設定されていたので，昇格しなくてもかなりの期間昇給できるという問題点があった。職務給では，バンドが比較的短く設定されているため，同じ職務にいる人は一定以上の昇給ができない仕組みになっている。

もう1つ，職務給の賃金テーブルは，バンドの中が3つ程度のゾーンに分けられており，それぞれ昇給号数が変えられていることが多い。上のゾーンにいくほど昇給号数は少なくなる。これは，下のゾーンにいる人は職務の価値に照らして賃金が低めであるから昇給の幅を大きくし，上のゾーンにいる人は職務に比べて賃金が高くなりつつあるから昇給を抑制する，という考え方によるものである。このような昇給管理をすることで同一等級にいる人の賃金をできるだけポリシー金額に近づけ，組織への貢献と賃金を一致させるようとしているのである。

さて賃金制度が成果主義になるにしたがい，賞与にも変化がみられるようになってきた。全社，あるいは部門の業績に連動して金額が変わる業績連動型賞与制度を導入する企業が増加し，それによって賃金や人件費の柔軟化が目指されている。**図 6-2** は業績連動型賞与の導入事例である。

従来は多くの日本企業が，賞与の原資を労使協議で決定していた。しかし，成果主義の人事制度への改訂に伴い，何らかの財務指標によって賞与原資を決める業績連動型賞与を導入する企業が増えている。業績連動型賞与の導入目的は，賞与支給額決定の納得性を高め，社員の経営参画意識を促すことにある。会社の業績が好調で利益が多い時には従業員への配分が増え，反対の場合には減るという仕組みは，従業員が努力し

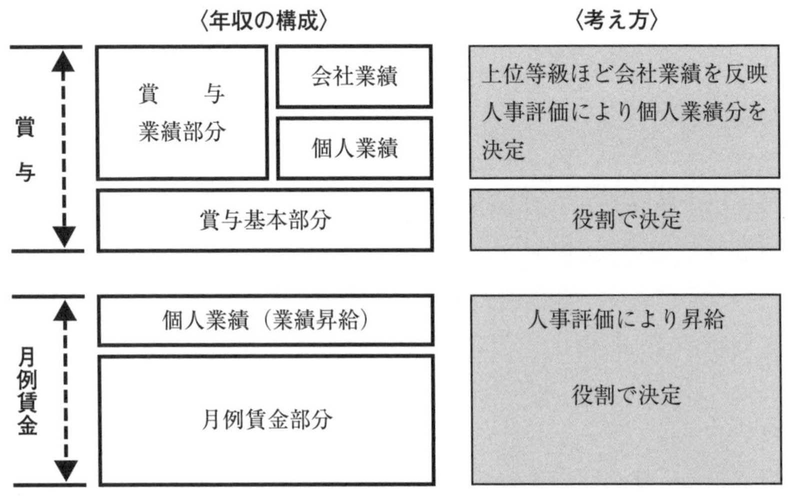

出所：笹島・社会経済生産性本部（2008），49 頁をもとに作成（一部簡略化）。

図 6-2　月例賃金と賞与の全体像（キヤノンマーケティングジャパン）

て会社の利益を向上させる動機づけになるであろう。この事例では，賞与が「基本支給額」「個人業績加算」「会社業績加算」の3階層で構成される。そのうちの会社業績加算の部分が財務指標と連動するわけである。その指標として何を採用するか，また業績と賞与の連動をどの程度強いものにするかは企業によって異なるが，同種の仕組みを導入した企業は数多くある。また職務給や役割給と，業績に応じた賞与を一括して年俸として管理する年俸制を取り入れた企業等も多い。年俸は基本年俸や役割年俸と業績年俸などから構成され，主に管理職が制度の対象となる。年俸という言葉を使うことによって，日本の企業の賃金に付随している年功的なイメージを完全に払拭しようとしたものだと思われる。

（3）成果主義をめぐる議論

成果主義賃金が導入されはじめて20年以上になるが，これまでにも多くの議論があり，中には批判的な見解もかなりみられた。かつて職能給を中心とした賃金制度が高く評価されていたこともあり，その変更に反対する意見も多かったのだと思われる。

成果主義賃金への主な批判には，①金銭的インセンティブの強化が人々の仕事への内発的動機づけを低下させるとするもの（高橋，2004；藤田，2008），②成果主義によってチームワークや能力開発が軽視されるようになる恐れがあるため，それを補完する取り組みが必要だと主張するもの（久保，2005；大竹，2006），③賃金を決めるための人事考課に組織が介入しすぎることにより，成果主義が単に従業員の統制を強化する手段になっていると主張するもの（太田，2008）などがある。③については，前章でみた多段階の人事考課や，考課ランクの分布制限を批判した見解だと理解できるだろう。

このように，成果主義賃金をめぐっては多くの意見があり，様々な批判がなされたわけであるが，その後，徐々に企業の実態を丁寧に調査した研究が現れ，日本企業の成果主義の詳しい内実が明らかになってきた。中村・石田（2005），中村（2006），佐藤（2007）などがそれにあたるのであるが，そこで明らかになったことは次のようにまとめられる。

第1に,成果主義導入によって,企業全体の目標が部門や個人にブレークダウンされ,それらと人事管理との結びつきが強くなった。それにより,賞与の決定においても財務的な業績指標が以前よりも重視されるようになっている。

しかしながら第2に,多くの職場で財務的な業績指標だけでなく,非財務的指標や仕事のプロセスなどが評価されており,財務的な業績だけに連動するような単純な成果主義賃金はあまり導入されていない。

さらに第3に,成果主義の導入によって,管理職を中心とする中高年の賃金カーブは以前よりも寝たものになり,格差もやや広がったのに対し,若年者の賃金カーブはあまり変化していない。つまり日本企業の成果主義は,主に管理職や中高年を対象にしたものだといえる。

そして第4に,各職場で「成果とは何か」を考える過程で丁寧な仕事管理が意識されるようになったことも指摘されている。もちろんこのような職場ばかりではないだろうが,先進的な企業ではこうした努力がみられるということであろう。

このようにみると,先に触れたいくつかの批判は,成果主義に対してやや極端なイメージを持ってなされたものであったとも考えられる。実際の日本企業では成果だけでなく仕事のプロセスも重視しているのである。中村(2006)ではこのような日本企業の成果主義を「プロセス重視の成果主義」と呼んでいるが,それはかつての日本企業の考え方を完全に破棄したものではなく,むしろ日本企業の事情をかなり考慮したものだといえそうである。少なくとも,財務的業績だけで賃金が決められるようなものではない。

また賃金の変化が顕著なのは中高年においてであり,若年者については変化が少ないことから,少なくとも若いうちから金銭的報酬だけが過度に強調されるようなことはないと推察される。成果主義がメスを入れたのは年功的に上昇した中高年の賃金であり,成長過程にある若年者のそれではなかったのである。

このように見ると,日本企業の成果主義賃金は若年者の賃金カーブを維持したマイルドなものであり,プロセスを重視することによってある程度競争を制御したものとも理解できる。もちろん，企業によって多様な成果主義が存在するだろうが，多くの大手企業の実態は，過去の制度や慣行に多分に配慮したもののようである。成果主義賃金に対する批判や議論は今も続いているのであるが，このようなプロセス重視の成果主義が，どのようなメリットやデメリットを生むのかについても，検討される必要があるものと思われる。

4. 日本企業が直面する課題

本章の最後に，賃金制度に関わる日本企業の今後の展望と課題について述べたい。1つは職務給，役割給など，仕事に基づく賃金制度へのさらに本格的な移行に関することであり，もう1つは外部競争性を重視した賃金管理に関することである。

まず仕事に基づく賃金制度への本格的な移行についてである。既述の通り，成果主義の賃金制度が志向されるに伴い，職務給や役割給を採用する企業が増えてきたわけであるが，2019年4月以降順次施行されている「働き方改革関連法」により，その必要性がさらに高くなってきている。働き方改革関連法の柱は，労働時間法制の見直しと，公正な待遇の実現の2つなのであるが，その公正な待遇の実現のために，特に正規従業員と非正規従業員の間の賃金格差の是正が重視されている。その際のキーワードが同一労働同一賃金であり，仕事に基づく賃金制度に移行することによって，雇用形態による不公正を是正しようとしているのである。

1990年代以降の成果主義賃金の導入によって，正規従業員の職務給や役割給は増えたものの，それは非正規従業員とのバランスを考慮したものではなかった。さらに，正規従業員には毎年の定期昇給も行われることから，非正規従業員との格差は時間とともに開いていく傾向があった。働き方改革関連法によって，こうした問題点を放置することができなくなったといえる。

また1990年代以降の賃金改革は，日本企業にとって過去に慣れ親しんだ制度を転換するものであったため，その移行を円滑にするために多くの調整や妥協が行われたのも事実である。大企業を中心に導入された職務給や役割給は，それまでの職能給やその他の年功的な賃金からの移行に配慮しながら，つじつまを合わせるような形で決められたものだともいえる。その結果として，純粋に仕事価値に基づく賃金とはいえないものになった企業も少なくないだろう。日本企業の成果主義賃金には，そのような問題が内在しているものと思われる。

働き方改革関連法により，同一労働同一賃金が追求されるようになれば，そうした正規従業員限定の昇給を認める職務給や役割給は維持できなくなる可能性がある。今後はそれが多くの日本企業の課題になるだろう。特に，多くの非正規従業員を雇用する産業が，この問題に直面するものと思われる。

次に，外部競争性を意識した賃金管理についてである。本章において，賃金制度の設計基準として，内部公平性と外部競争性の２つを取りあげたのだが，日本企業では長い間，どちらかといえば内部公平性のほうを重視する傾向が強かった。転職等の労働移動が少なかったため，企業内での賃金の差のつけ方のほうに，働く人々の関心が向けられていたのだと思われる。しかし，近年では労働移動が増加してきただけでなく，減少する若年労働者の獲得競争が激しくなってきており，外部競争性を意識する企業が増えてきている。

例えば，いくつかのIT企業や製薬企業などでは，職種ごとに初任給から差がつけられており，重要な職種や労働市場で人気のある職種には，高い初任給が支払われるようになってきている。日本企業では大企業を中心に初任給の相場が形成され，出身学部や職種にかかわらず，相場から大きく離れない初任給が支払われていたのだが，徐々にそれが変わりつつあるといえるだろう。

また，採用段階で何らかの評価を行い，優秀と評価された新入社員には他の人よりかなり高い初任給を支払う企業も現れてきた。その動きは，広告，IT，アパレル，人材サービスなど，多様な業界に広がっている。そうした企業では採用方法にも独自の工夫を行い，それによって優秀な新人を選別しているようである。

こうした変化は，労働人口が減少する中で，優秀な従業員を確保しようとする企業の意図を反映したものであろう。これからも同様の取り組みが増えると予測され，それがほぼ同額の初任給からスタートし，企業の内部の公平性を重視して昇給するような従来の賃金管理を変革していくことにつながるものと考えられる。これにどう対処するかが，今後の企業の競争力を左右することになるのではないだろうか。

研究課題

1．職能給に対して，能力主義であるという評価と，年功的であるという批判の双方があるが，それはどちらが妥当なのか検討してみよう。
2．成果主義の賃金制度は，人を金銭によって動機づける制度だと判断していいのか考えてみよう。
3．金銭以外の報酬を視野に入れた場合，どのような報酬がどのような人々に魅力的となるか考えてみよう。

参考文献

青木宏之（2012）「鉄鋼業における能力主義管理の形成―1960年代における職務の変化と資格制度の導入―」岩崎 馨・田口和雄編著『賃金・人事制度改革の軌跡―再編過程とその影響の実態分析―』第1章，ミネルヴァ書房，pp.19-43.

石田光男・樋口純平（2009）『人事制度の日米比較―成果主義とアメリカの現実―』ミネルヴァ書房

太田 肇（2008）「成果主義の挫折と再生」若林直樹・松山一紀編『企業変革の人材マネジメント』ナカニシヤ出版

大竹文雄（2006）「市場主義的賃金制度」樋口美雄・八代尚宏・日本経済研究センター編著『人事経済学と成果主義』第2章，日本評論社，pp.27-40.

久保克行（2005）「人事の経済学と成果主義」都留 康・阿部正浩・久保克行『日本企業の人事改革―人事データによる成果主義の検証―』第1章，東洋経済新報社，pp.13-26.

笹島芳雄監修・社会経済生産性本部生産性労働情報センター編（2008）『成果主義人事・賃金X―日本的展開にみる先進4社の事例―』社会経済生産性本部生産性労働情報センター

佐藤 厚編著（2007）『業績管理の変容と人事管理―電機メーカーにみる成果主義・間接雇用化―』ミネルヴァ書房

高橋伸夫（2004）『虚妄の成果主義―日本型年功制復活のススメ―』日経BP社

中村圭介・石田光夫編（2005）『ホワイトカラーの仕事と成果―人事管理のフロンティア―』東洋経済新報社

中村圭介（2006）『成果主義の真実』東洋経済新報社

藤田英樹（2008）「成果主義とモティベーションの変化」若林直樹・松山一紀編『企業変革の人材マネジメント』第7章，ナカニシヤ出版，pp.104-119.

正亀芳造（2010）「賃金制度」奥林康司・上林憲雄・平野光俊編著『入門人的資源管理〈第2版〉』第9章，中央経済社，pp.147-165.

7 キャリア開発

平野　光俊

経営を取り巻く環境の変化に適応すべく，企業は戦略や組織を変えていかなければならない。そういった企業の環境適応行動は従業員のキャリアにも大きな影響を与える。実際，組織の再編で希望しない部署に異動になったり，業績悪化やリストラで転職を余儀なくされたりすることも珍しいことではない。誰もが長い職業人生の中で，役割，人間関係，日常生活，ものの見方や考え方の大きな変化に遭遇し，キャリアの危機に直面する。そうした転機を乗り越え，自律的にキャリアを開発していくにはどうしたらよいのか。本章では，発達心理学やカウンセリング心理学をベースとするキャリア研究で得られた学術的知見の人的資源管理への応用を学ぶとともに，働く人々の適応的なキャリア開発のあり方を考えてみる。

<キーワード>　組織内キャリア，トランジション，プランドハプンスタンス，キャリア自律，セルフ・キャリアドック

1. キャリアとは何か

（1）外的キャリアと内的キャリア

キャリアとは，広義に捉えれば「生涯にわたる役割の連鎖」であり，いろいろな文脈で使用される。例えば，子育てのキャリアは新米とか，経理部でのキャリアは浅いとか，海釣りのキャリアは長いとか言ったりする。つまり一人の人間がもつ役割は，家庭役割におけるキャリア，仕事のキャリア，趣味や自己啓発など私生活での活動のキャリアの3つの領域に分けることができる。この3つはその人のライフキャリアを構成するが，本章では，主として仕事領域のキャリアを組織や人的資源管理との関わりから学んでいこう。

ホール（Hall, 1976）は，キャリアを①昇進・昇格（advancement),

②プロフェッション（profession），③生涯を通じて経験する一連の仕事経験，④生涯を通じた様々な役割経験に分類したうえで，「ある人の生涯における仕事関連の諸経験や諸活動と結びついた態度や行動の個人的に知覚された連続」と定義している。この定義では，仕事経験を客観的な経歴と捉える外的キャリア（external career）と，個人の経験の主観的な意味づけといった内的キャリア（internal career）が結びついているところに注意されたい。

外的キャリアとは，企業に勤める従業員なら人事情報として記録されるような客観的キャリアのことで，具体的には異なる部署に異動するケースと昇進のケースがある。前者を「ヨコのキャリア」，後者を「タテのキャリア」という。つまり外的キャリアは，階層（rank）の上昇（タテのキャリア）と職能（function）の幅の広がり（ヨコのキャリア）の時間的経路として捉えることができる。そしてキャリア開発の場が1つの企業で展開されるのが組織内キャリア（intra-organizational career）であり，複数の企業にまたがれば組織間キャリア（inter-organizational career）となる。

一方，キャリアには本人が何を感じ，どう意味づけしたのかにかかる内的キャリアもある。人は仕事にやりがいを感じる一方，会社を辞めてしまいたいと思うこともある。心に思ったことは他人からは窺い（うかが）知れない。しかし，「そう思った」ことも事実に相違ない。裁判であれば客観的な事実を重視するが，キャリア開発では主観的な事実も重要である。

（2）組織内キャリアとその規定因

シャイン（Schein, 1978）は，キャリアの外的（客観的）・内的（主観的）側面を考慮して，**図7-1**のように組織内キャリアの概念図を，階層（rank），職能（function），部内者化または中心性（inclusion or centrality）の3つの次元で構成されるキャリアコーン（円錐）として描いた。

階層はタテのキャリアの移行である。組織メンバーは昇進を繰り返しながら次第に階層を上っていく。人によってはキャリアコーンの頂上まで上り詰めるし，ある人は早い段階で打ち止めになる。またキャリアコーンの階層は組織によってピラミッドのように多層であるしフラットでもある。

職能はヨコのキャリアの移行である。製造，販売，マーケティングあるいは人事や財務など経験する職能の幅の広がりである。頻繁に職能を超える移行を繰り返す人がいる一方，定年まで１つの職能に留まる人もいる。もとより１つの職能部門の中には多数の仕事がある。例えば，人事職能であれば採用，配属，異動，昇進，昇格，評価，人事制度の企画立案，労働組合との折衝，教育訓練など様々である（佐藤・藤村・八代，2006）。１つの職能の多様な仕事を経験することも，この次元の移行として捉えられる。企業では階層（タテ）と職能（ヨコ）に関わる移行は「異動」と呼ばれる。異動は組織から辞令が発令され，人事データとして記録される。

３つめの次元は「部内者化または中心性」である。これはその人の仕事の内容が組織にとって中心的で重要なものへ移行していく過程である。具体的には内部の特別な情報や秘密を知ることや，重要な決定に参加するようになることである。これは階層の次元と密接だが，たとえ昇進し

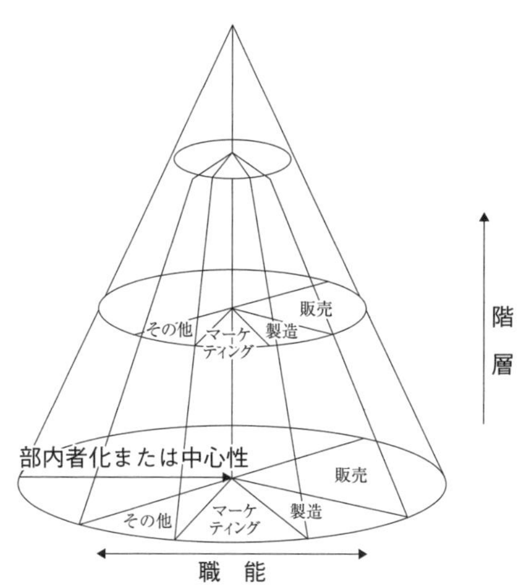

出所：Schein= 二村・三善訳（1991），41 頁より。

図 7-1　組織内キャリアの３次元モデル

なくても，経験を積み周囲から信頼されれば中心に近づく。逆に「祭り上げられる」という言葉があるように，管理職になっても周辺にいつづけることもある。

（3）組織内キャリアの規定因

さて，新卒で入社して10年も経てば，同期の中で昇進している人，そうでない人，張り切って仕事をしている人，辞めたいと思っている人がいるだろう。人はなぜ異なるキャリア結果に行きつくのか。

組織内キャリアの規定因は大きくマクロとミクロの因子に分けられる(**図7-2**)。前者には社会的因子（家庭環境，教育，ジェンダーなど）と経済的・一般的因子（景気，技術革新，戦争，自然災害など）がある。これらは個人にとってはコントロールできない事柄なので偶然に左右される。一方，ミクロ因子には個人の内的因子（能力，適性，価値観，欲求，関心，キャリア志向など）と組織による因子（戦略，組織，職務，職場，上司との関係など）がある。個人と組織の因子は相互に影響しあう。**図7-2**を見れば，組織と個人のそれぞれの因子が，あるいは両者

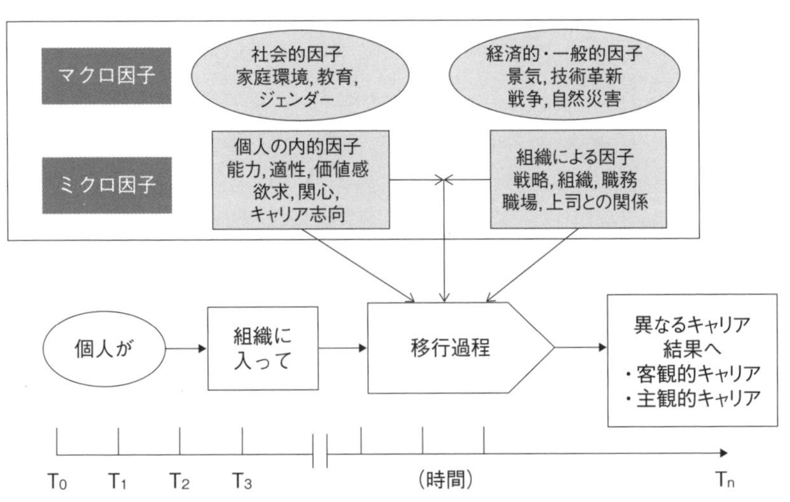

出所：平野（2007），134頁より一部変更して筆者作成。

図7-2　組織内キャリアの規定因

の相互作用が移行過程に作用して異なるキャリア結果に行きつくことがわかる。

2. キャリアの移行過程

（1）キャリア・アンカー

移行過程に着目することでキャリアの理解は深まる。シャイン（Schein, 1978）は，移行過程で幾度か生じる岐路の選択はキャリア・アンカー（Career Anchor）に導かれるという。キャリア・アンカーとは，キャリアにまつわる様々な決定を組織化し制約する自己概念（才能・欲求・価値）のことである。

シャインが著したキャリア・アンカーの解説書（Schein, 1990）の訳者である金井壽宏は「訳者あとがき」で，キャリア・アンカーについて次のように整理している。

(a) 能力・欲求・価値についてのセルフイメージ
(b) 節目でないとはっきりしない自己像
(c) 自己内省よりも親しい人との対話から自覚される自己像
(d) 部署や会社が変わっても自分としては捨てたくないコア
(e) キャリア・ダイナミクスの中の基軸（不動点）

そして，次の３つの問いがキャリア・アンカーを探る出発点となると述べている（金井，2002a）。

・自分は何が得意か（能力や才能）
・自分はいったい何をやりたいのか（欲求・動機）
・どのようなことをやっている自分なら，意味を感じ，社会に役立っていると実感できるか（意味と価値への適合）

キャリア・アンカーには，８つのカテゴリーがある。①専門・職能別能力（technical/functional competence），②経営管理能力（general managerial competence），③自律・独立（autonomy/ independence），④保障・安定（security/stability），⑤起業家的創造性（entrepreneurial creativity），⑥奉仕・社会貢献（service/dedication to a cause），⑦純粋な挑戦（pure challenge），⑧生活様式（lifestyle）である（Schein &

Van Maanen, 2013)。

自分自身に対する洞察を高め，自分のキャリア選択の拠り所（アンカー）を自覚することが，自己理解を深め，自分の真価を探ることになる。

（2）キャリア・トランジション論

発達心理学やカウンセリング心理学をベースにしたキャリア研究では，移行過程の捉え方は大きく分けて2つある。1つはキャリア・トランジション（transition）であり，もう1つはプランドハプンスタンス（planned happenstance：計画された偶然）である。

トランジションとはキャリア上の転機，節目，移行を示す言葉である。キャリア・トランジションでは，転職，離職，引退など人生の転機に直面したとき，個人が自らのキャリアをどのように方向づけていくのか，またそれに影響する要因は何かということや，節目におけるキャリア選択にかかる意思決定のあり方が議論されてきた。

ニコルソンとウエスト（Nicolson & West, 1988）が提示したトランジション・サイクル・モデルは，①新しい世界に入る準備段階，②いろいろ新しいことに遭遇する段階，③新しい世界に徐々に順応していく段階，④もうこの世界は新しいとはいえないほど慣れて安定した段階の円環である。キャリアはこのサイクルが何回も周回していく分化の軌跡と捉えられる。

キャリア・トランジションでは，サイクルの移行期でこれまでのキャリアの来し方を回顧し，そこに意味ある一貫性を見出しながら将来のキャリアを展望することの大切さが強調される。というのは，サイクルの終焉をきちんと意識し，その経験を次のサイクルに意味づけ統合することが，適応力に富んだキャリア発達を促す（できなければ停滞する）からである（Bridges, 1980)。そこから，キャリアの節目において自分なりにデザイン――過去の経験を意味づけ，その上で将来の計画を練る――すべきであるという含意を得ることになる。

キャリア・トランジションのコンセプトに依拠して行われた「一皮む

けた経験」に関わる調査（金井・古野，2001；金井，2002b）では，経験から教訓（lesson）を得て，その教訓を次の仕事に生かすことが，キャリア開発において重要であることが見出されている。

こうした考え方はコルブ（Kolb, 1984）の経験学習モデルに基づいている。具体的には，①具体的経験（concrete experience）をした後に，②経験の内省（reflective observation）を行い，③抽象的概念化（abstract conceptualization）により，④見出した教訓を能動的に応用する（active experimentation）。この学習サイクルは円環的というよりは螺旋的なものである。人は経験したことをそのまま取り入れるのではなく，大事なところだけ抽出して取り込み，それをまた次の経験に活かしている。なかでも内省（リフレクション）は経験学習において欠かせない営みである。内省（リフレクション）とは，「自身の行為を規定するような自分自身の内面的で暗黙的な知識や技術，感受性・価値観などの要素に焦点をあて（映し出し），その内容を吟味することである」（坂田，2019：5頁）。

（3）キャリアの転機に対処する4S

全米キャリア開発協会の会長を務めたシュロスバーグ（Schlossberg, 2000）は，人生の節目・転機や変化を乗り越え，豊かな人生をおくるにはどうすればよいかを解説している。人は誰もがキャリア上で何らかの転機（トランジション）を経験する。それはそれまでの人生や生活スタイルがひっくり返ってしまうほどの大きな変化であるときもある。キャリア・トランジションでは，①役割，②人間関係，③日常生活，④ものの見方や考え方など，様々な領域で変化が起こる。

キャリアの転機には予期できる「イベント」（出来事）と予期できないイベントがある。前者は，就職，子どもの誕生，昇進，退職といったことである。後者は，事故に遭う，大病を患う，突然解雇される，親友が亡くなる，株で大儲けするといったことである。また予期していたことが「起きなかった」（例えば切望していた地位に就けなかった），つまり「ノン・イベント」が転機となって，人生に衝撃を与えることもある。

転機が訪れれば日常はかき乱され，信念はぐらつく。そして新しい状況に順応するまでかなりの時間を要することもある。

キャリアの転機は誰もが経験することである。問題はそれにどう対処し，どう乗り越え，そこから何を学ぶかということである。シュロスバーグは，キャリアの転機に対処するためには，有形･無形の力（リソース）を4Sシステムと呼ばれる枠組みを用いて，点検することが有効であると言う。

4Sとは，①状況（situation），②自己（self），③支え（support），④戦略（strategy）である。キャリアの転機にうまく対処するには，転機の原因や先の見通しといった状況を分析し，それに対して自分がどれほどうまくコントロールできそうかを見極め，自己の特性（楽観主義か悲観主義か，ストレス耐性はどうか，経済状況や健康状態，過去の経験や能力など）を正しく理解し，活用できる外部（家族，友人，地域，組織，専門機関など）の支えを結集し，さらに変化に対処するための戦略を練ることが求められる。

（4）プランドハプンスタンス（計画された偶然）

節目におけるデザインを重視するトランジション論に対して，クランボルツら（Mitchell, Levin & Krumboltz, 1999）が唱えるプランドハプンスタンス（planned happenstance），すなわち「計画された偶然」は，節目というより日常の能動的な態度の大切さを重視する。というのは，キャリアは計画通り進むことは稀で，むしろ偶然に起きた予期せぬ出来事の影響を受けるからである。偶然とは個人のコントロールを超えた事柄とか条件を意味する。

図7-2に示したとおり，キャリア発達のマクロ因子は個人にとっては偶然の産物であるが，実際にキャリア上の選択において目に見えない規定因となっている。しかし，同じような偶然に遭遇しても，結果は同じにはならない。なぜなら「個人自身に統合の役割があって，それが，選択をなす人に選択肢の比較と諸要因のウェートづけを可能にする」からである（Super & Bohn＝藤本・大沢訳，1973：230頁）。

そして予期せぬ偶然は，その前に本人がとった様々な行動によって導かれていることが多い。したがって，その予期せぬ出来事を積極的にキャリア開発に取り入れようとすれば，日常の能動的な行動変容とともに意義ある偶然を見逃さないように，構えと備えを怠らないようにしなければならない。つまり常に心を開き，偶然をうまく利用して，その出来事をキャリアの推進力に変えていくことが重要である。クランボルツによれば，次の5つの日常の態度がキャリアの好機につながる偶然を呼び込む確率を高める。

① Curiosity：好奇心を持ち，自分の心をオープンにする。

② Persistence：すぐには諦めず，やり尽くしてみようとするこだわりを持つ。

③ Optimism：大半の悲観的なコメントよりも，たった1人の前向きなコメントを心に置く楽観主義。

④ Risk-taking：失敗はするものだと考え，今ある何かを失う可能性よりも新しく得られる何かにかけてみるリスクテイク。

⑤ Flexibility：状況の変化に伴い，一度決めたことでも，柔軟に対処すればよいと考えてみる。

花田（2013）はプランドハプンスタンスの考え方をもとに，自分の可能性をオープンにするプロセスをまとめている（**図7-3**）。好奇心（自分の心をオープンにする），新しいことにこだわる（コミットメント：逃げない，やり抜く，責任をとる），自己肯定感とオプティミズム（楽観主義），リスクテイク，柔軟性（多様な可能性の追求）を重要な概念としてモデルが形成されている。

キャリア・トランジション論とプランドハプンスタンスの違いは，移行過程において，前者が節目ごとの計画を重視するのに対して，後者が日常の態度重視と，パースペクティブの重点の置きようにある。むろんキャリアがすべてデザインしきれるものではないという当たり前のことはトランジション論でも前提となっている。他方でプランドハプンスタンスも，それをキャリア相談に応用すればキャリアの計画を練ることがテーマとなる。むしろキャリアは，計画と偶然の間で，理想の自己と現

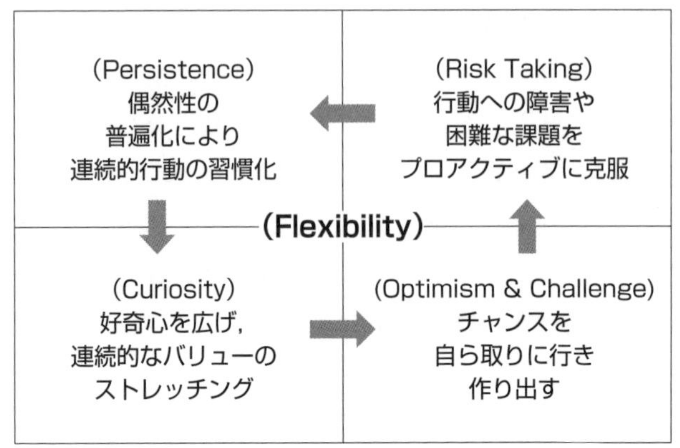

出所：花田光世（2013）『「働く居場所」の作り方』日本経済新聞出版社，45頁。

図7-3 自分の可能性をオープンにするプランドハプスタンス（計画された偶然）のモデル図

実の自己に折り合いをつけながら進化的に決まるという，両者共通のパースペクティブに注意を払っておくべきであろう。

3. キャリアの発達課題としての分化に応じた統合

（1）キャリアの分化に応じた統合

うまくキャリアを発展させていける人は，これまで様々に分化してきた経験の束，なかでもこれまで培ってきた経験や知識が通用しないような非連続な仕事経験から得た教訓を，いまこのキャリアに統合しながら将来を展望することができている。平野（1999）は，キャリアの「分化に応じた統合」というテーマにおいて，働く人は過去の経験の束をキャリアの「回顧」からどのように意味づけ，その延長においてどのように未来に向けて発達の方向と可能性を「展望」するのかという内面的な問題に答えるため，「キャリア・ドメイン」（一見，非連続なキャリアの集積であっても，そのキャリア全体を貫くテーマ性）というコンセプトを概念化している。

つまりよいキャリアとは，一皮むけるたびに行動や発想のレパートリーを広げながらも，一人の人間としての深み，統合感，存在感，人間的魅力を絶えず磨き上げていくようなキャリアである（金井，2002a)。それは個々人がキャリア・ドメインを定めることによって実現する。平野（2007）は**図 7-4** のように「キャリアの分化に応じた統合モデル」を提唱している。キャリア・ドメインとはこれまでのキャリアの回顧によって構想され，それは①節目が認識できたか，②経験を内省し教訓を得たか，③教訓をいかに「今この仕事」に意味づけたか，に関わっている。キャリア・ドメインに導かれる展望は，①キャリア目標（Will)，②それを手に入れていけるという自信ないし自己効力感（Can)，③組織から期待されている自身の現在および将来の役割期待に関する認識 (Should)，によって構成される。その際，展望の時間軸は，所属する企業のビジョンと連動させて５～10 年のスパンが望ましいだろう。その上で，現在と将来の状態のギャップを認識し，キャリアをデザインする。あとは偶然の機会にうまく対応しながら能動的に問題解決行動を実践していけばよい。

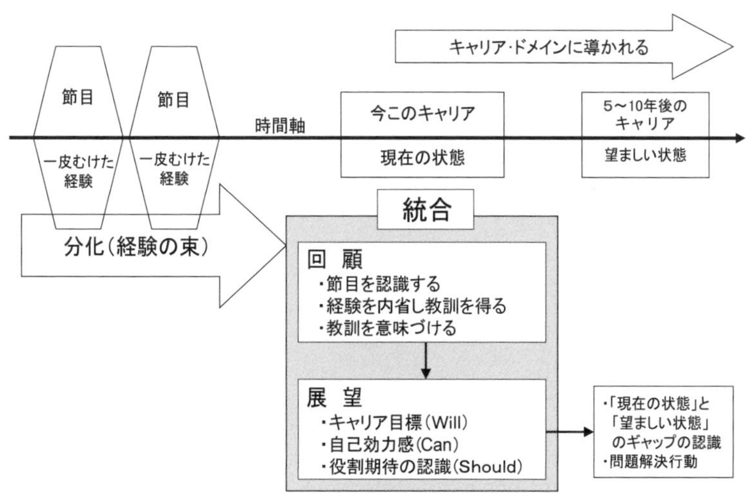

出所：平野（2007)，144 頁より一部変更して筆者作成。

図 7-4　キャリアの分化に応じた統合モデル

このモデルの基底にあるのは，個人の生涯キャリアにおいて，異動や転職などのキャリアのトランジション（分化）をくぐりながら，経験の束を意味づける統合が，個人の適応性を増大させるようなキャリア開発を促すという命題である。

グローバル化やマクロ経済の変動は企業に環境適応を促すが，それは働く個人のキャリアにも大きな影響を与える。実際，非連続な異動や転職を余儀なくされるケースが増えている。仕事や職場が変われば，そこでの適応不全や能力不足の自覚など主観的なキャリアの危機に遭遇する。しかし，危機はアイデンティの再体制化のチャンスである（岡本，1985）。キャリア・ドメインが定まっていれば，これまでの経験の束を統合し，未来に向けた展望を戦略的に行えるようになる。

4. キャリア開発の課題と展望

（1）キャリア自律

現代の働く人々には，キャリア他律（キャリアの選択を組織〈雇用主や人事部〉に任せる）ではなく，主体的にキャリアを開発していくことが求められている。主体的なキャリア開発は「キャリア自律」とも表現できる。これは近年のキャリア開発支援の重要なキーワードとなっている（藤本，2018）。

キャリア自律とは，個人の観点からは「めまぐるしく変化する環境のなかで，自らのキャリア構築と継続的学習に取り組む，生涯に渡るコミットメント」（花田・宮地・大木，2003：7頁）であり，組織の観点からは「従来組織の視点で提供されていた，人事の仕組み，教育の仕組みを，個人の視点から見たキャリアデザイン・キャリア構築の仕組みに転換するもの」（花田，2006：54頁）である。

さらに厚生労働省（2017）は，キャリア自律の考え方をベースに，企業が取り組むべき支援策を具体的に示した「セルフ・キャリアドック」のガイドラインを策定している。ここではキャリア自律は次のように定義されている。すなわち「社会・組織のあり様の変化の中で，職業生活設計に基づいて能力開発等に積極的に取り組み，社会・組織の環境変化や個々のライフキャリア上の節目に対応して，キャリア充実に当事者意識と意欲を持ち，能力を発揮できるよう，自己のキャリアビジョン・目標，それに基づくアクションプランを作成し，その実践を図り，また，能動的に自己の役割やチャンス・成長を3年から5年の中長期的な視点で作っていくこと」(厚生労働省，2017：17頁) である。

キャリア自律の考え方は労働政策上も重要である（花田，2016)。例えば，2016年4月1日に施行された改正職業能力開発促進法の基本理念は「労働者は，職業生活設計を行い，その職業生活設計に即して自発的な職業能力の開発及び向上に努める」ことである。そして事業主が必要に応じて講ずる措置として「労働者が自ら職業能力の開発及び向上に関する目標を定めることを容易にするために，業務の遂行に必要な技能及びこれに関する知識の内容及び程度その他の事項に関し，情報の提供，キャリアコンサルティングの機会の確保その他の援助を行うこと」が明記された。

(2) セルフ・キャリアドック

改正職業能力開発促進法の施行に伴い，厚生労働省は「セルフ・キャリアドック」の推進・普及に取り組んでいる。セルフ・キャリアドックとは「企業がその人材育成ビジョン・方針に基づき，キャリアコンサルティング面談と多様なキャリア研修などを組み合わせて，体系的・定期的に社員の支援を実施し，従業員のキャリア自律を促進・支援する総合的な取り組み，または，そのための企業内の仕組み」である。ガイドラインに表示されている標準的な進め方のプロセスは**図7-5**の通りである。

セルフ・キャリアドックの柱であるキャリアコンサルティングとは，労働者の職業の選択，職業生活設計または職業能力の開発および向上に関する相談に応じ，助言および指導を行うことをいう。キャリアコンサルティングには，キャリア上の問題を解決していく「解決的キャリアコンサルティング」と，キャリア開発を促していく「開発的キャリアコンサルティング」がある。セルフ・キャリアドックでは，開発的を基本とし，解決的は必要に応じて実施するという考え方がよいとされている（高

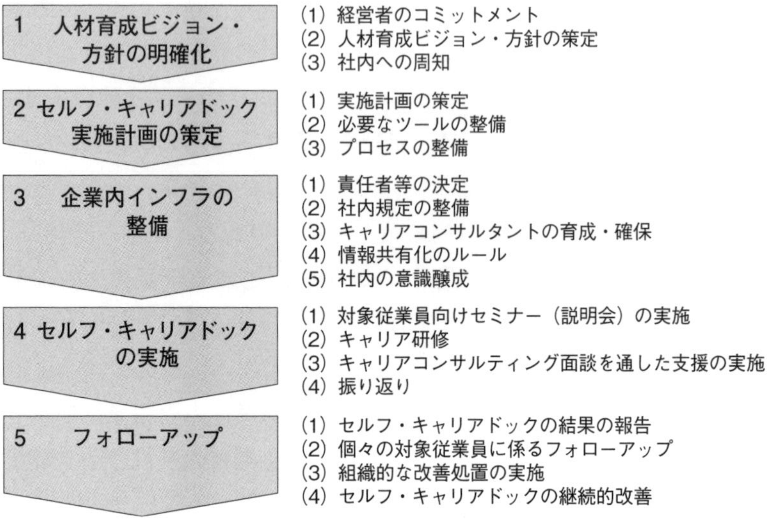

1 人材育成ビジョン・方針の明確化	(1) 経営者のコミットメント (2) 人材育成ビジョン・方針の策定 (3) 社内への周知
2 セルフ・キャリアドック実施計画の策定	(1) 実施計画の策定 (2) 必要なツールの整備 (3) プロセスの整備
3 企業内インフラの整備	(1) 責任者等の決定 (2) 社内規定の整備 (3) キャリアコンサルタントの育成・確保 (4) 情報共有化のルール (5) 社内の意識醸成
4 セルフ・キャリアドックの実施	(1) 対象従業員向けセミナー（説明会）の実施 (2) キャリア研修 (3) キャリアコンサルティング面談を通した支援の実施 (4) 振り返り
5 フォローアップ	(1) セルフ・キャリアドックの結果の報告 (2) 個々の対象従業員に係るフォローアップ (3) 組織的な改善処置の実施 (4) セルフ・キャリアドックの継続的改善

出所：厚生労働省（2017），7頁。

図7-5 セルフ・キャリアドックの標準的プロセス

橋・増田，2019)。また解決的な面談は任意来談の場合が多く，面談件数は比較的少ないが，開発的な面談は特定の従業員層に対して一斉に実施されるため件数は解決的な面談よりはるかに多く，その目的は主体的なキャリア開発のために達成すべき課題の発見でもある（同上書）。

(3) キャリア権

現代の日本企業において，なぜキャリアコンサルティングが重要な課題となっているのであろうか。

企業と個人との関係を示す概念に「心理的契約」(psychological contracts) がある。ルソー (Rousseau, 1995) は心理的契約を，「当該個人と他者との間の互恵的な交換について合意された項目や状態に関する個人の信念」と定義している。換言すれば，心理的契約とは，組織と従業員とがお互いに何を求めあうかという具体的な内容についての合意を，従業員の視点から捉えたものである（服部，2011)。

伝統的な日本企業では，キャリア他律をベースとして，個人の義務としては企業特殊総合技能の開発と組織都合の拘束性の無制約の受容を想定し，その返報として組織は終身雇用と年功賃金を保障するといった心理的契約が成立していた。しかし現在は，キャリア自律をベースとして，個人の「キャリア権」に対して，組織はエンプロイアビリティ（他社でも雇われうる能力）を保障するという心理的契約の萌芽も見られる。

キャリア権とは，「自己責任のもと主体的に選択してキャリアを決定できる権利」である（諏訪，2017）。企業は個人のキャリア権を配慮し，個人のキャリア価値を高めるべくエンプロイアビリティを保障していかなければならない。すなわち現代の日本企業には，「従業員に自分のスキルを継続的に高めるチャンスを与え，組織内外での職務の柔軟性を保障し，そうした機会をより多く提供すること」（Ghoshal & Bartlett, 1999；山本，2014）が求められる。

エンプロイアビリティ保障は，終身雇用に代わる労働者の新しい雇用保障とも考えられる（山本，2014）。個人は，キャリア自律と組織への貢献をいかに両立していくのか。組織は，エンプロイアビリティ保障を通じて，いかに従業員のキャリア開発を支援していくのか。個人と組織の双方が新しいキャリア開発の課題に直面している。

研究課題

1．キャリア自律を支援するために，企業はどのような取り組みや施策を行っているのか。キャリアコンサルティングやエンプロイアビリティ保障など本章で示した概念から，それらの施策の意義を考えてみよう。
2．今後10年を見据え，日本の労働市場の変化を予測し，それに応じて個人のキャリア意識やキャリア開発のあり方がどのよう変化していくか検討してみよう。
3．図7-4「キャリアの分化に応じた統合モデル」に即して，あなた自身のキャリアを展望してみよう。

参考文献

Bridges, W. (1980) *Transitions: Making Sense of Life's Changes*, Reading, Mass: Addison-Wesley. 〈＝倉光 修・小林哲郎訳（1994）『トランジション―人生の転機―』創元社〉

Ghoshal, S. & Bartlett, C.A. (1999) *The Individualized Corporation: A Fundamentally New Approach to Management: Great Companies are Defined by Purpose, Process, and People*, New York: Harper Prennial. 〈＝グロービス経営大学院訳（2007）『個を活かす企業―自己変革を続ける組織の条件―〈新装版〉』ダイヤモンド社〉

Hall, D.T. (1976) *Careers in Organizations*, Pacific Palisades, Calif.: Goodyear Pub. Co.

Kolb, D.A. (1984) *Experiential learning: experience as the source of learning and development*, Englewood Cliffs, NJ: Prentice Hall

Mitchell, K.E., Levin, S.A. & Krumboltz, J.D. (1999) "Planned Happenstance : Constructing Unexpected Career Opportunities," *Journal of Counseling & Development*, 77, Spring, pp.115-124.

Nicholson, N. & West, M.A. (1988) *Managerial Job Change: Men and Women in Transition*, New York: Cambridge University Press.

Rousseau, D.M. (1995) *Psychological Contracts in Organizations: Understanding Written and Unwritten Agreements*, Thousand Oaks, CA: Sage

Schein, E.H. (1978) *Career Dynamics: Matching Individual and Organizational Needs, Reading*, Mass: Addison-Wesley. 〈＝二村敏子・三善勝代訳（1991）『キャリア・ダイナミクス―キャリアとは，生涯を通しての人間の生き方・表現である。―』白桃書房〉

Schein, E.H. (1990) *Career Anchors: Discovering Your Real Values Revised Edition*, Jossey-Bass/Pfeiffer. 〈＝金井壽宏訳（2003）『キャリア・アンカー―自分のほんとうの価値を発見しよう―』白桃書房〉

Schein, E. H. & Van Maanen, J. (2013) *Career Anchors: The Changing Nature of Work and Careers, Participant Workbook, 4th Edition*, NJ: John Wiley & Sons. 〈＝木村琢磨監訳，尾川丈一・藤田廣志訳（2015）『キャリア・マネジメント　パーティシパント・ワークブック―変わり続ける仕事とキャリア』白桃書房〉

Schlossberg, N.K. (2000) *Overwhelmed: Coping with Life's Ups and Downs*, Lanham, MD: Lexington Books. 〈＝武田圭太・立野了嗣監訳（2000）『「選職社会」転機を活かせ』日本マンパワー出版〉

Super, D.E. & Bohn, M.J.（1971）*Occupational Psychology*, London: Tavistock Publications.〈＝藤本喜八･大沢武志訳（1973）『職業の心理（企業の行動科学６）』ダイヤモンド社〉
岡本祐子（1985）「中年期の自我同一性に関する研究」『教育心理学研究』第 33 巻，4 号，pp.295-306.
金井壽宏（2002a）『働くひとのためのキャリア・デザイン』PHP 研究所
金井壽宏（2002b）『仕事で「一皮むける」―関経連「一皮むけた経験」に学ぶ―』光文社
金井壽宏・古野庸一（2001）「「一皮むける経験」とリーダーシップ開発―知的競争力の源泉としてのミドル育成―」『一橋ビジネスレビュー』第 49 巻，1 号，pp.48-67.
厚生労働省（2017）「「セルフ・キャリアドック」導入の方針と展開」（セルフ・キャリアドック導入支援事業）https://www.mhlw.go.jp/file/06-Seisakujouhou-1800000-Shokugyounouryokukaihatsukyoku/0000192530.pdf
坂田哲人（2019）「リフレクションとは何か」学び続ける教育者のための協会（REFLECT）編『リフレクション入門』学文社
佐藤博樹・藤村博之・八代充史（2006）『マテリアル人事労務管理（新版）』有斐閣
諏訪康雄（2017）『雇用政策とキャリア権―キャリア法学への模索―』弘文堂
高橋　浩・増田　一（2019）『セルフ・キャリアドック入門―キャリアコンサルティングで個と組織を元気にする方法―』金子書房
服部泰宏（2011）「心理的契約」経営行動科学学会編『経営行動科学ハンドブック』中央経済社，pp.344-350.
花田光世（2006）「個の自律と人材開発戦略の変化― ES と EAP を統合する支援・啓発パラダイム」『日本労働研究雑誌』第 557 号
花田光世（2013）『「働く居場所」の作り方』日本経済新聞出版社
花田光世（2016）「キャリア開発の新展開―改正職業能力開発促進法のキャリア自律に与える影響」労務行政研究所編『これからのキャリア開発支援―企業の育成力を高める制度設計の実務』労務行政，pp.10-55.
花田光世・宮地夕紀子・大木紀子（2003）「キャリア自律の新展開―能動性を重視したストレッチング論とは」『一橋ビジネスレビュー』第 51 巻，1 号，pp.6-23.
平野光俊（1999）『キャリア・ドメイン―ミドル・キャリアの分化と統合―』千倉書房
平野光俊（2007）「キャリア発達（2）：就職後から退職まで」外島　裕・田中堅一郎編『臨床組織心理学入門―組織と臨床への架け橋―』ナカニシヤ出版，pp.129-155.

山本 寛 (2014)『働く人のためのエンプロイアビリティ』創成社

藤本 真 (2018)「「キャリア自律」はどんな企業で進められているのか―経営活動・人事労務管理と「キャリア自律」の関係」『日本労働研究雑誌』第691号, pp.115-126.

8　労使コミュニケーション

原田　順子

企業をとりまく外部の利害関係者（ステークホルダー）とは一体誰/何を指すのだろうか。一般に，株主，消費者，取引先，地域社会など，様々な利害関係者が存在する。近年，企業活動の影響範囲はますます広がっており，風力発電が鳥類に影響を与えたり，工場の操業が地球温暖化という人類全体の利害に影響を与えたりと企業活動の影響範囲は多岐にわたっている。それゆえ，企業活動を継続するには，利害関係者に対するコミュニケーションがより一層重要になる。企業の投資家に対する広報活動のIR（Investor Relations）はもとより，企業の社会的責任であるCSR（Corporate Social Responsibility）も重要度が高まっている。企業は単独で周囲に影響を与えずに存在するのではなく，多くの利害関係者に囲まれて存在しているという認識が求められている。

利害関係者の中でも，労働者はことさら重要である（従業員は企業内部の者ではあるが，労働組合は外部主体と法律上みなされている〔周佐ほか，2009〕）。もしストライキにより企業活動が停止したら，消費者は提供されるはずの財やサービスの欠損で不便を強いられ，株主は負の影響を被り，企業は利益や顧客の信用を失ってしまう（松繁，2012）。円滑な労使関係を築くことは経営を安定させるための必須条件である。本章では，その前提となる労使コミュニケーションについて解説する。

<キーワード>　経営資源，離脱・発言・忠誠，労働組合，労使協議制，労使紛争

1．労使コミュニケーションの意義

（1）経営資源としての人材

さて，経営者の視点から経営資源としての人材について考えてみよう。一般に，ヒト，モノ，カネ，情報は経営の4要素と考えられている。情報の意味は，やや広く捉えられており，事業活動の商品としての情報に

加えて，企業内部に蓄積された技術力や信用・ブランドも含まれる。そして情報的経営資源は，主に組織に働く人の中に蓄えられていることから，「人材」は4要素のうち2つに直接関わる重要な資産である（伊丹・加護野，2003)。ストライキを防ぐためのみではなく，日常の生産性を向上させて市場競争で生き残るために人材は大切なのである。

これらの経営資源を，「可変的か固定的か」，「汎用的か企業特性的か」の2軸により分類すると，**図8-1**のように表される。ある資源の固定性が強いとは，それを増減させるのに時間やコストがかかることを意味する。また，ある資源の企業特性が強いとは，企業特殊的であるため他の企業では通用しないことを指す。**図8-1**に示されるように，市場経済下では貨幣が媒介手段であるから，カネ（特に短期資金）が可変性と汎用性ともに最も高い。他方，技術・顧客情報・ブランド・信用・組織文化・従業員のモラールの高さなどの情報的経営資源は，金銭的対価を支払えばすぐに得られるものではなく（固定性が強く)，かつ企業特性を体現している。汎用性の高い経営資源は市場調達が容易（可変的）であり，

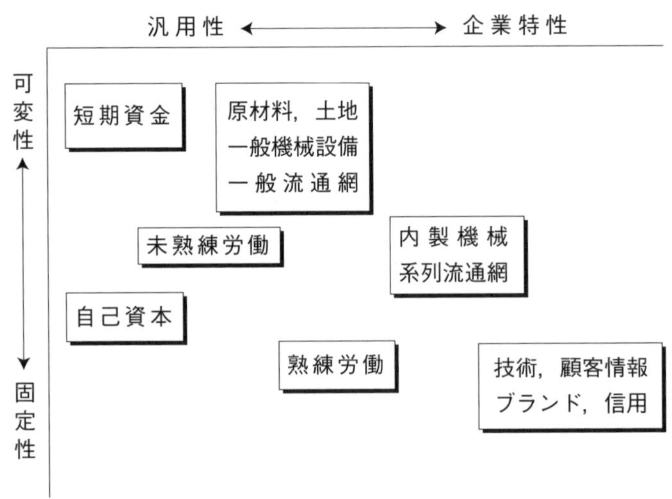

出所：伊丹敬之・加護野忠男（2003）『ゼミナール経営学入門〈第3版〉』日本経済新聞社，33頁。

図8-1　経営資源の分類

企業特性が高い資源は市場調達が困難（固定的）であり，**図8-1**の縦軸と横軸には負の相関関係がみられる。

熟練労働は未熟練労働と比較して，固定性，企業特性が高くなる。前述のように情報的経営資源が労働者の中に宿ることを考え合わせると，多くのメンバーが常に入れ替わるような離職率が極端に高い状態は企業にとって理想的とはいえないであろう。また，募集と採用にかかる費用の面からも望ましくない。特に，企業の基幹的部分を担う労働者の層が薄ければ様々な問題の要因となるであろう。

ビジネスの種類によって程度は異なるであろうが，一定層・一定水準の企業定着性は重要である。第1に，それが欠けた状態では企業特殊的技能が蓄積されず，市場競争力の面で劣勢になりやすい。ちなみに企業特殊的技能（firm-specific skills）とは，そもそもはベッカー（Becker, 1962）の人的資本理論にみられる概念である。従業員と経営者がどのように企業特殊的技能と一般的技能（general skills）の習得のために学習投資を折半すべきか考えると，転職可能性のある従業員は自費で企業特殊的技能を習得したくないものである。一方経営側は，すぐに退職されては元がとれないので一般的技能の学習を支援しにくい。ベッカーは企業経営上，両方のタイプの技能を保有する人材を確保するには，ある程度の期間，賃金が徐々に上昇する制度が有効であるとしている（Becker, 1962）。

第2に，一定水準の企業定着性がないと，組織成長の1タイプである漸進的革新（incremental innovation）の生まれる余地が少なくなる。漸進的革新（小さな改善・改良から生じた革新）は生産工程などオペレーションレベルにおいて，従業員が経験と学習から地道に積み上げるものであり（森本，1991），従業員のある程度の定着が前提条件になるからである。

（2）離脱・発言・忠誠

次に，本節では労使コミュニケーションの有為性について，政治経済学者のハーシュマン（Hirschman, 1970）の議論を紹介したい。ハーシュマンは，企業，組織，国家における衰退への反応について，離脱・発言・忠誠の面から次のように論じている。

企業活動を例にとれば，経営陣が製品やサービスの質の低下，売上や利益といった業績の絶対的・相対的な低下を認識するのは，顧客や従業員による離脱と発言である。一般に経営者は，売上高の低下，離職率の上昇等の数値から離脱の進行を察知する。顧客の製品・サービスの購買中止や従業員の離職，すなわち離脱は，他社のほうが魅力的であるという相対的な不満やこの企業はいやだという絶対的な不満の表明である。また，顧客や従業員には不満を感じたときにとるもう１つの手段がある。それは直ちに離脱せずに，不満を経営陣や経営陣を監督する他の権威筋に対して発言することである。離脱と発言を共に放置すれば，組織は衰退に向かうであろう。経営者は組織の衰退の予兆を離脱，発言から敏感に感じ取り，適切な対応を模索する必要がある。離脱と発言のどちらに敏感であるべきかという点は，その組織の性質によるとハーシュマン（1970）は論じている（例えば，寡占企業と競争市場における企業を比較すれば，顧客にとって離脱の容易さが同程度ではない）。また，不満表明の手段が離脱に偏れば発言は相対的に減少するが，組織に対する忠誠が強ければ発言の選択が増えるであろう。一方，競争市場における企業では，顧客や従業員の離脱が制限される場合はほとんどない。発言によって組織が変わらないときに，顧客や従業員が踏みとどまって忠誠を誓うことはあり得ない。離脱と発言は二者択一になるが，発言のないところに忠誠は生じにくい。そして忠誠は組織を強化する働きがあり，醸成されることが望ましい。とすれば，発言機会を制度化することは組織衰退を予防するために意味がある。

ところで，以上のハーシュマンの議論を労使コミュニケーションに当てはめて考えてみよう。市場において企業が生存競争で生き残るためには，企業特殊的技能，熟練労働者，あるいは基幹労働者が必須であろう。そのためには，離脱を防ぐために従業員の発言の機会を制度化し忠誠を醸成することに意義が認められる。また今日では，多くの非正規労働者が雇用されており，企業によっては従業員の過半数が非正規雇用である場合もあろう。正規・非正規という雇用形態を問わず，広く従業員全体とのコミュニケーションがより重要になってきている。フリーマンとメドフ（Freeman & Medoff, 1984）は，ハーシュマンの議論を踏まえ，労使コミュニケーションの意義を以下のように論じた。例えば，地域の公立学校の質に満足しない親が，子どもを私立学校に入学させたり他の地域へ引っ越したりすることはハーシュマンのいう離脱である。もしもすべての保護者が離脱を選択すると，その学校は発言によって改善され得たかもしれないのに，改善の機会を失うことになる。保護者は離脱に伴う労力（私立学校への入学や他地域への引っ越し）を費やすことなく，学校内部から発言することによって学校を変えるという選択肢もあり得るのである。同様に，企業に関しても離脱せずに，発言することによって職場環境の改善を図るという選択肢がある（フリーマンとメドフ，1984）。競争市場の組織にとって，組織メンバーや消費者の離脱は衰退へのサインであると同時に，組織改善のチャンスでもある。衰退を防ぐためにも，彼/彼女らが黙って離脱しないよう，発言の機会を設けて組織改善を図ることは生産的と考えられる。さらに発言によって，組織メンバーや消費者の「組織や組織の生産物」に対する忠誠を維持増進させるという効果も期待できる。フリーマンとメドフ（1984）は労働組合を一種の公共財と捉え，ハーシュマンの言うところの「発言」の重要性を主張した。以上，労使コミュニケーションの重要性に関連する議論を紹介したが，次節からはわが国の労使コミュニケーションの概要と諸課題について学習する。

2. わが国の労使コミュニケーション

一般に，使用者（企業などの雇い主）の力は被用者（従業員，労働者，雇用者）に比べて大きい。いくら前述のような「発言」が労使双方にとって有効と言っても，一従業員が個別に発言していくことには限界がある。また経営者は，コストとみなさずに集団的労使コミュニケーションを行うことにより個別紛争を予防し，中長期的な人材育成による生産性の向上につなげることができよう。ゆえに，組織内の意志疎通を円滑にする労使コミュニケーションが制度化（労働組合，労使協議制等）されることには意義が認められる。本節では，労使コミュニケーションについて，労働組合と労使協議制度を取り上げ解説する。

（1）労働組合の成立

今日の労働組合の起源は，世界で最初に産業革命が起こり，いち早く資本主義経済が発展した1840～50年頃のイギリスにさかのぼることができる。それ以前は団結禁止法があったために，熟練した職工たちの組合が存在したとはいえ，今日の労働組合の原型といえるような安定した組織ではなかった（神代，2001）。産業革命が成熟した19世紀後半のイギリスの職能別組合（craft union）こそが，近代の労働組合の原型であり，1868年に設立された労働組合総評議会（Trades Union Congress）は現在まで続いている。

一方，日本の労働運動はアメリカ労働総同盟（American Federation of Labor：以下AFL）の影響を受け，はじまったものである。AFLから職能別労働組合の考え方について薫陶をうけた高野房太郎・片山潜らが中心となり，1897年に日本初の労働組合である労働組合期成会が設立された。このとき団結禁止法は存在しなかったが，治安警察法によって組合運動は不可能な状態となった。しかし，1919年には鈴木文治らの大日本労働総同盟友愛会が結成され，勢力が拡大した。このような運動は，やがて内務省の「労働委員会法案」，農商務省の「労働組合法案」の起草に結びついたが審議未了に終わった。その後も労働組合法案は立案されたが，衆議院，貴族院の両院を通過することはなかった（神代，2001）。

第二次世界大戦後，占領軍の民主化政策の一環として労働組合の結成，労働運動が促進され，1945年10月には戦時労働法令とともに治安維持法が廃止された。さらに翌年11月に公布された新憲法には，「勤労者の団結する権利及び団体交渉その他の団体行動をする権利は，これを保障する」と労働基本権を認め，団結権，団体交渉権，争議権の労働三権が盛り込まれた。しかしその後，労働組合が政治経済に過大な影響力を持つようになったと感じた占領軍は，労働運動の沈静化を図るよう政策を転換した（外尾，1997）。なかでも，占領政策転換の分水嶺となったのは，いわゆる「2.1ゼネストの中止」である（全官公庁労働組合共同闘争委員会は1947年の2月1日を回答期限としてゼネラルストライキに入るとしていたが，連合国軍最高司令官マッカーサーの命令により中止された）。翌1948年には「経営権」の確立を主張する日本経営者団体連盟が設立された。続く1949年には財政金融引き締め政策であるドッジ・ラインの実施が人員整理を引き起こし，大争議が起こったが労働側の大敗に終わり，戦後の混乱は沈静化に向かった（菅山，1999）。

今日では，協調的労使関係が当たり前のように思われている。しかしこれは，第二次世界大戦直後の激烈な労使紛争という代償を支払って，日本の労使が手に入れたものである。終戦直後には，就業中の組合活動の保障，労働者による人事への介入，福利施設の完全組合管理等が労働協約に盛り込まれるなど組合の力が強大であった。無数の大規模な争議・ストライキの結果，戦闘的な労働組合は国民からの支持を失い，労働運動は次第に沈静化した（中馬・樋口，1997）。

労働組合の組織率は第二次世界大戦後に急上昇し，1949年に56％の最高水準に達した（厚生労働省，2020a）が，上述の事情により1950年代前半から急落していった。その後，1955～75年頃には35％前後で推移し，1975年頃から再び減少傾向がみられた。厚生労働省（2020a）によると，2020年の労働組合推定組織率は17.1％である。組合員数はおよそ1,000万人で，労働組合員数（推定組織率ではなく実数）は組織の規模，産業，雇用形態によって顕著な差がみられる。労働組合員の約65％は雇用者1,000人以上規模の企業におり，産業別では製造業（26.6％）を筆頭に卸売・小売業（14.9％），運輸業・郵便業（8.4％），建設業（8.3％），公務（8.0％）と続く。また，パートタイム労働者である労働組合員数は組合員全体数の13.7％である。

労働組合員数と推定組織率は，**図8-2**に示されるように長期的に減少傾向がみられる。その主な要因として考えられるのは，①管理職比率の上昇，②組合のない企業の増加，③非典型雇用の増加があると分析され

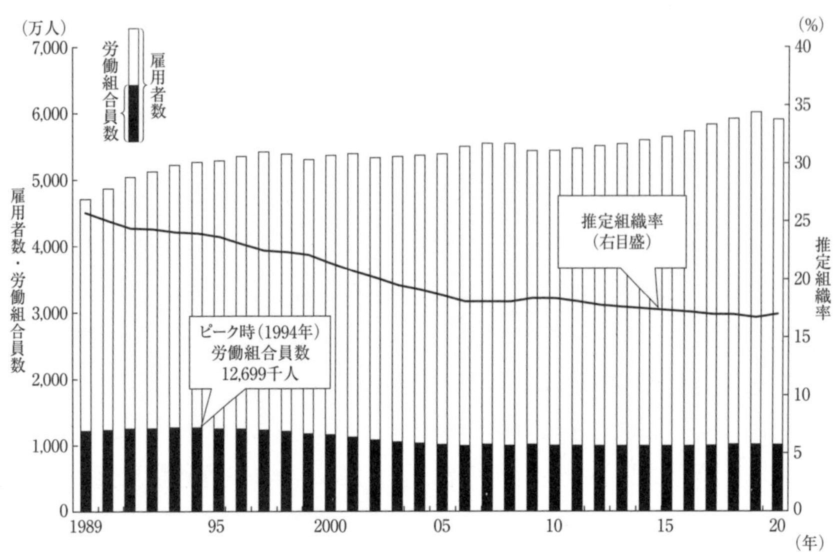

注1)「雇用者数」は,労働力調査(総務省統計局)の各年6月分の原数値である。
2) 推定組織率とは,雇用者数に占める労働組合員数の割合をいい,本調査で得られた労働組合員数を,総務省統計局が実施している「労働力調査」の雇用者数(6月分の原数値)を除して計算している。

出所:厚生労働省(2020a)「令和2年労働組合基礎調査結果の概況」,3頁。

図8-2 雇用者数,労働組合員数および推定組織率の推移(単一労働組合)

る。確かに,労働組合法(2条但し書き1号)により,「監督的地位にある労働者,使用者の利益を代表する者」が参加すると労働組合とは認められないため,管理職を組合員とすることはできない(ただし,管理職の範囲は労使間の労働協約により定められる〔今野・佐藤,2002〕)。また,2019年に企業内に労働組合がある労働者を100とすると,加入している66.2%,加入資格があるが加入していない13.9%,加入資格がない19.9%となっている(厚生労働省,2020b)。なお,2021年の非正規の職員・従業員は雇用者(役員を除く被用者)の36.7%である(総務省統計局,2021)。このように労働組合に縁のない労働者が増加しており,これらの人々の「発言」(ハーシュマンの意味で)をどのような労使コミュニケーションを通じて活かすかということは現代の労使関係の課題となっている。

(2) 日本の労働組合の特徴

わが国の労働組合の特徴として，①企業別の工職混合組合，②ユニオン・ショップ制度，③上位組織の波及効果，④労使協議制の活用を挙げることができる（奥林，1999）。

第1に，企業別組合は9割を超える。ただし，ごく少数の職業別組合，産業別組合，一般組合（産業間を横断して結成），合同労組（複数企業の労働者が結成）等が存在する。企業別組合においてはブルー・カラー（戦前の呼称では工員），ホワイト・カラー（同・職員）といった異なる職種の社員が同一組織に属する（この点をもって工職混合組合といわれる）。企業別組合は，組合の存続のためには会社の存続が前提であるため，他社との競争を意識して，潜在的に労使の利害が一致しやすくなるという利点がある。ただし一般に，正社員であることを組合員資格とする規約を定めているので，パート，アルバイトなどの非正社員が成員になれない傾向がみられる。

第2の特徴は，企業別組合の代表的な参加形態がユニオン・ショップ制である点である。ユニオン・ショップ制においては，雇用される社員の組合加入は義務とされるが，通常は使用者に労働組合参加についての組織統制違反者の解雇義務がないため，実態は制度と異なる（神代ほか，2002）。ただし，公務員，国営企業・公営企業の職員が加盟する労働組合は，法律でユニオン・ショップ制度が禁じられているため，オープン・ショップ制度をとっている。オープン・ショップ制の場合は，組合加入は自由と定められている。参考までに，日本では稀であるがクローズド・ショップ制という参加形態もある。この形態においては，例えば職業別組合など特定の組合員以外の雇用を認めないというものである。

第3に，多くの組合（単位組織）がより大きな単位の階層組織に属して集団化して，上位組織と連携しているため，上位組織からの下位組織への波及効果が特徴と考えられる。例えば，事業所ごとに結成された組合は，同一企業の企業連合組合に属したり，企業グループに属したりする。さらに，これらや単一企業の組合が産業別に集まり，単産（単位産業別労働組合連合会）を結成している。その上部に，ナショナル・センター（日本労働組合総連合会，全国労働組合総連合，全国労働組合連絡協議会）といわれる全国組織がある。ただし，いずれの産業別組織やナショナル・センターにも属さない組合もある。また，わが国の主要産業である電機・自動車・鉄鋼をみると，ナショナル・センター（連合）に加えて金属労協（JCM，または全日本金属産業労働組合協議会）にも加盟しており，労働組合間の関係性は垂直に1本の線でつながっているわけではない。

1955年に開始された集団的労使交渉である春闘（春季労使交渉，春季生活闘争）では，年度初めの4月を前に，2～3月にかけて労使間で「賃上げ」や「労働時間の短縮」など労働条件について交渉が行われる。その時代に交渉力のある組合（主要産業の大手企業・中央の組合）から交渉が開始され，その相場を参考に中小の企業，地方の企業へと交渉が波及していく。つまり，わが国では企業別組合が主流で団体協約は個々の企業とその労働組合で締結されるが，集団化することによって，上位組織の労使交渉が，下位組織に影響を与えるというメカニズムを有している。

第4の特徴は，労使協議制の有効活用である。一般に，労使協議制とは「経営，生産，労働条件，福利厚生等の事項を労使で協議するための常設機関」を指す（佐藤，1994）。労組の権利としての団体交渉以外に，使用者側の権限にあたる幅広い経営方針や生産管理について協議する場である。日本企業では団体交渉が膠着したらすぐに労働争議へ発展というのではなく，労使が繰り返し協議する労使協議制が有効に活用されていると考えられる。なお，労使協議制は労働組合のない企業にも存在し，組合とイコールではないため，以下に説明を補足する。

（3）労使協議制

労使協議制は，労組が唯一の集団の仕組みである組織において併存して活用される場合のほか，①労組がない企業の従業員の意思集約として，②過半数組合がない場合などに主たる労組の補完として，等の役割を果たしている。労使協議機関は労働協約，就業規則等で設置を定めている

表 8-1　労使協議機関の有無と労働組合の有無（事業所回答）（%）

	労使協議機関「あり」	労使協議機関「なし」
調査計（100%）	37.1	62.9
労働組合がある（100%）	83.9	16.1
労働組合がない（100%）	16.8	83.1

注：常用労働者30人以上を雇用する民営事業者から一定の方法で抽出された約5,500事業所に対する調査。
出所：厚生労働省（2020b）「令和元年労使コミュニケーション調査の概況」，7 頁より筆者作成。

例が多い。団体交渉とは別に，労使協議制度では労働者 / 労働組合と使用者が幅広い事項を対象に話し合うものである。厚生労働省（2020b）の調査によると，2019 年に労使協議機関が「ある」と回答した労働者は 33.9%，「ない」16.7%，「わからない」が 48.9%である。

事業所の回答を見ると，**表 8-1** のように労使協議機関「あり」37.1%，「ない」62.9%である。労働組合がある事業所のうち「労使協議機関あり」は 83.9%で大多数を占める。一方，「労働組合がない」事業所のうち労使協議機関が「あり」は 16.8%である。労働組合がある場合の労使協議は，団体交渉のほかに幅広い事項について話し合う場と考えられる。労働組合がない場合や過半数組合がない場合は，従業員の集団的な意思を代替する協議の場とされる。

3. 集団的労使紛争と個別的労使紛争の動向

さて，ここまで要望・提案・苦情等の「発言」の場について学習したが，本節では苦情を超えて紛争になる状況に関して概観する。近年，集団的紛争（労働争議総件数）は減少する傾向がみられる。2019 年には，調査の比較可能な 1957 年以降最低の 268 件，総参加人員は約 10 万 5,000 人であり，前年比で件数が約 16%減，人員は約 2%増となった（厚生労働省，2020c）。ここに示した総争議件数は争議行為を伴う争議と伴わな

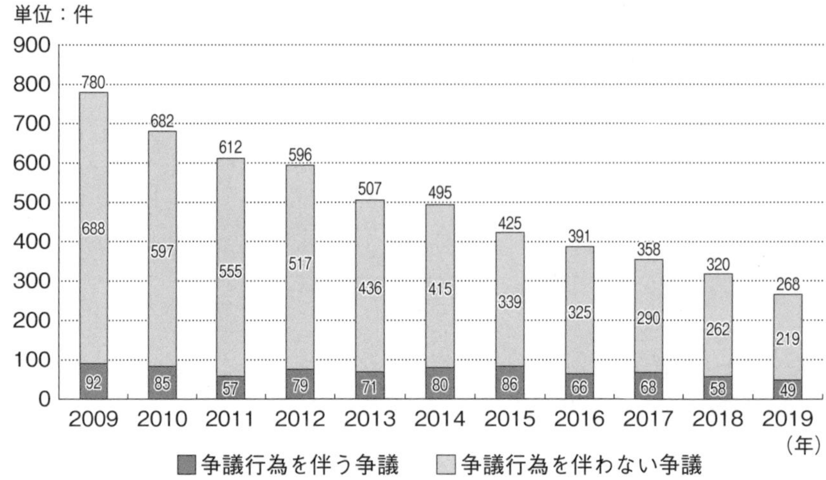

出所：厚生労働省（2020c）「令和元年（2019年）労働争議統計調査の概況」。

図 8-3　労働争議の種類別件数の推移

い争議に分類される。労働争議の種類別件数の推移を表したのが**図 8-3**である。2009 年から 2019 年にかけて総争議件数は減少傾向にある。争議行為を伴わない争議のほうが争議行為を伴う争議よりも一貫して多い。2019 年の数値を見ると，争議行為を伴わない争議は 219 件，争議行為を伴う争議は 49 件であった。

このような集団的紛争の低減の背景には，人材の重視，経営側の積極的な情報提供による価値観共有，そのほか労使協調を促すような政労使一体的な取り組み（古くは生産性向上運動など）が定着したことがあろう（佐伯，2011）。また，労働争議の主要要求事項は，**表 8-2** に示されるように，最も多いのが「賃金」に関することで 47.4%，次に続くのが「組合保障及び労働協約」で 36.2%，さらに「経営・雇用・人事」に関することが 32.1%（この中では「解雇反対・被解雇者の復職」が目立つ），「賃金以外の労働条件」（労働時間，職場環境など）が 11.2%となっている。

対照的に，個別的紛争については増大傾向がみられる。集団的解決の枠に収まらない不満・苦情・紛争を受け止める企業内外の仕組みが不十

表 8-2　労働争議の主要要求事項別構成比（%）

賃金	47.4
組合保障及び労働協約	36.2
経営・雇用・人事	32.1
賃金以外の労働条件	11.2
その他	1.9

注：複数回答（2 つまで）のため，合計は 100%にならない。
出所：厚生労働省（2020c）「令和元年（2019 年）労働争議統計調査の概況」より筆者作成。

分であったことから，近年，以下のように対応がとられてきた。2001 年に「個別労働紛争解決制度」の施行により相談システムの充実が図られ，労働局長の指導助言・労働局紛争調整委員会のあっせん制度が整備された。そして 2004 年には労働組合法の改正によって労働委員会の迅速処理，個別紛争対応の仕組みが整えられた。さらに，2006 年には個別紛争のための ADR（裁判外紛争解決方法）として労働審判制の設置運用がなされた（佐伯，2011）。

個別労働紛争解決制度を利用した状況を概観すると，個別的紛争が劇的に増大していることがわかる。厚生労働省（2020d）によると総合労働相談件数は 119 万件を超えている（2019 年度値）。そのうち，民事上の個別労働紛争に係る相談件数は 28 万件弱（2019 年度値）である（民事上の個別労働紛争以外の労働相談件数は「助言・指導申出件数」「あっせん申請受理件数」に分類される）。

民事上の個別労働紛争の主な内容には，いじめ・嫌がらせ（職場のパワーハラスメントに関するものを含む），退職，解雇（普通解雇，整理解雇，懲戒解雇），労働条件の引き下げなどがある。**図 8-4** に示されるように，特に，いじめ・嫌がらせが増加しており，2019 年度には約 8 万 8,000 件もの相談があった（厚生労働省，2020d）。

また，合同労組も個別紛争において一定の役割を果たしており，集団的に解決するのではなく個々人の苦情処理活動を行っている（浜村，

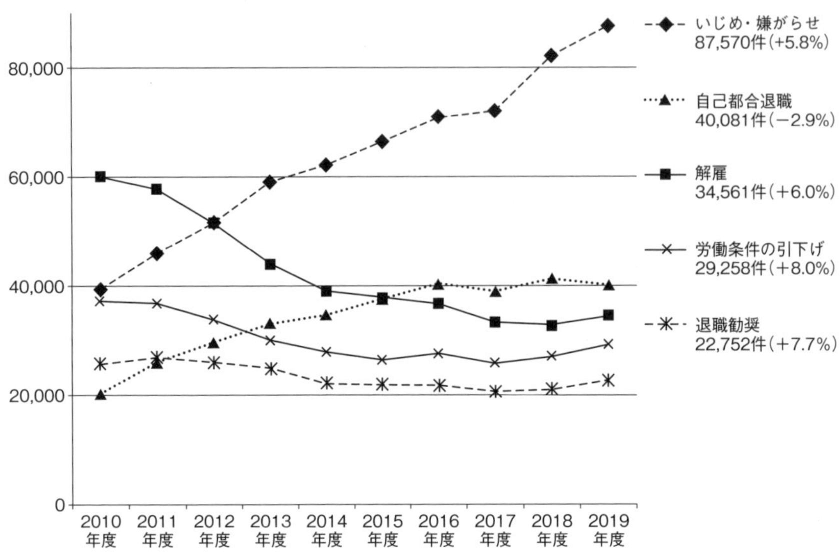

注：1）（ ）内は対前年度比。
2）「民事上の個別労働紛争」とは，労働条件その他労働関係に関する事項についての個々の労働者と事業主との間の紛争（労働基準法等の違反に係るものを除く）。
出所：厚生労働省（2020d）「令和元年度 個別労働紛争解決制度の施行状況」，4頁。

図8-4 民事上の個別労働紛争（主な相談内容別の件数推移）

2003)。合同労組の定義は種々あるが，一般に，個人で加入できる一定地域を基盤とした労働組合を指す。呉（2010）によると，合同労組は主に，①連合系の地域ユニオン，②全労連系のローカルユニオン，③全労協系の全国一般，④コミュニティ・ユニオン（パート労働者などの非正規労働者の受け皿として発展してきた組合で，地区労型，全国一般型，市民運動型等に分類できる）に区分される。2008年に合同労組が事業主と団交により自主解決した紛争は2,387件（自主解決率67.9%）であるが，合同労組の幹部は紛争の背景を「経営者の労働法への無知」「経営者のいきすぎたワンマン経営」「企業業績の低下」「労使のコミュニケーション欠如」などと分析している（呉，2010）。

4. まとめ

円滑な労使関係を築くことは経営を安定させるための必須条件である。本章では，その前提となる労使コミュニケーションを理解することを目的に，経営資源としての人材の大切さ，ハーシュマン，フリーマンとメドフの議論，労働組合，労使協議制，集団的労使紛争と個別的労使紛争について学習した。日本企業をとりまく環境は変化の波にさらされている。経済のグローバル化の進展による競争激化，コーポレートガバナンスの変化による株主重視の経営，人事労務管理の個別化（例えば賃金の成果主義化），従来の労働組合の埒外にある労働者の増加等の環境変化を受け止める労使コミュニケーションの形態が模索される時代である。日本の最大の資源である人材を活かし，生産性を向上し，豊かな社会を目指すにはどうすべきか，本章の学習をもとに考えてほしい。

研究課題

1．組織にとって人材の定着率はなぜ大切なのか，あなたの身近な例から考えてみよう。
2．ハーシュマンの言う離脱・発言・忠誠の論理が実感できる例を，企業以外で考えてみよう。
3．労働者の属性の多様化，雇用形態の多様化などは，労使コミュニケーションにどのような影響を与えるだろうか。

参考文献

Becker, G.S.（1962）"Investment in human capital: A theoretical analysis", *Journal of Political Economy*, 70（5）, Part 2, pp.9-49.

Freeman, R.B., Medoff, J.L.（1984）*What do unions do?* New York: Basic Books.〈＝島田晴雄・岸　智子訳（1987）『労働組合の活路』日本生産性本部〉

Hirschman, A.O.（1970）*Exit, voice, and loyalty: Responses to decline in firms, organizations, and states*, Cambridge: Harvard University Press.〈＝矢野修一訳（2005）『離脱・発言・忠誠：企業・組織・国家における衰退への反応』ミネルヴァ書房〉

伊丹敬之・加護野忠男（2003）『ゼミナール経営学入門〈第３版〉』日本経済新聞社

今野浩一郎・佐藤博樹（2002）『人事管理入門』日本経済新聞社

呉　学殊（2010）「合同労組の現状と存在意義：個別労働紛争解決に関連して」『日本労働研究雑誌』No. 604, pp.47-65.

奥林康司（1999）「日本的労使関係」神戸大学大学院経営学研究室編『経営学大辞典〈第２版〉』中央経済社

神代和欣（2001）『労働通信教育講座：総合コース 労働組合』日本労働研究機構・日本労使関係研究協会

神代和欣・山口浩一郎・八代充史（2002）『経営システムⅡ：ヒューマン・リソース・マネジメント』放送大学教育振興会

厚生労働省（2020a）「令和２年 労働組合基礎調査結果の概況」https://www.mhlw.go.jp/toukei/itiran/roudou/roushi/kiso/20/dl/gaikyou.pdf（2021年２月28日閲覧）

厚生労働省（2020b）「令和元年（2019年）労使コミュニケーション調査の概況」https://www.mhlw.go.jp/toukei/list/dl/18-r01gaiyou07.pdf（2021年２月28日閲覧）

厚生労働省（2020c）「令和元年（2019年）労働争議統計調査の概況」https://www.mhlw.go.jp/toukei/list/dl/14-r01-08.pdf（2021年２月28日閲覧）

厚生労働省（2020d）「令和元年度 個別労働紛争解決制度の施行状況」https://www.mhlw.go.jp/content/11201250/000643973.pdf（2021年２月28日閲覧）

佐伯耕治（2011）『労使紛争の個別化と労使コミュニケーションの課題：集団的労使協議によるガバナンス強化』放送大学大学院修士論文

佐藤博樹（1994）「未組織企業における労使関係：労使協議制と従業員組織の組織状況と機能」『日本労働研究雑誌』No. 416, pp.24-35.

周佐喜和・竹川宏子・辻井洋行・仲本大輔（2009）『経営学１：企業の本質』実教出

版
菅山真次（1999）「45 労働組合の結成と労働攻勢」宇田川 勝・中村青志編『マテリアル日本経営史：江戸期から現在まで』有斐閣，pp.96-97.
総務省統計局（2021）「労働力調査（基本集計）2021 年（令和 3 年）1 月分結果の概要」https://www.stat.go.jp/data/roudou/sokuhou/tsuki/pdf/gaiyou.pdf（2021 年 2 月 28 日閲覧）
中馬宏之・樋口美雄（1997）『労働経済学』岩波書店
浜村 彰（2003）「合同労組からコミュニティ・ユニオンへ」浜村 彰・長峰登記夫編著『組合機能の多様化と可能性』第 1 章，法政大学現代法研究所
外尾健一（1997）「労使関係：馘首」『日本労働研究雑誌』No.443，pp.52-53.
松繁寿和（2012）『労働経済』放送大学教育振興会
森本三男（1991）『経営組織論』放送大学教育振興会

9 ワーク・ライフ・バランスと働き方改革[1)]

平野 光俊

仕事と生活が調和する働き方は，性別や年齢，障害の有無等にかかわらず，すべての人々の活躍を推進するうえで重要である。換言すれば，もはや無限定に組織都合の拘束性を受け入れる働き方は成立せず，ワーク・ライフ・バランス実現に向けた働き方改革が求められている。本章では，第1にワーク・ライフ・バランスとは何かを，スピルオーバーやクロスオーバーといったワーク・ライフ・バランスの新しい発想を交えて解説する。第2に日本人の長時間労働の実態や男性の育児・家事に関わる時間の少なさを確認したうえで，第3に日本企業が取り組んでいる働き方改革の内実を概観する。最後にワーク・ライフ・バランスの実現に向けた働き方改革の課題について述べる。
<キーワード> ワーク・ファミリー・スピルオーバー，クロスオーバー，36協定，テレワーク，ワークエンゲージメント

1. ワーク・ライフ・バランスとは何か

（1）ワーク・ライフ・バランスの定義

ワーク・ライフ・バランス（Work Life Balance，以下WLB）とは，文字通り仕事（ワーク）と生活（ライフ）の調和を図ることである。広義の意味でのライフには，仕事生活，家庭生活，その他の私生活（旅行や友人と過ごす時間），仕事以外の活動（社会活動や自己啓発など）の4つの領域がある。つまりWLBにおけるライフは，仕事生活以外の私生活全般を指す概念である。

例えば，厚生労働省が主宰した「男性が育児参加できるWLB推進協議会」(2006）では，「働く人が仕事上の責任を果たそうとすると，仕事以外の生活でやりたいことや，やらなければならないことに取り組めな

1）本章の記述の一部は，平野・江夏（2018），第12章「ワーク・ライフ・バランスと働き方改革」に依拠している。

くなるのではなく，両者を実現できる状態のこと」とWLBを定義している。また内閣府（2007）は「仕事と生活の調和（ワーク・ライフ・バランス）憲章」において，WLBの実現した社会とは，「国民一人ひとりがやりがいや充実感を感じながら働き，仕事上の責任を果たすとともに，家庭や地域生活などにおいても，子育て期，中高年期といった人生の各段階に応じて多様な生き方が選択・実現できる社会」であると述べている。

これらの定義をみるとWLBの実現を捉える視座は，生活リズム（時間面），充実感（心理面），責任を果たす（役割面）の3つある。つまり，仕事と私生活の間においてうまく時間を配分できていること，仕事と私生活における活動において満足感が得られていること，仕事での役割責任と私生活での役割責任の両方をうまく果たすことができていること，これらの3つがWLBを実現するうえで重要な要素となる。

日本においてWLBは，男女共同参画社会の実現と深く結びついている。男女共同参画社会とは，「男女が，社会の対等な構成員として，自らの意思によって社会のあらゆる分野における活動に参画する機会が確保され，もって男女が均等に政治的，経済的，社会的及び文化的利益を享受することができ，かつ，共に責任を担うべき社会」（男女共同参画社会基本法第2条）と定義される。

つまり日本では，WLBの目指すところは，男女共同参画社会の実現を主たる目的として，仕事と仕事生活以外の私生活の両立に課題を持つ労働者の範囲を，女性のみならず男性にも拡張し，そこに生じる様々な課題の解決を図っていくことである。なかでも先に述べたライフの4つの領域のうち，時間配分の割合が高い仕事生活と家庭生活を両立させていくことが重要である。本章では，ライフを家庭生活（ファミリー）に焦点化して，WLBと働き方改革の問題を考えてみよう。

（2）ワーク・ファミリー・コンフリクト

「バランス」という言葉は，ワークとライフの対立を強調し，仕事と家庭の両立に悩む労働者をイメージさせる。つまりワークとライフの葛藤（コンフリクト）であり，そうした視座の下，「仕事と家庭の二重役割葛藤」（ワーク・ファミリー・コンフリクト）をテーマとする研究が1980年代から心理学，社会学，経営学において盛んに行われてきた。ワーク・ファミリー・コンフリクトとは，仕事上の役割と家庭内の役割において，一方の役割を十分に果たそうとすると，もう一方の役割が十分にできなくなる状態を意味する。

心理学ではワーク・ファミリー・コンフリクトは，役割葛藤の一形態と捉えられ，その規定因およびストレスへの影響が分析されてきた。葛藤の内実には，時間，ストレイン，行動の3つの側面がある（Greenhaus & Beutell, 1985）。時間に基づく葛藤とは，仕事（家庭）役割に費やす時間量が，家庭（仕事）に関する役割要請の遂行を妨害する場合に生じる。ストレインに基づく葛藤とは，仕事および家庭の役割がストレス要因となって，緊張，不安，抑うつ，アパシー（無関心），イライラのようなストレイン症状を引き起こすことである。行動に基づく葛藤とは，ある役割に期待される特徴的な行動パターンが，別の役割に期待されるそれと両立しない場合である。

（3）WLBの新しい発想

1）ワーク・ファミリー・スピルオーバー

WLBに関する研究のこれまでの主流は，仕事と家庭の間で生じる葛藤を緩和する要因の探索にあったといえる（藤本，2011）。しかし近年では，仕事と家庭のポジティブな関係，すなわち仕事と家庭が相互に質を高め合う関係性を捉えた，スピルオーバー（spillover）が着目されるようになってきた。

代表的な概念に「仕事と家庭の間の流出」（ワーク・ファミリー・スピルオーバー）がある。スピルオーバーには，仕事における気分，スキル，価値観などが家庭（仕事）に流出し生活全体の質を高めるというポジティブな側面と，仕事が忙しいせいで家事や育児に費やす時間が取れないといったネガティブな側面がある。またワーク・ファミリー・コンフリクトと同様に「仕事→家庭」と「家庭→仕事」の2つの方向性があ

性質		方向：仕事⇒家庭	方向：家庭⇒仕事
	ネガティブ	仕事が忙しいせいで 家族と過ごす時間が減る など	家事・育児が忙しく 仕事への意欲が低下する など
	ポジティブ	仕事で培った能力を 家族でも活かせる など	楽しい週末を過ごすと 仕事も頑張ろうという 気になる　など

出所：島津（2014），77頁より。

図 9–1　スピルオーバーの４つのパターン

る。両者を組み合わせると**図 9–1** にように４つのパターンに整理することができる。

2）ワーク・ファミリー・エンリッチメント

ポジティブ・スピルオーバーに類似した概念として，ワーク・ファミリー・エンリッチメントがある。エンリッチメントは，**図 9–2** に示したように，「仕事→家庭」（Work → Family enrichment）と「家庭→仕事」（Family → Work enrichment）の２方向に分けて，それぞれ３つの側面がある（Carlson *et al*., 2006）。仕事から家庭へのエンリッチメントには，情緒（仕事を通して経験する良い気分が，家族との関係を向上させる），発達（仕事を通して獲得する知識やスキルが，家族との関係を向上させる），資本（仕事を通して得られる個人的な達成感や自信が，家族との関係を向上させる）の３つの側面がある。家庭から仕事へのエンリッチメントは，情緒と発達の面は仕事から家庭へのエンリッチメントと同様だが，３つ目の側面として効率（家庭内役割を担うことで職場における従業員としての効率が上がる）がある。例えば，子育ての役割があるために職場で無駄な時間を過ごすことができず，結果として仕事を

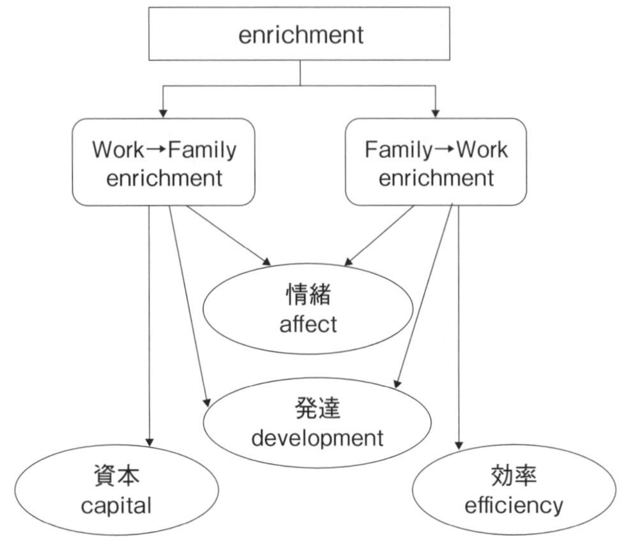

出所：Poelmans *et al.* (2008)，144頁より一部変更して筆者作成。

図 9-2　ワーク・ファミリー・エンリッチメント

効率的に行うことができるようになる場合がこの例である。ポジティブ・スピルオーバーやエンリッチメントを促進するためには，後述する働き方改革や管理職による家庭と仕事の両立支援行動により，労働者の仕事の量的負担や情緒的負担を緩和し，時間的側面の自律性を高めることが重要である。

3）クロスオーバー

WLB に関してはエンリッチメントやスピルオーバーだけでなく，「近しい人への影響の波及」（クロスオーバー）も検討されている。クロスオーバーとは，ある人の経験が同じ社会環境にある他者の経験に影響を与える場合に作用する個人間の対となった伝達のことである。**図 9-3** に示したように，夫の仕事→家庭のスピルオーバーが家庭で妻に伝達（クロスオーバー）し，妻の家庭→仕事のスピルオーバーが高まる。さらにクロスオーバーは“ping-pon”となって，妻から夫に戻ってくる。夫婦のスピルオーバーには，やる気やモチベーションの向上などポジティブな側

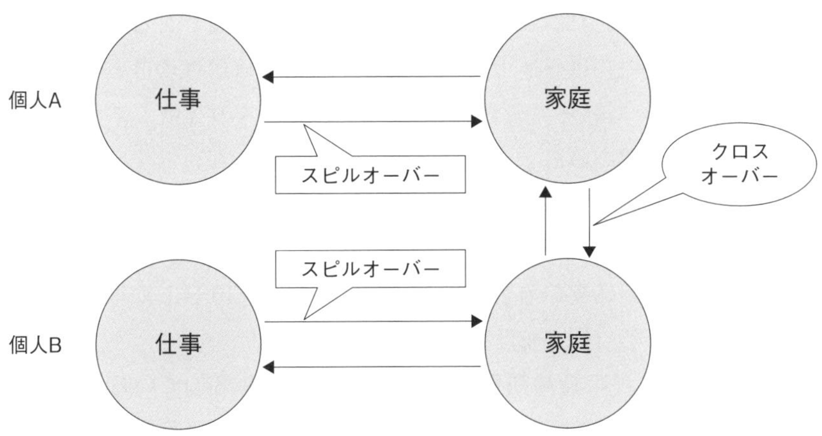

出所：島津（2014），79頁より。

図 9-3　スピルオーバーとクロスオーバーの関連

面とストレスなどネガティブな側面がある。

クロスオーバーは，これまで夫婦間だけでなく，上司と部下間や同僚間といった職場でも存在することが明らかになっている。つまり上司のWLB満足は部下にポジティブスピルオーバーし，部下のWLB満足を高める可能性がある。

またWLB支援のための制度の利用や出社や帰宅の時間の管理に柔軟性を持つことができるかどうかは，上司の労働時間に関する態度に関わっている。部下が定時に帰宅したいと思っていても，上司に長時間働く人を高く評価するバイアスがあれば，部下は上司の顔色をうかがって定時帰宅を躊躇するだろう。結果として，部下は家庭での役割に支障をきたし，ワーク・ファミリー・コンフリクトの状態となる。これは上司の態度や行動が，部下の家庭生活に影響を与えているということに他ならない。

2. 日本のWLBの現実

（1）労働時間と労働生産性

実際に日本人は長時間労働でライフを犠牲にしているのだろうか。**図**

9-4は週49時間以上働いている者の割合の国際比較である。長時間労働者の割合が高いのは日本と韓国である。日本では男性の3割近くが週49時間以上働いている。これはドイツ・フランスの2倍，スウェーデンの3倍の水準である。

また日本人の有給休暇取得率は国際的にみて突出して低い。オンライン旅行代理店のエクスペディアの世界30ヵ国の有給休暇・国際調査比較調査では，日本は支給日数20日に対して半分の10日しか取得しておらず最下位である（**図9-5**）。

こうした日本人の長時間労働が付加価値を生み出しているかと言えば，実はそうでもない。日本の2019年の労働生産性（就業1時間当たり名目付加価値）は，47.9ドル（4,866円／購買力平価（PPP）換算）で，欧米諸国の6割強の水準でしかない（**図9-6**）。経営者がWLBに取り組むことは，結果的に生産性向上に資すると考えられる。実際に残業削減に取組み，所定外労働時間を短縮した企業のほうが，同業他社に比べて労働生産性が高いと考える割合が高い（厚生労働省，2015）。

WLBを実現するには，長時間労働を是とする組織風土を変え，業務プロセスの見直しや意識改革に取り組むことが必要である。しかし長時間労働は，雇用慣行や下請け構造・取引環境など日本の産業・雇用システムの全体構造に根差している。同業他社との競争が厳しい中，個別企業の自主的な取り組みに任せるだけでは限界がある。そこで政府は，「36協定」[2]をはじめとする労働時間規制について見直しを図り，2018年6月，時間外労働の上限を罰則付きで規定するいわゆる「働き方改革関連法」を成立させた。これにより時間外労働（休日労働は含まず）の上限は，原則として，月45時間・年360時間となり，臨時的な特別の事情がなければ，これを超えることはできないこととなった。また臨時的な

2）労働基準法では，労働時間は原則として，1日8時間・1週40時間以内とされている。これを「法定労働時間」という。法定労働時間を超えて労働者に時間外労働（残業）をさせる場合には，労働基準法第36条に基づく労使協定（36協定）を締結し，所轄労働基準監督署長への届出が必要である。36協定では，「時間外労働を行う業務の種類」や「1日，1か月，1年当たりの時間外労働の上限」などを決めなければならない。

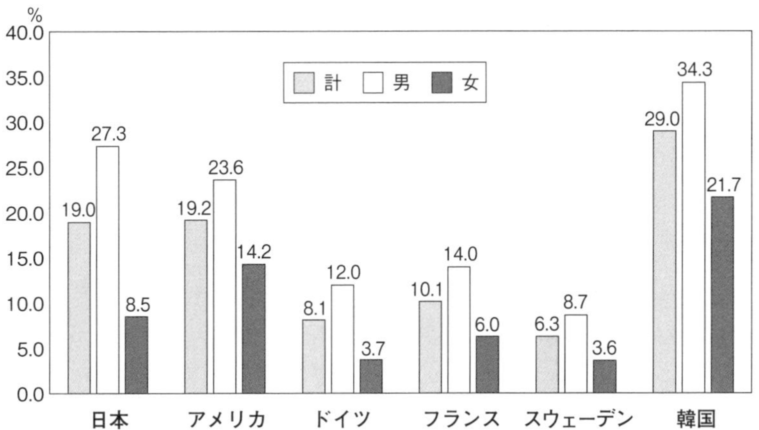

注：韓国は2017年データ，他は2018年データ。
出所：労働政策研究・研修機構（JILPT）（2019），247頁～249頁の表より一部の国を抜き出して筆者作成。

図9-4　JILPTの長時間労働者の割合の国際比較
—週49時間以上働いている人の割合

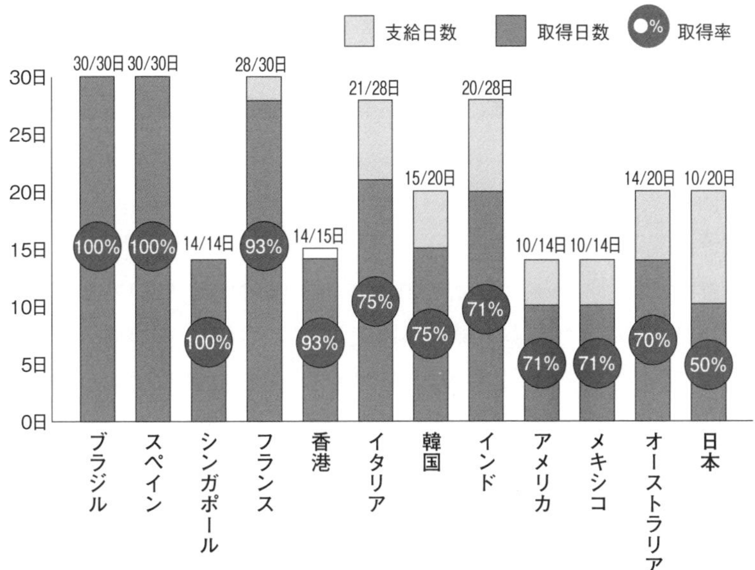

出所：エクスペディア「有給休暇国際比較調査2019」

図9-5　有給休暇取得率国際比較調査

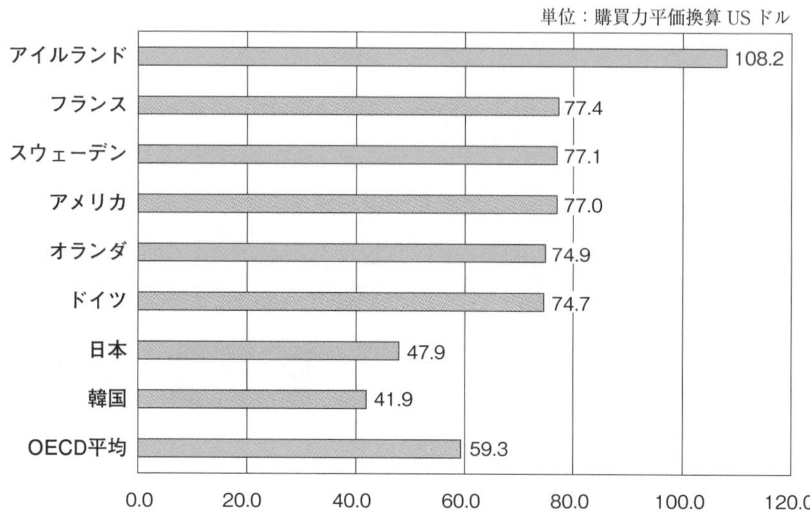

出所：日本生産性本部（2020），「労働生産性の国際比較」付表から一部の国を抜き出して筆者作成。

図 9-6　時間当たり労働生産性国際比較

特別の事情があって労使が合意する場合でも，年 720 時間，複数月平均 80 時間以内（休日労働を含む），月 100 時間未満（休日労働を含む）を超えることはできない。また，月 45 時間を上回ることができるのは，年間で 6 回までである。

（2）子育てと仕事の両立

高度経済成長期から安定成長期にかけて日本企業のいつでも働く（長時間労働），なんでもする（職種無限定），どこでも行く（転居転勤あり）の「無限定正社員」（第 2 章参照）の典型は男性総合職であった。そして総合職の夫の働き方は，専業主婦の妻によって支えられた。このような家庭内役割分担は「男は仕事，女は家庭」という日本の社会に共有されたジェンダー観によって正当化された。

しかし 1997 年に共働き世帯が，男性雇用者と無業の妻から成る世帯の数を逆転し，以降一貫して共働き世帯が増加していった。実際，日本の男性の家事参加は諸外国に比べて著しく低い。『男女共同参画白書 令和2年版』によると，日本では平成28年（2016年）における6歳未満の子どもを持つ夫の家事・育児関連に費やす時間（1日当たり）は83分である。2011年に比べて時間は伸びてきてはいるものの，他の先進国と比較して低水準にとどまっている。また日本の夫婦合計の家事・育児関連時間は，諸外国と比較して特段長いわけではないが，うち育児の時間を見ると4時間34分となり，他の先進国と比較して長くなっている。これは日本の女性の育児時間が諸外国の女性と比較して際立って長いことに関係している（**図9-7**）。

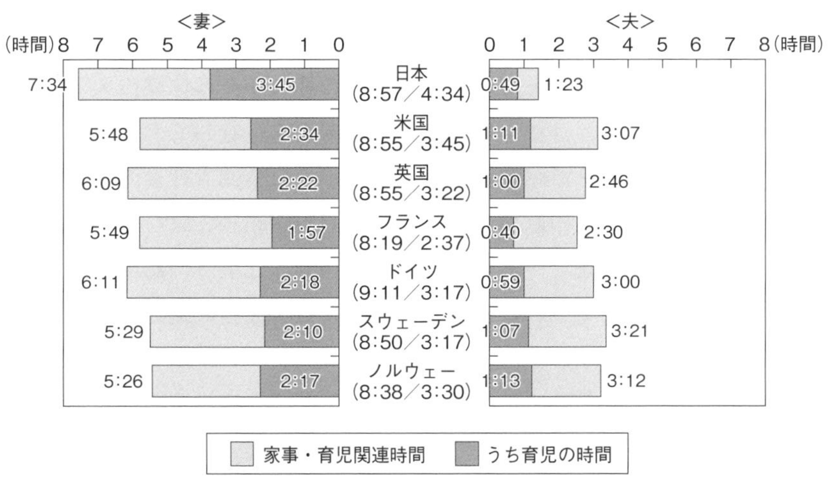

（備考）1. 総務省「社会生活基本調査」（平成28年），Bureau of Labor Statistics of the U.S. "American Time Use Survey"（2018）及び Eurostat "How Europeans Spend Their Time Everyday Life of Women and Men"（2004）より作成。
2. 日本の値は，「夫婦と子供の世帯」に限定した夫と妻の1日当たりの「家事」，「介護・看護」，「育児」及び「買い物」の合計時間（週全体平均）。
3. 国名の下に記載している時間は，左側が「家事・育児関連時間」の夫と妻の時間を合わせた時間。右側が「うち育児の時間」の夫と妻の時間を合わせた時間。

出所：内閣府（2020）『男女共同参画白書　令和2年版』47頁より。

図9-7　6歳未満の子供を持つ夫婦の家事・育児関連時間（週全体平均）（1日当たり，国際比較）

(3) 仕事と介護の両立

男性総合職も，中高年になると親の介護問題に直面する可能性が高まる。実際，改正高年齢者雇用安定法（2021年4月施行）によって70歳までの就業確保が努力義務となったことに伴い，介護問題を抱える高年齢労働者が増加している。また「団塊の世代」[3] の要支援・要介護状態になる者の増加に応じて，働き盛りの団塊世代の子ども（団塊ジュニア）層が介護問題に直面するようになる。仕事と介護の両立問題は加速して深刻さを増していくだろう。

仕事と介護の両立問題は，仕事と育児のそれと比較すると有効な企業の支援は異なる。次の2つことを留意しておくことが重要である。第1に，出産・育児では実質は女性社員が中心であり，かつ年齢層も比較的若い層である。しかし介護では，その担い手となるのは50歳代がその中心層で，男性管理職である場合が多い。管理職が介護休職に入ると代替要員を確保することは難しい。この点は本人も自覚しており，企業側に支援を求めることを躊躇するケースがある。企業側も社員の介護の課題を把握できず，社員の直面している介護問題が相談されないまま潜在化している。その結果，一人で問題を抱え込み，仕事への意欲が低下したり，離職を余儀なくされたりすることとなる（佐藤・矢島，2014）。

第2に，育児と仕事の両立問題では，一定期間（0歳から3歳までの3年間など）の支援を想定すればよいが，介護はその終結時点が容易に見通せない。介護では「必要な時に短期の休暇取得や時間の調整が図れること」が求められ，そうしたことが人によってはかなり長期にわたって必要となる（矢島，2017）。そういった意味で，介護離職を防止するにためには，長期間の介護休業等によって介護に専念する時間を増やすより，介護休業の分割取得等，なるべく仕事を離れる時間を短くして対応できるようにしたほうがよく，また日常的な介護においては，短時間勤務より，所定労働時間を勤務しながら，残業や休日出勤はしない働き

3）団塊の世代とは，一般的に1947年（昭和22年）～1949年（昭和24年）生まれ）の世代のこと。2021年での年齢は72～75歳となり，日本の医療制度上は，前期高齢者（65歳～74歳）～後期高齢者（75歳以上）に該当する世代である。

方のほうが適している（池田，2021）。

3. WLB 実現に向けた働き方改革の実際

（1）労働時間の制限と働き方の柔軟化

育児や介護と仕事の両立の課題に直面している従業員の活躍を推進するには，長時間労働の是正や働き方の柔軟化を図る「働き方改革」に取り組む必要がある。厚生労働省の「働き方・休み方改善ポータルサイト」では，そうした実践例が多数紹介されている。ここでの掲載事例（121件）を分析した松浦（2017）は，働き方改革の取り組み内容を**図 9-8** のように整理している。

働き方改革は「労働時間の制限」（①残業の規制・一部禁止，②朝型勤務，③労働時間短縮目標の設定）と「働き方の柔軟化」（④フレックスタイム制，⑤在宅勤務，⑥裁量労働制，⑦サテライトオフィス等のモ

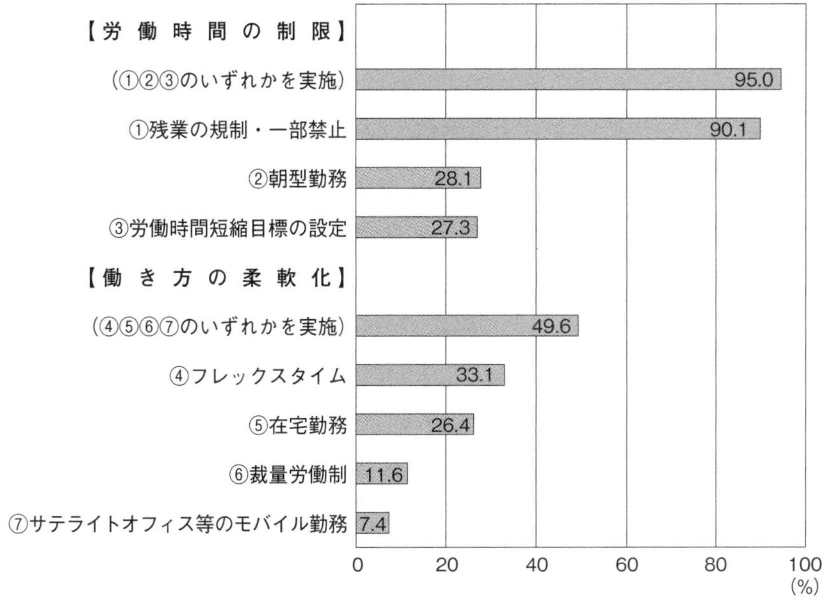

出所：松浦民恵（2017），44頁より。

図 9-8　働き方改革の取り組み内容（複数回答）

バイル勤務）に分けられる。掲載事例企業の95.0%は何らかの「労働時間の制限」に取り組んでおり，半数の企業が「働き方の柔軟化」も実施している。また掲載事例を「労働時間の制限のみ」「働き方の柔軟化のみ」「両者の併用」でタイプ分けすると，「労働時間の制限のみ」（54.0%）と「両者の併用」（44.6%）がほぼ半々で拮抗する。一方，「働き方の柔軟化のみ」（5.0%）は非常に少ない。

働き方改革では，労働時間の弾力化のみならず事業戦略や組織戦略の見直しといった広義の働き方改革の取り組みも重要である。前者は，事業ドメインの見直しや成長分野への人的資源の配置転換といった戦略的取り組みである。後者は，組織再編，スパン・オブ・コントロール（マネジャーの部下の人数や業務領域）の見直し，予算や目標の見直しといった取り組みである。またAI（人工知能）等を活用して業務プロセスや教育訓練を効率化できれば労働時間の短縮が期待できる。

（2）人材育成の仕方の見直し

一方，テレワークをはじめとする働き方改革の取り組みは，人材育成に対して意図せざる結果をもたらしかねない。日本企業では所定の労働をこなしながら，時間外にも職場内訓練（OJT）を施し，仕事を覚えることが当たり前に行われてきた。こうした人材育成の仕方が長時間労働の原因となっている面があるのだとすれば，働き方改革を通じた残業削減はそのままOJTの時間を減らすことにつながる可能性がある。松浦（2017）は，人材育成と労働時間削減を両立させるためには，①失敗から学ぶという考え方を否定せず，しかし限られた時間内でも経験が着実に成長につながるように，新しい仕事に配置する際の丁寧な説明，失敗の振り返り等の支援を行う，②育成段階に応じて働き方やコミュニケーションの仕方に配慮することが重要であると述べている。

このような背景から，「個人の成長」に焦点を当て，部下の成長支援のために上司と部下が対話を重ねる機会として，定期的に（月1～2回程度）「1on1ミーティング」を行う企業が増えてきている。

（3）管理職による家庭と仕事の両立支援行動

働き方改革では職場風土の見直しも重要である。例えば有給休暇の取得を目標に掲げても，実際に有給申請をしたら上司にいやな顔をされるのであれば，部下は申請を遠慮したり気兼ねしたりするであろう。あるいは長時間労働を是とする風土の職場では効率的に定時に仕事を終えようとするインセンティブが働かない。こうした職場風土の改革の担い手は部下を持つ管理職であるため，管理職の意識と行動の変容を促す取り組みが求められる。

そこで近年，アメリカで注目されている考え方が，管理職による家庭と仕事の両立支援行動である。「家庭と仕事の両立支援行動」(family supportive supervisor behavior：以下 FSSB）とは，仕事と家庭生活の両立を実現できるよう部下を支援し，部下の WLB を実現しようとする意欲を高めるための管理職の行動をいう。FSSB には，精神的な支援(emotional support)，役割モデル的行動（role modeling behavior)，手段的な支援（instrumental support)，創造的な両立支援（creative work-family management）の4つの下位次元がある（Hammer, *et al.*, 2009)。

「精神的な支援」とは，仕事と家庭の両立に関わる部下の課題や要望を，敬意を払い共感的に注意深く聞くことである。「役割モデル的行動」とは，部下の手本となるように，仕事と家庭生活の両立に向けた行動を上司自身がとることである。「手段的な支援」とは，部下に日常の仕事と家庭のコンフリクトをうまく解決できるように手助けすることである。「創造的な両立支援」とは，より前向きに，戦略的に，革新的に仕事と家庭の責任が果たせるよう，部下の働く時間，働く場所，方法を変えることである。こういった FSSB を強化すべく管理職に研修を施すことも人的資源管理の課題である。

ハマーら（Hammer, *et al.*, 2011）は，管理職の FSSB を高める研修の具体的方策として，①e ラーニング，②個別ロールプレイング，③行動の自己点検の3つのプログラムから構成される FSSB 研修を提案している。e ラーニングでは，WLB の意義や必要性，FSSB の内容と効果，管理職としての自身のタイプといったことを学ぶ。ロールプレイングでは，eラーニングでの学びをもとに実際の場面を想定した対応の練習を行う。例えば，子どもの病気による早退や欠勤への対応のシミュレーションである。自己点検は，自身の管理職としての行動についての点検である。例えば「どれぐらい部下とコミュニケーションがとれているか」といった質問を自問自答する。また部下からフィードバックをもらうことなども効果的である。

4. WLBに向けた働き方改革の課題と展望

(1) コロナ禍とテレワークの進展

新型コロナウイルスの感染拡大は，日本人の働き方に多大な影響を与えている。例えば，感染防止のための外出制限に対応して，情報通信機器を使って自宅などでも仕事ができるテレワークの利用が広がっている。労働政策研究・研修機構（JILPT）が2020年5月に行った個人を対象とした調査では職種，業種，従業員規模の違いはあるものの，全体の29.9%の人が「在宅勤務・テレワークの実施」を，勤め先の会社での就労面の対応がなされた事柄と回答している。また6月に実施した企業を対象とした調査でも，「在宅勤務（テレワーク）の実施」の割合は，新型コロナウイルス感染症拡大前の2月は5.3%であったが，3月には19.8%，5月には48.1%にまで上がっている（労働政策研究・研修機構，2001）[4)]。

しかし，テレワークと「日本型人事管理」（第2章参照）は補完的でない。テレワークは仕事を職場から「離れた所」（テレ）に切り出すことから始まる。これは日本型人事管理の特徴である曖昧な職務分業と整合しない。在宅で働く部下の仕事ぶりを上司はモニターできないので「情意考課」（第5章参照）は困難となる。緊密かつ高頻度の対面コミュ

4) 労働政策研究・研修機構（2021）『ビジネス・レーバー・トレンド』2021年1・2月号における研究報告（JILPT副統括研究員　池添弘邦）「日立のテレワークの活用，そして新たな働き方へ」pp.3-7. https://www.jil.go.jp/kokunai/blt/backnumber/2021/01_02/002-007.pdf

ニケーションを通して暗黙知を擦り合わせる知識創造活動とも整合しない。コロナ禍でのテレワークの推奨はそうした日本型人事管理に修正を迫るものである。

例えば，日立ではコロナ収束後においても，在宅勤務等の良い点を踏まえた日立としての新しい働き方（リモートとフェイスツーフェイスの最適化等）」の推進と「ジョブ型人財マネジメント」推進をともに行っていく方針として打ち出している（労働政策研究・研修機構，2021）[5)]。ここでいう「ジョブ型人財マネジメント」とは，勤務内容や勤務地，報酬といった労働条件が記された職務記述書に従って雇用契約が締結される雇用システムを指す。日本型人事管理は，最先端のデジタル技術を活用しながら，テレワークと補完的な形態に引き続き進化していくだろう。

（2）働きがいを高める

また昨今では，日本の働き方を巡る議論は，「働きがい」に注目が集まっている。例えば，厚生労働省（2019）の『労働経済の分析（令和元年版）』では，離職率の低下や定着率の上昇を図るため，労働者の働きがいを高める施策を導入した労働環境について検討されている。それによれば「働きがい」向上には，コミュニケーションの円滑化，労働時間の短縮や働き方の柔軟化，裁量の拡大，将来のキャリア展望の明確化などが有効である。

なお，同書では「働きがい」についてはワークエンゲージメントというコンセプトを用いて分析を施している。ワークエンゲージメントとは，ポジティブな，あるいは充足感という意味合いを帯びた仕事に対する心理状態と定義される（Hakanen, *et al.*, 2006）。ワークエンゲージメントは①活力（vigor），②熱意（dedication），③没頭（absorption）の3つの下位次元から構成される。このうち活力は，自分の仕事に努力を注ぐ

5）労働政策研究・研修機構（2021）『ビジネス・レーバー・トレンド』2021年1・2月号における事例報告2（日立製作所　近藤恭子）「日立のテレワークの活用，そして新たな働き方へ」pp.11-13. https://www.jil.go.jp/kokunai/blt/backnumber/2021/01_02/011-013.pdf

ことを惜しまず，かつ困難な状況に直面しても耐え続ける心理状態である。熱意は，仕事に没頭しており，また意義や情熱，鼓舞，プライドそしてチャレンジといった心理を自覚している状態である。没頭は，自分の仕事に集中し没頭している。そしてそのことによって，時間の経過が速く感じられ，仕事から離れることが困難になっている状態である（Schaufeli, *et al.*, 2009）。

（3）生活時間の質を高める

WLBは一人きりで実現できるものではなく周囲の理解や協力があってはじめて達成される。同僚が育児と仕事の両立を目指して短時間勤務で働けば，それをカバーするために一時的に自分の仕事量は増えるかもしれない。それを不公平と捉えれば働き方改革がかえって働く人々の不満を高める。他の人々の考え方や生き方を尊重し，「お互い様の精神」で「生活時間の質」を高め合うことが，個人にとってのワーク・ライフ・バランスの本質的な課題であると思われる。生活時間の質を高めるということは，山口（2009）が言うように「日常生活の中にあって他の人々を理解する心の豊かさや広さを培っていける時間を持つこと」なのである。

研究課題

1．働き方改革に取り組んでいる企業の取り組みを調べて，その改革が，従業員のワーク・ライフ・バランス実現という観点からみて，いかなる意義があるのか考えてみよう。
2．子育て期の夫婦において，日本では，夫の家事・育児関連時間が国際的にみて低い理由を，第2章で解説した日本型人事管理と関連づけて考えてみよう。
3．日本の産業社会にテレワークが定着するには日本型人事管理の何をどのように変えるべきか，考えてみよう。

参考文献

Carlson, D.S., Kacmer, K.M., Wayne, J.H., & Grzywacz, J.G.（2006）"Measuring the Positive Side of the Work-Family Interface: Development and Validation of a Work-Family Enrichment Scale," *Journal of Vocational Behavior*, 68, pp.131-164.

Greenhaus, J.H. & Beutell, N.J.（1985）"Sources of Conflict between Work and Family Roles," *Academy of Management Review*, 10(1), pp.76-88.

Hakanen, J.J., Bakker, A.B. and Schaufeli, W.B.（2006）"Burnout and work engagement among teachers," *Journal of School Psychology*, Vol.43, pp.495-513.

Hammer, L.B., Kossek, E.E., Yragui, N.L., Bodner, T.E., & Hanson, G.C.（2009）"Development and Validation of a Multidimensional Measure of Family Supportive Supervisor Behaviors（FSSB)," *Journal of Management*, 35(4), pp. 837-856.

Hammer, L.B., Kossek, E.E., Anger, W.K., Bodner, T.E., & Zimmerman, K.L.（2011）"Clarifying Work-Family Intervention Processes: The Roles of Work-Family Conflict and Family Supportive Supervisor Behaviors," *Journal of Applied Psychology*, 96(1), pp.134-150.

Poelmans, S., Stepanova, O., & Masuda, A.（2008）"Positive Spillover between Personal and Professional Life: Definition, Antecedents, Consequences, and Strategies," in Korabik, K., Lero, D.S. & Whitehead, D.L.（eds.）*Handbook of Work-Family Integration: Research, Theory, and Best Practices*, Amsterdam; Boston; London: Academic, pp.141-156.

Schaufeli, W.B., Shimazu, A. and Taris, T.W.（2009）"Being Driven to Work Excessively Hard: The Evaluation of a Two-Factor Measure of Workaholism in The Netherlands and Japan," *Cross-Cultural Research*, Vol.43, No.4, pp.320-348.

池田心豪（2021）『仕事と介護の両立』中央経済社

エクスペディア（2019）「有給休暇国際比較調査2019」https://welove.expedia.co.jp/infographics/holiday-deprivation2019/（2021年2月20日閲覧）

厚生労働省・男性が育児参加できるワーク・ライフ・バランス推進協議会（2016）「男性も育児参加できるワーク・ライフ・バランス企業へ：これからの時代の企業経営」https://www.mhlw.go.jp/bunya/koyoukintou/ryouritsu02/pdf/01a.pdf

厚生労働省（2015）『平成27年版 労働経済の分析―労働生産性と雇用・労働問題への対応―』https://www.mhlw.go.jp/wp/hakusyo/roudou/15/15-1.html

厚生労働省（2019）『令和元年版 労働経済の分析―人手不足の下での「働き方」をめぐる課題について―』https://www.mhlw.go.jp/wp/hakusyo/roudou/19/19-2.

html
佐藤博樹・矢島洋子（2014）『介護離職から社員を守る―ワーク・ライフ・バランスの新課題―』労働調査会
島津明人（2014）「ワーク・ライフ・バランスとメンタルヘルス―共働き夫婦に焦点を当てて―」『日本労働研究雑誌』No. 653, pp.75-84.
鶴 光太郎（2016）『人材覚醒経済』日本経済新聞出版社
内閣府（2007）「仕事と生活の調和（ワーク・ライフ・バランス）憲章」http://wwwa.cao.go.jp/wlb/government/20barrier_html/20html/charter.html
内閣府男女共同参画局（2020）『男女共同参画白書 令和2年版』https://www.gender.go.jp/about_danjo/whitepaper/r02/zentai/index.html
日本生産性本部（2020）「労働生産性の国際比較 2020」https://www.jpc-net.jp/research/assets/pdf/report_2020.pdf（2021年2月20日閲覧）
平野光俊・江夏幾多郎（2018）『人事管理―人と企業，ともに活きるために―』有斐閣
藤本哲史（2011）「仕事と私的生活のポジティブな関係性」『日本労働研究雑誌』No. 606, pp.117-118.
松浦民恵（2017）「働き方改革のフロンティア―改革の射程の広がりを視野に―」『日本労働研究雑誌』No. 679, pp.42-51.
矢島洋子（2017）「仕事と介護における「両立のかたち」」佐藤博樹・武石恵美子編『ダイバーシティ経営と人材活用―多様な働き方を支援する企業の取り組み―』東京大学出版会，pp.239-261.
山口一男（2009）『ワークライフバランス―実証と政策提言―』日本経済新聞出版社
労働政策研究・研修機構（2021）『ビジネス・レーバー・トレンド』2021年1・2月号　https://www.jil.go.jp/kokunai/blt/backnumber/2021/01_02/index.html
労働政策研究・研修機構（2019）『データブック国際労働比較 2019』https://www.jil.go.jp/kokunai/statistics/databook/2019/documents/Databook2019.pdf

10 雇用区分の多元化と雇用ポートフォリオ

平野　光俊

非正規の質的基幹化が進む一方，無制限に組織都合の拘束性を受け入れる正規の働き方の見直しが始まった。本章では，正規の多様化と非正規の質的基幹化といった企業の人員構成の変化を踏まえつつ，雇用区分の組み合わせの最適化問題を，内部労働市場論と取引費用の経済学の知見を用いて構想した三層労働市場モデルから検討する。その上で，正規と非正規の「同一労働同一賃金」原則への対応など，近年の人的資源管理の課題を考える。
＜キーワード＞　質的基幹化，限定正社員，人材アーキテクチャ，三層労働市場モデル，同一労働同一賃金

1. 多元化する雇用区分

（1）雇用区分とは何か

雇用区分とは，人材を効率的，効果的に育成・確保・活用・処遇できるようにいくつかのグループに分け，それぞれに異なる人的資源管理を適用する仕組みである（今野, 2010）。典型的には正規社員（以下, 正規）と非正規社員（以下，非正規）の区分である。

総務省統計局（2021）が発表した「労働力調査」によれば，2019年時点で非正規の実数は2,165万人（対前年同期＋45万人）。また雇用者全体に占める割合は38.3%（対前年同期＋0.4ポイント）であった。しかし2020年は新型コロナウイルス感染拡大の影響で非正規の実数は2,090万人（対前年同期－95万人）と11年ぶりに減少した。

労働政策研究・研修機構（JILPT）が実施した「新型コロナウイルス感染拡大の仕事や生活への影響に関する調査」結果では，雇用や収入に「影響があった」と回答した割合は，正規（42.2%）より非正規（50.0%）のほうが高い。中でもパート・アルバイトの3人に1人以上が，「勤務

日数や労働時間の減少」(37.4%) や「収入の減少」(33.9%) に見舞われたと回答している (労働政策研究・研修機関, 2020)。2009年の世界同時金融不況の原因となったいわゆる「リーマンショック」も非正規の雇用に打撃を与えたが, 目下の「コロナショック」も非正規にしわ寄せする形で影響が出ている。

こうした非正規の状況に対して, 国も非正規の「雇用の安定確保」と「公正な処遇」を政策課題に掲げ取り組んできた。例えば, 2013年4月に施行された改正労働契約法 (無期労働契約への転換) は, 同じ職場で5年を超えて勤務しているパートや契約社員が申し出れば, 期限の定めのない雇用契約に切り替えることを企業に義務づけた。一方で, 雇用の固定化ないし人員配置の硬直化を嫌う企業が, 有期から無期への契約変更に慎重になる怖れもあり, 非正規の雇用の安定化という目的を達成するには課題も多そうである。

というのも, そもそも正規と非正規の境界がはっきりしないからである。言い換えれば, 正規とは何か, 非正規とは何か。実は, 雇用契約期間の設定の有無, 労働時間の長短, 仕事内容の相違などから両者を線引きするのは困難である。労働時間が短いパートであっても期間の定めのない契約で働く者は多数いる。たしかなことは, 勤務地や職種の組織都合による変更など, これまで正規に課せられてきた包括性・拘束性を免れた「限定正社員」の増加と, 非正規に正規と同じ責任ある仕事を担わせる「非正規の質的基幹化」の進展である。すなわち正規・非正規といった単純な二分法の切り分けでない雇用区分の多元化が進んでいるのである。

(2) 雇用ポートフォリオとは何か

組織と人材のマネジメントの要諦は, 第1に仕事の分業と調整の仕組みづくりであり, 第2に, 従業員を適切に動機づけるインセンティブの提供と必要な技能を習得させるキャリア開発の仕組みである。前者が仕事管理, 後者が人的資源管理である。企業は人的資源管理の細部を設計するうえで, 仕事管理の効率性を考えて, 人材を異なる処遇ルールが適用される複数のカテゴリーに分ける必要がある。

雇用ポートフォリオとは，複数の雇用区分の組み合わせを最適化する考え方である。ポートフォリオという言葉は，もともとは紙挟みあるいは折鞄を意味するが，ビジネス用語としてはじめに用いられたのは，複数の金融商品に分散投資すること，また投資した金融商品を組み合わせてリスク軽減を図る金融資産ポートフォリオであった。

ポートフォリオという言葉を人的資源管理に持ち込んだのは，日本経営者団体連盟（略称は日経連）であった（新・日本的経営システム等研究プロジェクト，1995）。日経連は，日本的な雇用慣行の基本方針，つまり長期的視点に立った人間中心（尊重）の経営は堅持するものの，リストラの推進と賃金の高止まりへの対応を不可欠と捉え，長期雇用と短期雇用を組み合わせた雇用ポートフォリオを，これからの雇用システムの改革の方向として示した。

日経連の雇用ポートフォリオは，従業員の雇用期間に対する選好（短期勤続を望むか，長期勤続を望むか）と，企業が定着を望む程度（定着か，移動か）という2軸に描かれる空間に3つの雇用区分を配置している。1つは，管理職・総合職・技能部門の基幹職を対象とする「長期蓄積能力活用型」（無期雇用）である。能力開発はOJTを中心に，Off-JT，自己啓発を包括して積極的に行う。処遇は職務，階層に応じて変える。2つ目は，企画・営業・研究開発等の専門職を対象とする「高度専門能力活用型」（有期雇用）である。Off-JTを中心に能力開発を図るとともに自己啓発の支援を行う。年俸制のようにジョブサイズ（第4章参照）と成果に応じて処遇を決める。3つ目は，一般職・技能部門・販売部門を対象とする「雇用柔軟型」（有期雇用）である。必要に応じて能力開発を行い，処遇は職務給などが考えられる。

しかし，日経連の雇用ポートフォリオには，なぜこの3つの雇用区分の組み合わせが合理的なのかについての論理的な説明がない。特定の雇用区分の設定とその組み合わせが良好なパフォーマンスをもたらすメカニズムを説明する論理を示さなければ実践的とはならない。実際，新しい雇用区分として提示された「高度専門能力活用型」は現在に至るまであまり増えておらず，その一方で「雇用柔軟型」が著しく増加し，いわゆる正規・非正規の二極化問題が深刻となった。

2. 人材アーキテクチャ論

リパックとスネル（Lepak & Snell, 1999）は，雇用ポートフォリオを理論的に編成しようとした。彼らの論文「人材アーキテクチャ―人的資源の配分と開発の理論―」は，良好な経営パフォーマンスを生む雇用ポートフォリオのモデルを示しているが，モデルの基底にあるのは，人材育成の基本方針としての「make」（長期雇用に基づく内部育成）と「buy」（短期雇用の外部採用）の選択問題である。このとき人材を内部育成するか外部採用するかの二者択一的な考え方は間違いであり，両方をうまく組み合わせるのがよい（Cappelli, 2008）。

リパックとスネルは，「make」と「buy」の選択に対する理論的なバックグラウンドとして，「経営資源に基づく企業観」（resource-based view of the firm：RBVと略記）を援用している。すなわちハメルとプラハラード（Hamel & Prahalad, 1994）が言う，コア・コンピタンスが持続的競争優位をもたらすという命題に基づいて論を展開する。コア・コンピタンスとは，他社に真似できない価値を顧客にもたらす，企業内部に秘められた独自の資源（企業のあらゆる資源，能力，組織特性，知識）の集合体である。

バーニー（Barney, 1991）によれば，コア・コンピタンスは，①価値，②稀少性，③模倣困難性，④代替不可能性の4つの要件を満たす必要がある。その際，バーニーが最も重視するのが模倣困難性である。というのは，コア・コンピタンスの模倣が困難であればあるほど，ライバル企業はその資源を獲得できない。つまり，不可視性が高く容易に真似できないから競争優位は持続する。したがって，模倣困難になるようにコア・コンピタンスは企業内部で長期につくりこまれなければならない。そして，これらコア・コンピタンスが，従業員の技能にまで分解されるとすれば，それは汎用的な一般的技能ではなく模倣困難な企業特殊総合技能（第1章参照）である。企業特殊総合技能を持つ人材は長期に内部育成していく必要があるから，雇用形態は正規が適切である。逆にコア・コンピタンスに対する貢献が小さく企業特殊総合技能を必要としない人材は外部から中途採用すればよい。あるいはパートや派遣社員で賄うかアウトソーシングすればよい。

リパックとスネルは，RBVを利用しながら最適な人材ポートフォリオを導こうとした。彼らが仮定した軸は，「人材の価値」（value of human capital）と「人材の独自性」（uniqueness of human capital）の2つである。前者は，企業のコア・コンピタンスに対する貢献度の程度，後者は企業特殊総合技能が要求される程度である。ここで両者は互いに分かちがたく結びついている。というのは，コア・コンピタンスは特殊な資源であればあるほど，模倣困難性が高まるから競争優位は持続する。そうであれば，コア・コンピタンスに貢献する人材の技能は企業特殊的でなければならない。

他方で「make」は人員余剰や訓練費用など内部化コストを生じさせる。したがって人材アーキテクチャは，内部育成によってもたらされる利益から内部化コストを控除することによって得られる利得に関わっている。利得がプラスであれば内部育成は正当化されるが，マイナスであれば外部採用すべきである。そして彼らは**図10-1**のように人材アーキテクチャを構想した。

第1象限に位置づけられるのがコア人材である。コア人材の技能は市場で獲得することは困難であるし，競争優位の源泉として他社に引き抜かれることなく投資回収できるので内部育成が適している。また企業特殊総合技能の発展に長期にわたって動機づける雇用関係をつくる必要がある。したがって，コア人材に適合的な人事施策は「高業績をあげる労働慣行」（high performance work practice：HPWP）である。HPWPとは，明確な要員計画，チーム主導で人間尊重の組織風土，意思決定における従業員参加，業績に連動した報酬制度，教育訓練の重視などによって特徴づけられる。

第2象限は，企業特殊ではない専門性を発揮してコア・コンピタンスに貢献する人材（例えばデータサイエンティスト）である。このタイプ

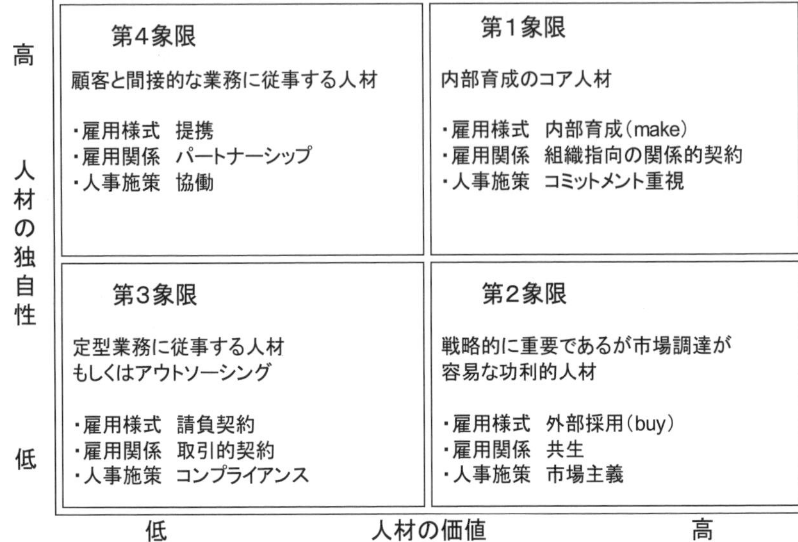

出所：Lepak & Snell（1999），35 頁より一部変更して筆者作成。

図 10-1　人材アーキテクチャ

の人材は他社でも通用する専門技能の発展に動機づけられているから，自身のキャリア競争力を高める仕事機会を重視し，一企業に定着するインセンティブを持たない。企業側も必要に応じて適材を外部採用しようとするのでコア人材ほど教育投資を施さない。雇用関係は組織と個人の対等な関係を重視する共生，人事施策は市場原理に基づく。

第 3 象限は，定型業務に従事する周辺人材である。このような人材を労働市場から獲得するのは容易であるから，企業は訓練に費用をかけるインセンティブを持たない。組織へのコミットメントは求めず，また期待される職務行動は明確で短期雇用である。人事施策はルール（コンプライアンス）重視であり，アウトソーシングの対象にもなる。雇用様式は請負契約である。

第 4 象限で想定されるのは，産学連携パートナーの大学の基礎研究分野の研究者や企業の長期プロジェクトを支援するコンサルティングファームの専門家である。このタイプの人材の技能は専門的で汎用性がある。この人材グループに求められるのは保有する知識と企業の資源を結びつけ長期にわたって価値を生み出すことである。それゆえ雇用様式は「make」と「buy」の折衷である。また情報共有と信頼をベースにしたパートナーシップを構築しなければならないので，コミュニケーション経路の開発や集団単位の報酬・評価システムなどが有効となる。

このリパックとスネルの人材アーキテクチャ論が，日本において即座に応用可能であるかどうかは慎重に検討する必要がある。例えば，人材アーキテクチャ論の第2象限や第4象限は日経連の雇用ポートフォリオにおける「高度専門能力活用型」と重なる部分が大きいが，すでに述べたように日本ではこのグループは発展していない。

ドーア（Dore, 2004）が言うように，アメリカやイギリスが，アングロ・サクソン的価値体系の中心的な価値である「自由」の名において，雇用保障を前提とした長期内部育成よりも労働市場における短期的な人的資源のマクロ的な配分の効率性をより重視することに注意を払っておこう。

またリパックとスネルの人材アーキテクチャ論は現時点の人材の知識や技能という人材の現在価値を静態的に捉えたものであり，人材が成長していくダイナミクスをうまく説明できない。つまり新卒採用で内部人材育成を施す日本企業では，新入社員は第3象限（人材の独自性・価値とも低い）からキャリアをスタートし，やがて第1象限のコア人材へ移行する。また長期内部育成の実践は，日本企業では，第3象限の非正規にも部分的に適用され，それが非正規の質的基幹化につながっている。つまり質的に基幹化された非正規はずっと第3象限にとどまっているわけではない。

3. 三層化する労働市場

（1）限定正社員

平野（2009, 2010）や朴・平野（2008）は，雇用区分間の転換の説明原理も視野に入れ，内部労働市場論（Doeringer & Piore, 1971）と契約理論（主として取引費用の経済学とインセンティブ理論）の知見を応用した雇用ポートフォリオを提案している。

ここであらためて非正規から正規への転換が増えている背景を整理しておこう。日本の中堅・大企業の効率性は，権限にもとづき資源配分を行う「組織の原理」に従う内部労働市場と，価格（賃金）をシグナルに参入・退出を（とりわけ企業側が）自由に決定できる「市場の原理」に従う外部労働市場の二重利用によってもたらされた。この二重利用は正規と非正規の身分を固定化し「転換の壁」をつくることで成立した。というのは，内部育成の正規を活用することにより，環境の不確実性に迅速かつ柔軟に対処する組織能力（機能的柔軟性）を向上させることができる。また，外部労働市場から必要に応じてスポットで調達する非正規を活用することで，業績変動に応じた柔軟な雇用調整能力（数量的柔軟性）を高め，総額人件費の変動費化（財務的柔軟性）を進めることができる（Atkinson, 1985）。

雇用システムはマクロ経済の伸縮に影響を受ける。1991 年，日本経済は金融引き締めとそれに続く株価と地価の下落，および需要縮減と供給過剰によって停滞期に突入した。いわゆるバブルの崩壊である。さらに 1997 年以降は，北海道拓殖銀行や山一証券の破綻を契機にして，日本企業は雇用システムの見直しを盛んに行った（仁田・久本編，2008）。とりわけ正規の人員抑制と要員管理の厳格化が進み，その代替として非正規が大幅に増加した（量的基幹化）。さらには非正規を正規と同じ責任のある仕事に配置するなど質的基幹化が進んだ。

しかし，非正規と正規との間の役割と責任の重複は処遇格差の問題を引き起こした。とはいえ非正規が質的基幹化したからといって無条件に正規に転換することは要員ニーズに対して過剰であり，非正規のメリットである財務的柔軟性と数量的柔軟性を損なう。またワーク・ライフ・バランスの観点から無限定の働き方を望まない非正規も多い。そこで，近年注目されているのが限定正社員と呼ばれる雇用区分である。それでは限定正社員とは，これまでの正規と何が違うのか。

久本（2010）は，正規の意味を「処遇」と「働き方」から検討している。正規の処遇の特質は，長期安定雇用，査定付き定期昇給賃金，昇進機会の提供である。働き方は，職務範囲の不明確性・包括性（それゆえ企業のその時々の要望に即して働くことが当然視される），残業や配置転換，転勤などの拘束性において特徴的である。本章ではこのような処遇と働き方に該当する正規を「総合職」と呼ぶこととしよう。

鶴（2011）は，正規を定義する要素として，①将来の職務が限定されていない，つまり突発的な残業，転勤，職種の転換等を含め何でも受け入れることを前提とした「無限定社員」である，②期間の定めのない契約を結んでいる，③解雇権濫用法理が適用される，といった3つを挙げる。

佐藤（2012）は，正規を識別する基準としてその包括性・無限定性に着目して，①活用業務無限定，②配属先の事業所・勤務地無限定，③残業がある，④フルタイム勤務の4つを挙げる。つまり，期間の定めのない雇用を前提として，この4基準を満たす雇用区分が「いわゆる正社員」である。逆に言えば，限定正社員とは，この4基準のいずれか1つないし複数を満たさない雇用区分であって，職種限定，労働時間限定（短時間勤務，フルタイム勤務だが残業なし），勤務地限定（転居を伴う転勤がない）などからなる。

（2）企業の境界

非正規のキャリア・パスの受け皿となる新たな雇用区分として，正規（総合職）と非正規の間を緩衝する限定正社員の導入が活発になるにしたがい，人材ポートフォリオは「非正規」―「質的基幹化非正規」―「限定正社員」―「正規（総合職）」の重層的多元化が構想できる。それでは，この人材ポートフォリオは理論的にどのように整理できるのか。

市場と組織を代替的コーディネーションの仕組みに位置づける取引費用の経済学（transaction cost economics：TCE）から捕捉すれば，このような雇用区分の重層的多元化は，組織原理に従う内部労働市場と市場原理に従う外部労働市場との間に「組織と市場の原理が相互浸透した中間組織」（今井・伊丹・小池，1982；Williamson，1985，1996；伊藤，2008）が登場したことを意味する。TCEでは，取引を，市場と組織の統一的理解の分析単位に据える。そして取引は，それぞれ異なる取引属性をもち，取引費用を節約するように異なる取引ガバナンス形態が選択される。TCEでは，取引費用とは，取引相手の探索，交渉，契約締結，履行監視，紛争解決，契約更新の費用のことをいう。取引費用が増えるのは，契約の不完備性を前提としたとき，限定合理性（複雑な問題を解くための人間の認知能力は限られている）のゆえに，取引に必要な情報を事前にすべて入手することは困難なこと，および人はしばしば機会主義的行動（事前にある行動にコミットせず，事後に状況変化に応じて自己の利得を最大化しようとする人間の行動原理）をとるからである。そしてある種の属性をもった取引の場合には，統合を通してその取引を企業内部に取り込むことによって，取引費用が節約されると考える。

取引費用に影響を及ぼす属性は，資産特殊性，不確実性，頻度の3つである。資産特殊性には，例えば取引相手の工場に隣接した物流センターの建設，取引相手の部品に特化した工作機械の購入，企業特殊的な知識を学習・共有した労働者などがある。取引の不確実性は，取引相手の機会主義的行動を誘発し，取引費用を増大させる要因となる。取引頻度は不確実性を低減するとともに資産特殊性を高める。取引頻度の増加に伴い，取引主体双方において学習が促進され，逐次的な適応が行われるからである。こうした適応行動は取引特殊的な追加投資，すなわち取引に関係する資産への投資が，当事者が互いに取引を行う場合に一層大きな価値を生み出す関係特殊投資という形でなされる。

このとき他の取引先への乗り換えが困難となる意味で，当事者は互いにロック・インされる。ロック・インされると他方の取引相手の機会主義的行動にさらされる可能性が高まり，「ホールド・アップ問題」，つまり相手が裏切るのでないかと予測した主体が関係特殊投資を抑制し，結果として当事者双方の取引効率性を損なうという問題を引き起こす。こうした機会主義的行動を防ぎ取引の非効率を減らすには，取引属性に応じて，①スポット市場（市場における自由な交換関係），②関係的契約もしくは中間組織（系列など長期継続的取引），③内部組織（垂直統合）を適切に選択すればよいこととなる（伊藤・林田，1996）。

(3) 企業特殊総合技能への関係特殊投資とホールド・アップ問題

以上の議論を「雇用の境界」問題に拡張しよう。人材が特殊的となるのは，人材が組織内部の業務を通じて，市場で再配置することが容易でない企業特殊総合技能を身につけたときである。労働者が企業特殊総合技能への関係特殊投資を行うとき，長期雇用保障がなければ，労働者は事後的な雇用主の機会主義的行動（解雇や賃下げ）のリスクに反応し，企業特殊総合技能の獲得に対して過少投資のインセンティブが生じる(ホールド・アップ問題)。

ホールド・アップ問題を克服するためには，労使双方によるリスク分担に関わる再契約履行の双務的コミットメントが必要となる。雇用主は労働者に長期の雇用保障をコミットしなければならず，労働者はそれと引き換えに企業特殊総合技能を高めることにコミットしなければならない。定年までの雇用が法的にも守られる(解雇権濫用法理が適用される)正規への転換は，当該雇用関係が安定的に継続するコミットメント装置として機能する。その結果，労使双方はホールド・アップ問題の発生を憂慮することなく，企業特殊総合技能への関係特殊投資を促進することとなる。これが正規雇用の意義である。

他方，正規雇用は内部化（統合）コストを発生させる。例えば，企業特殊総合技能の発展を目的とした訓練投資，人員配置の固定化，インセンティブ低下，余剰人員などが生じる。したがって労働者の関係特殊投資が低い場合には，必要に応じて人材を市場取引する，あるいは内部労働市場であっても外部労働市場との連結を強め，かつ市場取引を模倣する雇用様式を取り入れることが効率的となる。これが有期契約を前提とする非正規雇用の意義である。

(4) タスク不確実性とモラル・ハザード問題

TCEにおける取引属性に影響を与えるもう1つの要素はタスク不確実性である。これを雇用問題に拡張すれば，経営者は労働者に特定の役割（タスク）を与え，労働者はそれに努力とエネルギーを注ぎ，その対価として賃金を得るという取引が成立しているとしよう。このときタスク不確実性が高いほど，労働者の行動をモニタリングするコストがかかり，従業員の個人的成果や努力水準の測定も困難となる。したがってタスク不確実性の増大は，労働者の努力水準を私的情報とするので，労働側の機会主義的行動（怠業やただ乗り），すなわちモラル・ハザード問題を引き起こしかねない。

このとき短期契約ではなく長期雇用関係に基づく規律づけと昇進インセンティブ制度が有効になる。従業員は今期の成果と能力顕示が今後のキャリア形成に与える影響に関心を持つので，昇進が間接的インセンティブ効果を発揮する（Gibbons & Murphy, 1992）。手抜きやただ乗りが繰り返されれば，上司や同僚から悪い「評判」が立ち，将来の昇進可能性が低下する恐れがあるから，段階的な昇進・昇格の階梯は，労働者の努力水準を継続して引き上げる効果をもつ。結果，モラル・ハザードは抑制される。

議論をまとめると，タスク不確実性の高い割当業務のもとでは，労働者側のモラル・ハザードが起きる可能性が増すので，長期雇用に基づく昇進インセンティブの提供，すなわち正規雇用で処遇するのがよい。逆に，タスクの不確実性が低ければ，短期雇用のスポット的インセンティブの提供，すなわち非正規雇用が効率的となる。

（5）三層労働市場モデル

以上の議論から適切な人材ポートフォリオを構想すると，**図10-2**および**表10-1**の「三層労働市場モデル」となる。縦軸には関係特殊投資（relation-specific investment：RSIと略記）を，横軸にはタスク不確実性（task uncertainty：TUと略記）を置く。2軸の程度が高ければ，経営者は取引費用を節約すべく，関係特殊投資とタスク不確実性の高い労働者を内部化する。雇用関係は企業特殊総合技能の発展を動機づけ，協働を促す組織的インセンティブを提供する内部労働市場であり，雇用区分は組織都合の拘束性を無制約に受け入れる「総合職」となる。逆に，2軸の程度が低ければ，取引は市場との連結を強める必要がある。すなわち労働者を必要に応じてスポットで調達し人的資本投資を行わない外

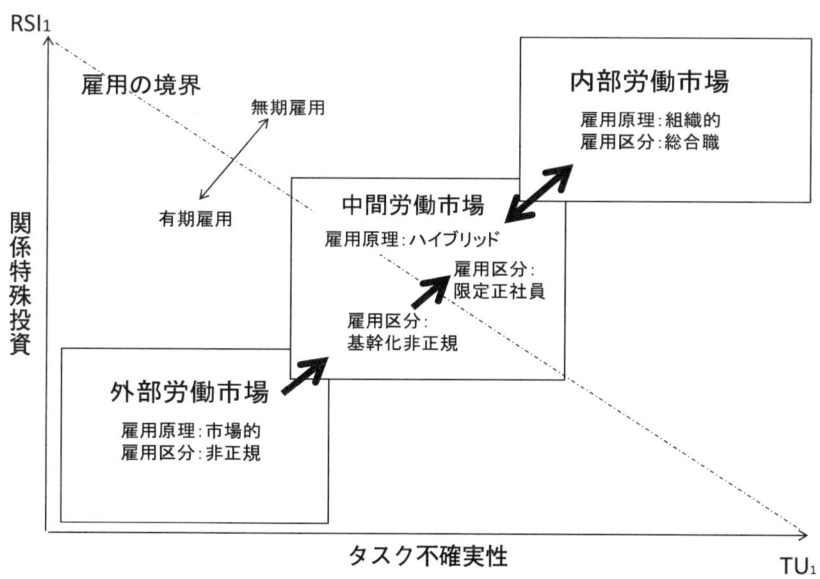

出所：平野（2010），34 頁より一部変更して著者作成。

図 10-2　三層労働市場モデル

表 10-1　労働市場の処遇ルールの対比

労働市場／処遇ルール	外部労働市場	中間労働市場		内部労働市場
雇用原理	市場	ハイブリッド		組織
雇用区分	非正規	基幹化非正規	限定正社員	総合職
雇用期間	短期	有期契約の反復更新	無期	無期
雇用主の雇用保障に対するコミットメント	無	弱	強 ただし条件付き	強
関係特殊投資	弱	中		強
内部昇進	無	上限付き		有
拘束性	低	中		高

出所：平野（2010），35 頁より一部変更して著者作成。

部労働市場であり，雇用区分は非正規となる。

雇用の境界上に位置するのが中間労働市場である。中間労働市場では市場原理と組織原理が相互浸透するハイブリッドな多様な雇用区分が観察されるであろう。ここで線分 RSI_1 — TU_1 は「雇用の境界」すなわち有期と無期の雇用契約を分ける境界線である。中間労働市場の雇用区分は雇用の境界を境にして2つに分かれる。下方側は有期雇用契約を反復して企業特殊総合技能を中程度に高めた質的基幹化非正規である。上方側は雇用保障が「総合職」ほど強くないが無期契約で，転居転勤や職種変更などの拘束性を免れた限定正社員である。

以上の議論から労働市場の選択に対する主要予見が導かれる。「タスク不確実性，そしてとりわけ企業特殊総合技能を高めるための労使間の関係特殊投資の程度が高くなるほど，その雇用関係にいっそう特化した労働市場（雇用区分）——すなわち外部労働市場（非正規）よりも中間労働市場（基幹化非正規・限定正社員），中間労働市場よりも内部労働市場（総合職）——によって管理される」（平野，2010：35頁）。

4. 雇用区分の多元化の課題と展望

（1）同一労働同一賃金

2018年7月に，いわゆる「働き方改革関連法」が成立した。その趣旨は，1）正規と非正規の待遇差の解消を図るいわゆる「同一労働同一賃金」原則の実現と，2）正規の長時間労働の是正である。本章のテーマは前者に関連する。

「同一労働同一賃金」原則が企業に要請する中心的課題は，「職務内容」と「職務内容・配置の変更範囲」が等しいのであれば，等しい賃金を支払うということである。なかでも中間労働市場に位置する質的基幹化非正規と限定正社員の「同一労働同一賃金」を実現することが重要である。その前提となるのが「非正社員—質的基幹化非正社員—限定正社員—総合職」の4つの雇用区分で編成される雇用ポートフォリオである。

しかし，このような雇用区分による従業員のグルーピングは転換制度を整備しないと固定化する。従業員のキャリア意識の変化やライフステージに応じて，柔軟に雇用区分を行き来できるようにすることが肝要である。たとえば，非正規から限定正社員への転換はもとより，出産・育児・介護等ライフイベントに応じて，総合職から転勤や残業が免除される限定正社員への転換も可能にしておくことはワーク・ライフ・バランスの観点からも望ましい。

（2）個別的・動態的マネジメント

新しい雇用ポートフォリオでは，雇用区分の選択は画一的・集団的でなく個々の労働者の希望や能力・意欲に応じて決まる。したがって能力評価と職務評価の指標の精緻化と，管理職の評価能力の向上を図る必要がある。重要な点は，どのような技能を修得し，どのような仕事に従事し，どのような拘束性を受容するならば，非正規から限定正社員へ，限定正社員から総合職になれるのかの基準とキャリア・パスを明示して，従業員の労働意欲を引き出すことである。

非正規の雇用区分の固定化の背景には，不本意非正規雇用者[1)] の正規への移行がうまく進んでいないことがある。雇用区分間の転換制度を利用した非正規から正規への登用を「狭き門」としてはならない。転居を伴う転勤といった組織都合の拘束性を受容できない非正規の事情に配慮しつつ，転換基準を明示して登用の門戸を広げることが望ましい。新しい雇用ポートフォリオをベースにして雇用区分に関わらず全ての従業員の動態的・個別的マネジメントを行うことが求められる。

1）総務省「労働力調査」が定義する不本意非正規雇用者とは，①非正規雇用者であり，かつ②現職についた主な理由が「正規職員・従業員の仕事がないから」と回答した人を指す。

研究課題

1．複数の雇用区分を持ち，かつ非正規から正規への転換制度を整備する企業の事例を調べ，それぞれの雇用区分を三層労働市場モデルに当てはめてみよう。また，どのような条件を満たせば転換できるのかを整理して，それを三層労働市場モデルの2軸と比較してみよう。
2．欧米と異なり日本企業に同一労働同一賃金がこれまで定着しなかった理由を，第2章で学んだ日本型人事管理の観点から考えてみよう。
3．正社員に比べて相対的に低い賃金で働いているにもかかわらず，非正規のモチベーションや公正感が正規と比べて低くないことを実証する研究は少なくない。なぜそのような現象が起きるのか考えてみよう。

参考文献

Atkinson, J.A.（1985）“Flexibility, Uncertainty, and Manpower Management,” *IMS Report*, No. 89, Brighton: Institute of Manpower Studies.

Barney, J.B.（1991）“Firm Resources and Sustained Competitive Advantage,” *Journal of Management*, 17(1), pp.99-120.

Cappelli, P.（2008）*Talent on Demand: Managing Talent in an Age of Uncertainty*, Boston: Harvard Business School Press.〈＝若山由美訳（2010）『ジャスト・イン・タイムの人材戦略―不確実な時代にどう採用し，育てるか』日本経済新聞出版社〉

Doeringer, P.B. & Piore, M.J.（1971）*Internal Labor Markets and Manpower Analysis*, Lexington, Mass.: D.C. Health and Company.

Dore, R.（2004）*New Forms and Meanings of Work in an Increasingly Globalized World*, Geneva: International Labor Organization.〈＝石塚雅彦訳（2005）『働くということ―グローバル化と労働の新しい意味―』中央公論新社〉

Gibbons, R.S. & Murphy, K.J.（1992）“Optimal Incentive Contracts in the Presence of Career Concerns: Theory and Evidence,” *Journal of Political*

Economy, 100(3), pp.468-505.

Hamel, G. & Prahalad, C.K.（1994）*Competing for The Future*, Boston, Mass.: Harvard Business School Press.〈＝一條和生訳（1995）『コア・コンピタンス経営―大競争時代を勝ち抜く戦略―』日本経済新聞社〉

Lepak, D.P. & Snell, S.A.（1999）"The Human Resource Architecture: Toward a Theory of Human Capital Allocation and Development," *Academy of Management Review*, 24(1), pp.31-48.

Williamson, O.E.（1985）*The Economic Institutions of Capitalism: Firms, Markets, Relational Contracting*, New York: Free Press.

Williamson, O.E.（1996）*The Mechanisms of Governance*, New York; Tokyo: Oxford University Press.

伊藤秀史（2008）「市場と組織―原理の相互浸透と企業の境界―」伊藤秀史・沼上 幹・田中一弘・軽部 大編『現代の経営理論』有斐閣，pp.73-102.

伊藤秀史・林田 修（1996）「企業の境界―分社化と権限委譲―」伊藤秀史編『日本の企業システム』東京大学出版会，pp.153-181.

今井賢一・伊丹敬之・小池和男（1982）『内部組織の経済学』東洋経済新報社

今野浩一郎（2010）「雇用区分の多様化」『日本労働研究雑誌』No. 597，pp.48-51.

佐藤博樹（2012）「正社員の限定化と非正社員の無限定化―人事管理の新しい課題―」『日本労務学会 第42回全国大会研究報告論集』pp.201-208.

新・日本的経営システム等研究プロジェクト編著（1995）『新時代の「日本的経営」―挑戦すべき方向とその具体策―』日本経営者団体連盟

総務省統計局（2021）「労働力調査（詳細集計）2020年（令和2年）平均」https://www.stat.go.jp/data/roudou/sokuhou/nen/dt/index.html

鶴 光太郎（2011）「非正規雇用問題解決のための鳥瞰図―有期雇用改革に向けて―」RIETI Discussion Paper Series, 11-J-049. https://www.rieti.go.jp/jp/publications/dp/11j049.pdf

仁田道夫・久本憲夫編（2008）『日本的雇用システム』ナカニシヤ出版

久本憲夫（2010）「正社員の意味と起源」『季刊 政策・経営研究』2号，pp.19-40.

平野光俊（2009）「内部労働市場における雇用区分の多様化と転換の合理性―人材ポートフォリオ・システムからの考察―」『日本労働研究雑誌』No.586，pp.5-19.

平野光俊（2010）「三層化する労働市場―雇用区分の多様化と均衡処遇―」『組織科学』44(2)，pp.30-43.

朴 弘文・平野光俊（2008）「非正規労働者の質的基幹化と組織の境界―分業モデルの構築―」『日本労務学会誌』10(1)，pp.17-30.

労働政策研究・研修機構（2020）「‘コロナショック’は，仕事や生活にどのような影響を及ぼしているのか」『ビジネス・レーバー・トレンド』2020年8・9月号，pp.2-11.

第3部　多様な労働者たち

11　女性労働者と雇用

原田　順子

現代社会における女性労働者は男性労働者とは異なる特徴がある。昔から日本の女性は家族を支えてたくましく働いてきた。しかし戦後の経済構造変化に伴い，農業，自営業に従事する人々（家族従業者を含む）が減少し，かわって大半が雇用者（勤め人，被用者）という社会に変化した。ところが「雇用社会」と「(多面的に人間社会の役割を担う）女性」の相性は良くなく，企業における女性の活躍は縦横無尽というわけではなかった。本章では，女性労働者と雇用について現状と課題を学習する。

<キーワード>　M字カーブ，ポジティブ・アクション，コース別人事管理，ワーク・ライフ・バランス

1．女性労働者の特性

雇用の点からみて，女性労働者は男性労働者と異なる点が多々ある。例えば雇用区分について考えてみると，正規労働者，非正規労働者（パートタイマー等）などの雇用形態に女性労働者の特徴がみられる。総務省の統計区分にしたがって以下に雇用者という用語を使用するが，ここでは雇われて働いている者（被用者）を意味する。**表11-1**に示されるように，雇用形態は男女で異なる特徴がみられる。女性雇用者（役員を除く）の中で，「正規の職員・従業員」は46％と過半数を割っている。対照的に，男性の場合，「正規の職員・従業員」が78％を占める。このように雇用形態は性別によって明らかな差異がみられる。

表中からも労働市場において男女の差異は明確に観察されるが，その背景には女性のライフ・ステージ（人生の諸局面）の特徴があると考え

表 11-1 男女の雇用形態別従業者数

	従業者（万人）	割合（%）
女性雇用者	2,620	100
正規の職員・従業員	1,194	46
非正規の職員・従業員	1,425	54
男性雇用者	3,010	100
正規の職員・従業員	2,345	78
非正規の職員・従業員	665	22

注：雇用者は役員を除いた数値。
出所：総務省統計局（2021）「労働力調査（基本集計）2020年（令和2年）平均結果の要約」より筆者作成。

られる。結婚，出産などにより家庭責任が増す年齢層の女性のなかに労働市場から退出する人が多く，30代の女性が家庭に専念するという傾向は昔から観察される。**図 11-1** は女性の年齢階級別労働力率を表しているが，就学後に就職した女性のうち，相当数の者が30代で仕事をいったん離れ，育児に一区切りつく40歳頃からだんだんと労働市場に再参入する。

この折れ線グラフの形状はアルファベットの大文字Mに似ているため，M字カーブといわれている。M字の谷が昔ほど深く，近年では浅くなってきた。**図 11-1** では2009年と2019年を比較することができるが，2019年の谷は晩婚化・非婚化・少子化（末子の手がかからなくなる時期に影響）などの影響で相対的に浅くなっている。家族関係が労働市場への参入・退出に影響を与えることは**図 11-2** からも明らかである。これによると，有配偶者と未配偶者の労働力率に顕著な差があり，結婚，育児等の家庭責任が働くか否かという判断，どのように働くかなどの判断に影響を与えていると推測される。

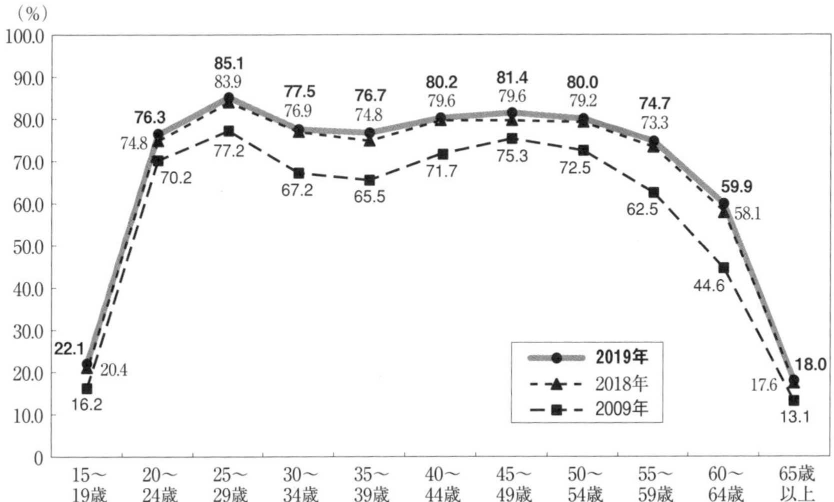

注：労働力率とは，15 歳以上人口に占める就業者と完全失業者の割合である。ここでいう就業者とは，調査週間に 1 時間以上の仕事（雇用者の場合は収入を伴うもの。自営業・家族従業者の場合はその限りではない）をした人のことであり，パート・アルバイト等の短時間労働者を含む。

出所：厚生労働省（2020a）『令和元年版働く女性の実情』，4 頁。

図 11-1　女性の年齢階級別労働力率

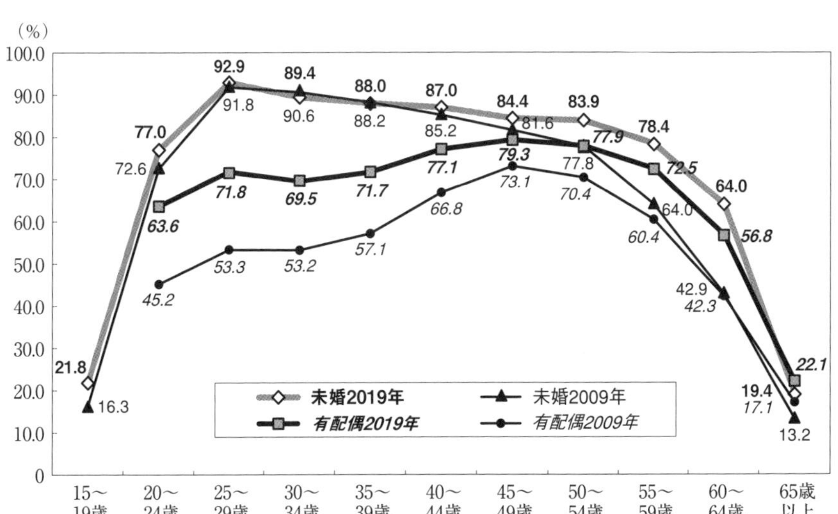

出所：厚生労働省（2020a）『令和元年版働く女性の実情』，5 頁。

図 11-2　女性の配偶関係，年齢階級別労働力率

2. 雇用の場における女性

1985年に男女雇用機会均等法が制定され（1986年施行），その後の改正を経て女性雇用者の社会における状況が変化したといわれている。また，女性雇用者の退職のきっかけである出産，育児，介護に関しては，継続就業を後押しする育児・介護休業法（1995年成立）は，男女共に家庭と仕事の両立を図ることを目的に改正を重ねてきた。2009年に成立した改正法では，一定の条件付きで短時間勤務制度の義務化，所定外労働の免除の義務化，子の看護休暇の拡充，介護のための短期の休暇制度の創設，紛争解決の援助及び調停の仕組み等の創設などが盛り込まれた。法的な整備を背景に女性（特に雇用者）の労働力率は高まってきているが，**表11-1**に示されたように雇用形態が非正規に偏っている。経済力と密接に関連する組織内の地位は上昇しているのであろうか。なぜ，ことさらに地位を問題にするかというと，高い地位にいる者ほど組織の意思決定に影響を有するため，企業社会における女性の影響力の変化を推測するために女性の地位の変化を認識する必要があるのである。社会的アイデンティティ論である「カンター・モデル」では，組織の意思決定には多数派（dominant）の意向が強く働き，少数派は人数が3分の1に達しないとトークン（token）としての限定的・象徴的な役割を与えられることになると論じられている。しかし嶋根（2001）は，女性の数が多いにもかかわらず女性の地位が低いという組織は存在するため，女性の地位に関する組織文化は，単純に全体の3分の1という数値ではなく，組織の意思決定にどれだけ女性が関わっているのかという点にこそあると考えられると分析する。

心理学者である山本（2006）の研究によると，組織内の昇進可能性の認知はキャリア意識（キャリア・コミットメント，キャリア満足，個人と組織のキャリア・プランの一致感，将来のための自己開発意欲等）の高さに有意に影響している（162頁）。また，キャリアの停滞や偏りは，組織間移動（転職）を志向させる。つまり，組織内での上昇移動を検討することは労働の質，人材の成長の観点から重要なのである。

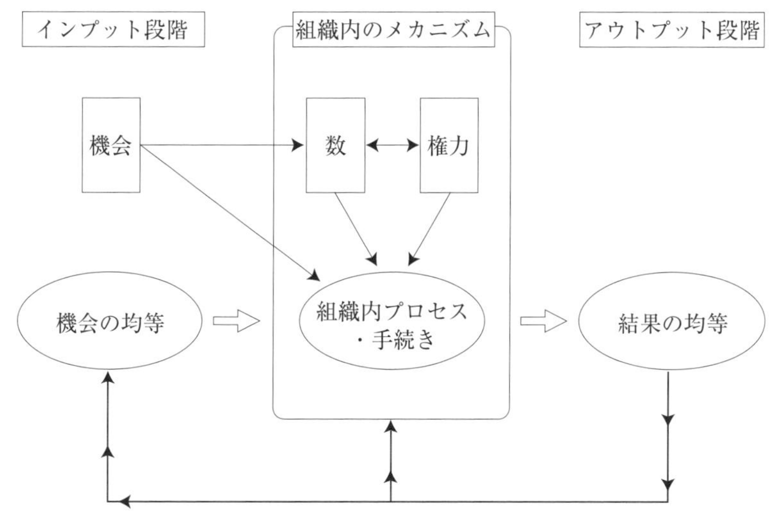

出所：嶋根政充（2001）「経営組織におけるジェンダー問題：機会の均等と結果の均等の視点から」佐野陽子・嶋根政充・志野澄人編著『ジェンダー・マネジメント』第 12 章，東洋経済新報社，310 頁。

図 11-3　機会の均等と結果の均等

図 11-3 に見られるように，インプット段階の「機会の均等」がアウトプット段階の「結果の均等」に結びつくためには，組織内の実質的な慣行や風土が重要な要素となる。女性管理職が増加し，企業の中枢における意思決定に女性が加わることが「組織内プロセス・手続き」を変質させ，「機会の不均等→結果の不均等→機会の不均等」という循環を変える可能性がある。したがって，この節で触れた女性管理職の比率は，経営のジェンダー問題全体を考えるうえで意味がある指標なのである。

男女雇用機会均等法はその名称のとおり「機会の均等」に重きを置いており，「結果の均等」を必ずもたらす強制力はなかった。改正雇用機会均等法では，企業が男女間の格差を解消するための積極的な取り組み，すなわちポジティブ・アクションに対して「国が相談や援助を実施する」と定めた。厚生労働省が均等推進の成果を上げた企業を，1999 年から毎年表彰しているのは，「結果の均等」に対して社会的評価を与えることで，経営組織における女性の地位向上を図ろうとする意図がある。

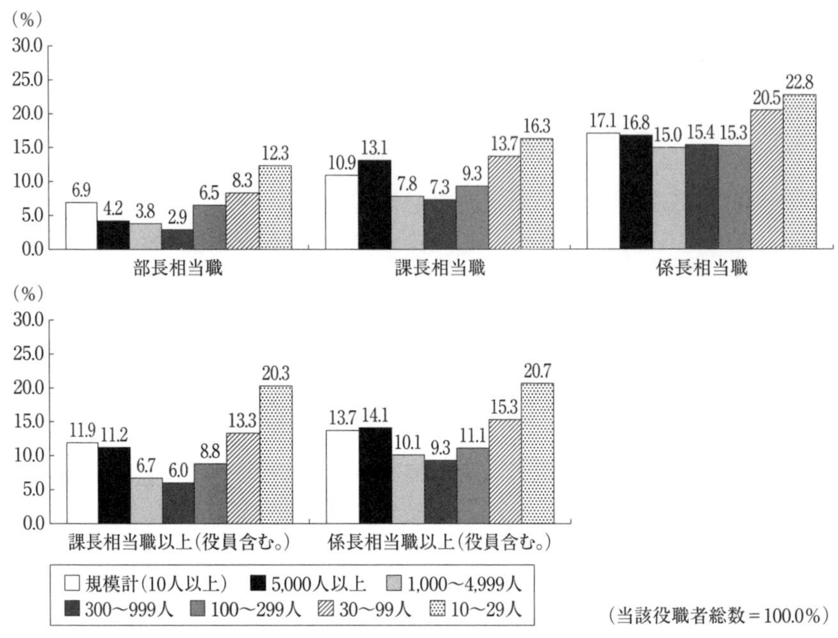

出所：厚生労働省(2020b)「令和元年度雇用均等基本調査(企業調査結果概要)」, 6頁。

図11-4 規模別役職別女性管理職割合

それでは，規模別役職別女性管理職割合を**図11-4**で見ると，係長相当職，課長相当職，部長相当職のすべてにおいて規模別の差異が観察される。特に部長相当職において規模別による違いが顕著である。また女性管理職割合（課長相当職以上）の全産業平均は11.9%であるが，医療・福祉（54.4%）が特に高い。続いて，教育・学習支援業（19.2%），生活関連サービス業・娯楽業（18.1%），宿泊業・飲食サービス業（16.9%），金融業・保険業（14.4%），卸売業・小売業（14.0%）である（厚生労働省，2020b)。

男女雇用機会均等法の成立と前後して，コース別人事管理を導入する企業が増加した。ホワイトカラーの仕事を，基幹的業務を担う総合職と補助的業務を担う一般職に区分する動きが広まり，女性の仕事の幅が広がることが期待されたが，かえって男女の役割固定化を強める面もみられたと評価は分かれる。その後，さらに細かく，勤務地の異動の有無や

表 11-2　総合職，限定総合職，一般職

総合職	基幹的な業務や総合的な判断を行う業務に属し，勤務地の制限がない職種
限定総合職	準総合職，専門職など基幹的な業務や総合的な判断を行う業務に属し，転居を伴う転勤がない又は一定地域内や一定職種内でのみ異動がある職種
一般職	「総合職」「限定総合職」と比して基幹的な業務や総合的な判断を行う業務が少ない職種

出所：厚生労働省（2020b）「令和元年度雇用均等基本調査」，「用語の解説」より，筆者抽出。

その範囲によっても，コースが分類されていった。コースの分類や名称は，企業によっても異なるが，ここでは厚生労働省（2020b）の調査区分にしたがい，総合職，限定総合職，一般職，その他と表す（**表 11-2**）。

3. 社会と組織

募集，採用，配置等の均等取り扱いは，1985 年成立（1986 年施行）の男女雇用機会均等法では事業主の努力義務だったが，1997 年に成立（1999 年施行）した改正雇用機会均等法では禁止事項となっており，「総合職は男性のみ募集」とすることは禁じられている。しかし，2019 年に厚生労働省（2020b）が実施した調査によると，特に総合職は男性中心の傾向が明らかである。**図 11-5** に示されるように，そもそも正社員・正職員は圧倒的に男性が多いため，他の職種（限定総合職，一般職）についても男性が多数を占める。企業組織のなかで，女性のプレゼンスは量（正社員・正職員の数），質（地位，職種）のいずれにおいても男性よりも控えめである。

男女雇用機会均等法によって職業における男女の固定的な役割分担は徐々に変化してきたが，企業における女性の位置づけは劇的に変わったわけではない。男女間で職業意識，就職以前の教育訓練等に差があるとはいうものの，現実の経営組織における男女差にはそれ以上のものがあ

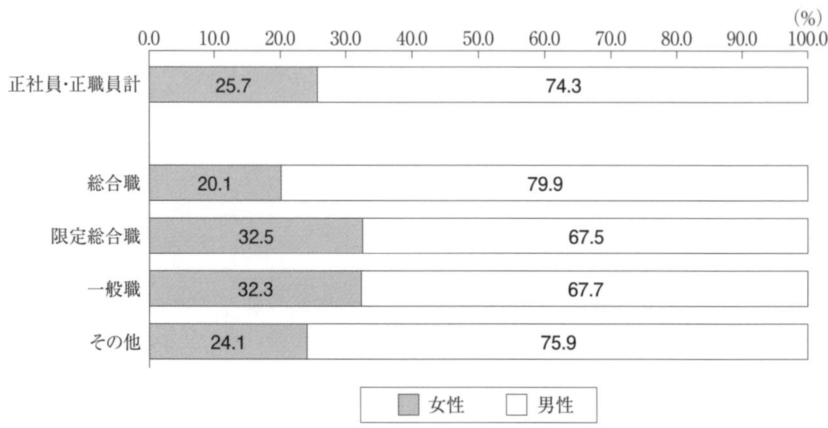

注：職種については，コース別雇用管理制度の有無に関わらず，実質的に近い職種が調査された。
出所：厚生労働省(2020b)「令和元年度雇用均等基本調査(企業調査結果概要)」，1頁。

図 11-5　職種別正社員・正職員の男女比率

るかもしれない。「上司・同僚・部下となる男性や，顧客による差別」の存在は昔からいわれている。それに加えて，雇用主の側からの統計的差別というものもあろう。これは，ある集団（この場合は女性）が期待される事柄（長期継続就業，長時間労働，転勤命令等）をつつがなく達成する確率が低いとき，その集団に属する者（個々の女性）を丁寧に観察して（観察には時間とコストがかかるが）採用・配置・昇進させるより，その集団から採用しない（あるいは重要な部署に配置しない，昇進させない）ことでリスクとコストを節約することである。会社は採用候補者の能力を100％知ることはできない（情報の非対象性が存在する），そのため統計的差別につながる場合がある（Akerlof, 1970）。

また，企業側の女性に対する判断は組織文化とも関連するであろう。組織文化とはメンバーに共有される価値観であり，その理解は組織のコントロールと従業員に組織へのコミットメントを求めるために重要である。経営管理の領域において，組織文化については以下の3つの視点がある（Pemberton, 1995：109-110頁）。

① 異なる国家あるいは社会の文脈の中で，社会のあるいは外部の変数がある組織にどのように影響を与えるか。

② パフォーマンスを高めるために，その組織が行う，あるいは行おうとする内部の現象。

③ 組織のメンバーが有する基本的な仮定と信条から導かれる何か（根源的なメタファー）。

上述したPemberton（1995）の第2の視点では，文化とは組織の歴史に深く埋め込まれた価値，シンボル，慣習であると考えられる。また，文化は組織のメンバーの社会的相互作用を通じて時間をかけて醸成されるものである（Tronpenaars, 1993）。この第3の視点で，シャイン（Schein, 1992：17頁）は文化を観察可能なレベルにより3段階に分けて説明した。すなわち，1）目に見える組織の構造とプロセス（artifacts），2）戦略，ゴール，哲学（espoused values），3）無意識の当然だと思う信条，認識，考え，感じ方（basic underlying assumptions）。例えば，男性の育児休業取得を奨励してみても（artifactの変化），仕事に対する献身が何よりも大切という価値（value）があり，育児は女性の仕事であるという考え方（assumption）があれば，男性の育児休業取得率は高まらないであろう。

組織文化を考えるとき，表面的な方針の転換だけでは真の変化を起こすことは困難であり，組織の中の価値観（value）や当然と考えられている仮定（assumption）までをも考慮し，無意識のバイアスを是正しなければ根本的な変化は期待できないであろう。

4. 今後の課題

女性の性別役割は，社会における価値観や当然とみなされる仮定と深く結びついている。こうした考え方は，次世代に引き継がれる面も多い。ブリントン（Brinton, 1993）は，日本における固定的な性別役割の世代間移転について，次のような循環があると分析した。すなわち，①雇い主が若い男女に対して採用とOJT（On-the-Job Training）投資で差をつける，②次世代の社会化へのフィードバック，③親の子どもに対する男女別の社会化（特に教育についての期待と投資），④典型的な若い成人男女，という順番に循環することで現状が次世代に受け継がれると論じられた。しかし日本では，度重なる法改正，時代の変化（平成以降の不況による家計の悪化，女性の教育水準の向上）などによって，女性の仕事に対する意識は緩やかに変わってきているようである。

こうした意識の変化は調査にも表れている。内閣府は『男女共同参画白書』において，「夫は外で働き，妻は家庭を守るべきである」という考え方について継続調査を実施してきた（内閣府，2020）。この考え方に「賛成」「どちらかといえば賛成」と回答した女性は，かつては多数派であった（例：1992 年時点で「賛成」「どちらかといえば賛成」は 55.6％）。しかし，2019 年では，「賛成」「どちらかといえば賛成」は 31.1％で，「反対」「どちらかといえば反対」の 63.4％を格段に下回っている（「わからない」5.5％）。

法制面では，2019 年に女性活躍推進法の一部を改正する法律が成立，公布された。一般事業主行動計画の策定・届け出義務及び自社の女性活躍に関する情報公表の義務は，常時雇用する労働者が 101 人以上の事業主へと拡大された。また常時雇用する労働者が 301 人以上の事業主は，(1) 女性の職業生活に関する機会の提供に関する実績，(2) 職業生活と家庭生活との両立に資する雇用環境の整備に関する実績の各区分から 1 項目以上公表する必要がある。さらに国は，女性の活躍推進に関する状況等が優良な事業主への認定（「えるぼし」認定）よりも水準の高い「プラチナえるぼし」認定を創設した。なお，えるぼし認定企業等は公共調達において有利な扱いがなされる。

女性の活躍推進のためには，職業生活と家庭生活との両立（ワーク・ライフ・バランス）は重要と考えられる。しかし両立支援が男女の公平性（均等支援）と同時に成り立つだろうか。実務家の雨宮（2007）は両立支援（care）と均等性（fair）のバランスの重要性を指摘する。すなわち，女性の活躍支援の初期段階では，とにかく継続就業ができるように両立支援（care）に重きが置かれがちである。しかし，それだけではやがて女性の管理職比率や職域の拡大が進まなくなる。そこで必要なの

表 11-3　育児休業取得者がいた際の雇用管理の内容別事業所割合（2019 年度，複数回答，%）

育児休業取得者がいた事業所　計	100.0
代替要員の補充を行わず，同じ部門の他の社員で対応した	52.3
事業者内の他の部門または他の事業所から人員を異動させた	25.2
派遣労働者やアルバイトなどを代替要員として雇用した	37.2
その他	9.9
不明	−

出所：厚生労働省（2020b）「令和元年度雇用均等基本調査（事業所調査結果概要）」，19 頁より（当該年度を抽出）。

は均等性（fair）の確保である。社内の教育・育成，配置ローテーション，業務経験などの点で男女の均等性を欠いていれば，女性が組織ヒエラルキーの階段を上がったり，職域を広げたりすることはできないからである。

表 11-3 は「育児休業取得者がいた際にどのような措置がとられたか」という問いに対する回答の事業所割合を示している。最も多かった回答は,「代替要員の補充を行わず,同じ部門の他の社員で対応した」(52.3%) であった。また「派遣労働者やアルバイトなどを代替要員として雇用した」(37.2%),「事業所内の他の部門または他の事業所から人員を異動させた」(25.2%) となっていた。余裕がない中での両立支援については，常に職場の負担，生産性の維持という課題があると考えられる。

研究課題

1．労働力としての女性の特徴をまとめよう。
2．男女雇用機会均等法の成立以降，わが国の雇用社会でどのような変化が起こったか。あなたが観察したことはどんなことだろうか。
3．ワーク・ライフ・バランス施策の長所，短所について考えてみよう。

参考文献

Akerlof, G.A. (1970) 'The market for "lemons" : Quality uncertainty and market mechanism', *Quarterly Journal of Economics*, 84(3), August, pp.488-500.

Brinton, M.C. (1993) *Women and the economic miracle: Gender and work in postwar Japan*, Los Angeles: University of California Press.

Pemberton, C. (1995) "Organizational culture and equalities work", in Shaw, J. & Perrons, D. (eds.), *Making gender work: Managing equal opportunities*, Chapter 7, Buckingham: Open University Press, pp.108-123.

Schien, E.H. (1992) *Organizational culture and leadership*, San Francisco: Jossey-bass Publishers. 〈＝梅津裕良・横山哲夫訳（2012）『組織文化とリーダーシップ』白桃書房〉

Super, D.E. (1980) 'A life-span, life-space approach to career development', *Journal of Vocational Behavior*, 16, pp.282-298.

Trompenaars, F. (1993) *Riding the waves of culture : Understanding cultural diversity in business*, London: Nicholas Brealey Publishing.

大内章子（2010）「大卒ホワイトカラーのキャリア形成と雇用管理」 原田順子編著『多様化時代の労働』第5章，放送大学教育振興会

厚生労働省（2020a）『令和元年版 働く女性の実情』 http://www.mhlw.go.jp/bunya/koyoukintou/josei-jitsujo/19.html （2021年2月28日閲覧）

厚生労働省（2020b）「令和元年度 雇用均等基本調査」 http://www.mhlw.go.jp/toukei/list/dl/71-r01/07.pdf （2021年2月28日閲覧）

嶋根政充（2001）「経営組織におけるジェンダー問題：機会の均等と結果の均等の視点から」佐野陽子・嶋根政充・志野澄人編著『ジェンダー・マネジメント：21世紀型男女共創企業に向けて』第12章，東洋経済新報社

総務省統計局（2021）「労働力調査（基本集計）2020年（令和2年）平均結果の要約」 http://www.stat.go.jp/data/roudou/sokuhou/nen/ft/pdf/youyaku.pdf （2021年9月15日閲覧）

二村敏子編（2004）『現代ミクロ組織論：その発展と課題』 有斐閣ブックス

内閣府（2020）『令和2年版 男女共同参画白書（概要版）』 https://www.gender.go.jp/about_danjo/whitepaper/r02/gaiyou/pdf/r02_gaiyou.pdf （2021年2月28日閲覧）

山本 寛（2006）『昇進の研究〈新訂版〉：キャリア・プラトー現象の観点から』 創成社

12 知識労働者

三輪　卓己

21 世紀は知識社会だといわれている。産業革命以後の工業化社会では，巨大な資本や工場設備が産業の基盤となっていたが，新しい知識社会では，人々が持つ知識や情報が，産業や生活の基盤になるとされている。知識社会を簡単に説明するならば，人々の持つ知識が主たる生産手段となる社会であり，創造的，あるいはユニークな製品やサービスの提供が企業の競争力となる社会だといえるだろう。本章で取り上げる知識労働者（knowledge workers）とは，そうした新しい製品やサービスを生み出す労働者なのであり，彼／彼女らの人的資源管理は，企業の競争力を左右する重要なものになる。

<キーワード>　研究開発技術者，IT 技術者，コンサルタント，自律性，組織間移動，人的ネットワーク，市場志向の人的資源管理，組織志向の人的資源管理

1. 知識労働者の定義と特徴

知識労働者の先駆的な先行研究としては，ドラッカー（Drucker, 1993）やダベンポート（Davenport, 2005）などがあげられるが，そこでは多様な知識労働者がいることが論じられている。本章ではそれらの先行研究に基づき，知識労働者を「何らかの専門知識，ならびに関連する知識や思考力を用いて，知識の創造，伝達，編集，あるいは応用や改善を行う仕事に従事する者」と定義したうえで，研究開発技術者や，IT 技術者などの新興専門職の人的資源管理を考えていきたい。

まず，どのような仕事が知識労働者に該当するのかを整理しておこう。最も古くからある知識労働者は，医師，聖職者，法曹，科学者などのプロフェッショナル（professional）と呼ばれる人材であろう。プロフェッショナルとは，長期的な教育訓練によって得られる体系的な知識が必要

であり，独自の倫理や規範を持っており，公共の利益のために働くような仕事だといえる。そして彼/彼女らの多くは，同業者団体に所属してそれに準拠している（太田，1993）。しかしながら，知識社会の進展によって社会の様々な領域で知識労働が増加し，プロフェッショナル以外の知識労働者が多数現れてきている。それをまとめると次のようになるだろう。

① 企業などの組織に勤務し，新製品や新技術の研究開発に従事する研究者や技術者

② ソフトウェア技術者，経営コンサルタント，各種のアナリスト，プランナー，プロデューサーなど，近年急激に増加した新興専門職

③ 企業などの組織の中で経営企画や事業創造に，あるいは各職能部門における企画や分析，問題解決に従事するマネジャー，およびホワイトカラー

④ 主として定型的な作業やサービスを行いつつも，作業の改善，設備や作業システムの保守・保全などの知的な業務にも従事し，一定の判断力が必要とされる作業労働者

これらをみるとわかるように，ほとんどすべての職種に知識労働者が存在しているといえる。そしてそれらの人々が，それぞれの立場で知識の創造や応用を行っているのである。知識労働者であるか否かを分けるのは，どんな職種であるかというより，どれだけ積極的に創造や問題解決のための思考を行うかなのである。

さて，そうした多様な知識労働者の中でも，①と②に該当する知識労働者は，何らかの専門性に基づいて働く人たちだといえる。それに対し，③と④の知識労働者は従来の組織人が進化し，より企画的な仕事や問題解決に重点的に取り組むようになった人たちだと考えられる。これをみると知識労働者には，汎用的な専門知識や個人の自律性を重視するタイプと，組織の中にある文脈的な知識を活かした企画・提案力や，チーム活動を重視するタイプがあることがわかる。

このようにみてくると，知識労働者の多様性は職種によるものばかりではなく，働き方にも多様性があることが理解できる。ダベンポートは

その多様性を，業務の複雑さと協働の度合いから分類して説明している（図12-1）。

そこには，かなり複雑で高度な仕事に取り組む人と，ルーティンに近い業務にも取り組む人，さらにはチームで働く人と，個人で働く人などが表されている。さらにいえば，例えば経営コンサルタントやIT技術者といった1つの職種の中にも，仕事の難易度やチームワークの程度が異なることがあり得る。先進的で大規模なプロジェクトに参加するようなコンサルタントやIT技術者もいれば，クライアントの日常的な業務の指導や代行をしたり，短期間で小さな問題解決を行う人たちもいる。詳しくは後述するが，こうした知識労働者の多様性ゆえに，その人的資源管理にも多様なものが存在することになる。

以上のように，知識労働者には多様な人たちが含まれるのであるが，その中で本章が取り上げるのは新製品開発に従事する研究開発技術者と，新興専門職である。その理由は以下のようにまとめられる。

まず研究開発技術者や新興専門職は，企業の競争力を生み出す活動に

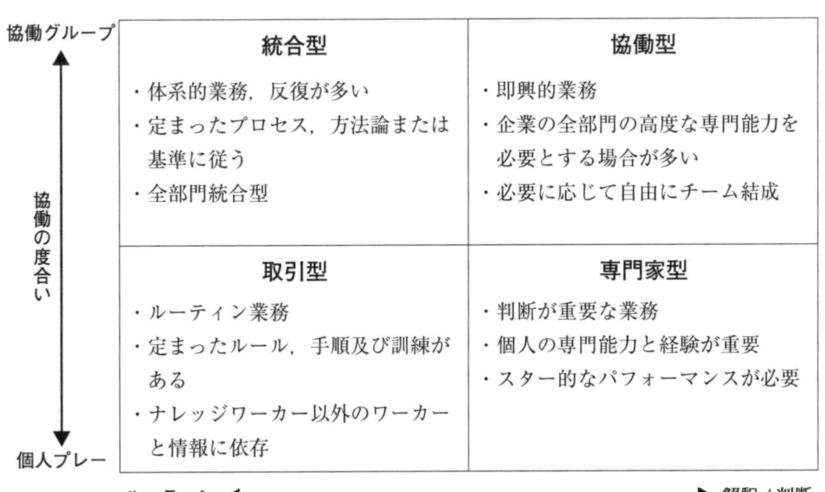

出所：Davenport＝藤堂訳（2006），49頁。

図12-1　知識労働者の分類例（知識労働プロセスのマトリックス）

深く関わる人材であるといえる。研究開発技術者が企業の創造性に寄与することはいうまでもない。また新興専門職は近年急速に増加しており，その社会的重要性も大きくなっている。彼/彼女らの適切なマネジメントを考えることは，今後の社会にとって非常に重要であると考えられるのである。

それに加え，彼/彼女らは後述するように一般的な組織人，あるいはホワイトカラーとはかなり異なる特性を持っている。そのため，そのマネジメントにも新しい視点が必要であると考えられる。おそらくそれは，工業化時代のマネジメントとは異なるものになるであろう。それを詳しく考察することの意義も非常に大きいものだと考えられる。

特に日本企業の人的資源管理は，組織人を育て，活用していく傾向が強い。日本企業で働く人は，組織の中にある知識やスキルを学び，複数の部門で働きながら昇進していくのである。そうしたマネジメントは，研究開発技術者や新興専門職に適合しない恐れがある。日本企業がこれからの知識社会に備え，どのように変わる必要があるかを考えることが重要になると思われる。

2. 研究開発技術者の人的資源管理

(1) 専門職制度

ここからは知識労働者の特徴に合致した人的資源管理を具体的に考えていきたい。まずは研究開発技術者についてである。

研究開発技術者は一般の組織人に比べると，先にみたプロフェッショナルに近い特性を持っているといわれている。もちろん，研究開発技術者の中にも，先進的な基礎研究に取り組む者や，より具体的な製品開発や生産技術開発に取り組む者，顧客に対する技術サービスを行う者など，様々なタイプがあるのだが，基礎研究に近くなるほど，プロフェッショナルとしての特性が強くなるといわれている。

同様に，研究開発技術者は所属する組織に強く準拠しないともいわれている。一般に企業組織で働く人々は所属する組織に準拠し，そこで認められることを目指していると考えられている。ところが，研究開発技術者等，専門的で体系的な知識を用いて働く人々は，組織外の同業者集団に準拠し，そこでの評価を重視する傾向がある。グルドナー（Gouldner, 1957）はそのような人々をコスモポリタン（Cosmopolitans）と呼び，組織に準拠するローカル（Locals）と区別した。ローカル志向が強い事務系ホワイトカラー等は所属する組織への一体感や貢献意欲が強く，組織の価値観や目標を自分のものとして内面化する。ところがコスモポリタン志向の強い研究開発技術者は組織への一体感が弱く，自らの専門性を高めるためには所属する組織を変えることもいとわない。また，ローカル志向の強い人は組織から評価された証しとしての昇進を重視し，マネジャーになることを誇りに思うが，コスモポリタン志向の強い人はマネジャーになることよりも専門的な仕事を継続することを重視するのである。

このように，研究開発技術者には所属する組織よりも自らの仕事や専門性を重視し，昇進などはあまり重視しない傾向がある。そして，そうした彼/彼女らの特性に着目し，それに応えようとした制度に，専門職制度がある。

専門職制度とは，マネジャーへの昇進とは別に，専門性によって昇進できる階梯（ラダー）を設け，優秀な技術者などを処遇する制度である。これにより，優秀な研究開発技術者はマネジャーにならなくても同等に昇進することが可能になる。彼/彼女らは多大な労力を要するマネジメントに関与することなく，純粋に優れた技術的成果をあげることによって，高い処遇を受けることが可能になるのである。

この制度を効果的に活用している企業としては，IBMや3Mなど，アメリカに本社を持つグローバル企業が有名である。それらの企業では，専門職の最上位クラスに格付けられる技術者は，事業部長などのジェネラル・マネジャーと同等の重要な人材として認められている。一方，日本でも同じ制度を導入している企業は多いのだが，あまり効果的な運用がなされていないようである。多くの日本企業では，マネジャーに登用される人のほうを重視する傾向が強いのに加え，年功的に昇進・昇格を果たした人を専門職に加えてしまっているなどの事情があり，専門職制度が形骸化している場合もある。そこでの専門職制度は，必ずしも高度な専門性を尊重した処遇制度とはなっておらず，専門職に登用された技術者が誇りを持って働くことができないのである。先にあげた2社では，①専門職に該当する職種を限定する，②専門職への任命基準等を管理する専門委員会などを設ける，といった工夫を施し，専門職の本来の姿が維持されるように努めている。そのことにより，制度が形骸化することなく，技術者のやりがいを高めるものとして機能しているという。

(2) 自由な発想や働き方を尊重，奨励する制度

その他にも，自由に考えることや挑戦することを奨励することによって，研究開発技術者を動機づけようとする制度や施策がある。例えば研究開発技術者の発明や特許が企業の収益につながった場合に報奨金が支払われる制度がある。近年はそうした制度が充実してきており，金額も高額になってきている。また，自律的な働き方を可能にする制度としては，勤務時間の制約が少ない裁量制勤務等があげられる。創造的な仕事や専門的な仕事は，仕事の手順が決まっておらず，必ずしも上司の細かい管理監督を必要としない場合が多い。それだけでなく，労働時間と成果が比例するとは限らない。そのため本人が労働時間を自由に設定でき，自己管理を原則として働くことのできる制度が導入されているのである。昨今では働き方改革関連法において高度プロフェッショナル制度が注目されたが，それに関する議論もさらに活発になるものと思われる。

そのような中でも，非常にユニークな取り組みの事例として，社内ベンチャー制度があげられるだろう。研究開発技術者は自らのアイディアを試すことや自由に研究できることを重視する。先進的な企業では，優れたアイディアを発案した研究開発技術者がリーダーとなって社内ベンチャー・チームを立ち上げ，自律的な研究開発と事業化ができる制度を整備しているのである。

アメリカの企業である3Mのプロダクトチャンピオン制度はその事例として有名である（榊原，2002)。3Mの研究開発技術者には，「勤務時間の一定比率を自由なヤミ研究にあててもいい」というルールがある。

そしてそのヤミ研究でよいアイディアが生まれた場合は，それを事業化するチャンスも与えられている。良いアイディアを思いついた人は，そのアイディアを社内の事業部長にアピールして，それが認められればスポンサーになってもらうことができる。そのうえで自分のアイディアに賛同してくれるメンバーを集めて，社内ベンチャー・チームを立ち上げることができるのである。

発案者は必要な職能のスタッフを他部門からスカウトし，自らのチームを結成する。そしてそのチームが成功すれば，製品部，事業部へと昇格していくこともある。プロダクトチャンピオンとはこの発案者のことであり，この制度は研究開発技術者の自律性を高めるだけでなく，彼/彼女らのキャリアに大きなチャンスを与える制度にもなっていると考えられる。

3. 新興専門職の人的資源管理

（1）新興専門職の人的資源管理の類型

今度は，新興専門職についてみていきたい。新興専門職についても，従来は研究開発技術者と同様，個人の自律性を重視する人的資源管理が注目されていたといえる。またそれに伴い，個人の能力や業績に応じて大きな格差がつくような，競争的で市場志向の人的資源管理が適合的であるという考え方もなされていた。特に先進的な IT 企業や，名門のコンサルティング・ファームの人的資源管理については，非常に自由な働き方を認める一方で，優秀な外部人材のスカウト，高額な成功報酬やストックオプション，アップ・オア・アウトと呼ばれるような激しい昇進競争があることが議論されてきた（Dickman, Graubner & Richer, 2006 ; Alvesson, 2004）。

しかしそのような企業ばかりでなく，むしろ長期勤続や内部昇進，チームワークを重視する組織志向の企業もあり，新興専門職の人的資源管理は多様であることがわかってきた。もとより，知識労働者，特に新興専門職の仕事には難易度やチームワークの程度において多様性があり，その人的資源管理も一様でないことは容易に推察できる。ただし，そうした多様性に関する詳細な調査や分析は少なく，新興専門職の人的資源管理の実態は把握されていなかった。また従来の研究は欧米企業に関するものが多く，日本の新興専門職については，なかなか研究の蓄積が進んでいなかったといえる。

そのような中で，三輪（2015）ではIT技術者，各種のコンサルタント，金融・保険の専門職を対象として，日本企業に勤務する新興専門職の人的資源管理の調査と分析が行われた。そこにおいて，4つの人的資源管理の類型が見出されたのである。

520名の新興専門職に対するサーベイリサーチにおいて，彼/彼女らの人的資源管理の要素として，①人材育成，②個人成果重視，③提案・創造重視，④外部労働市場活用，⑤能力主義，⑥内部人材登用，⑦プロセス・チーム評価，の7つが抽出された[1)]。この中で，個人成果重視や提案・創造重視，外部労働市場活用などは個人の自律性を重視したものであり，先行研究で注目されていた個人重視で競争的な人的資源管理の要素だといえる。それに対し，人材育成や能力主義，内部人材登用とプロセス・チーム評価は，働く人の熟練や組織活動を重視するものであり，組織重視で協働的な人的資源管理の要素だといえる。また同時にそれは，古くから日本企業で大事にされていた要素だといえるだろう。

表12-1は，それら7つの要素を変数として用いてクラスター分析を行い，実際の企業の人的資源管理にはどのようなものがあるか，類型化して示した結果である。4つの類型が見出されたのであるが，表中でそれぞれの類型ごとに，先の7つの要素の平均点が示され（5点尺度），それらが分散分析によって比較されている[2)]。それをもとに，4つの類型の特徴を整理していこう。

1）これらの各要素は，勤務する企業の人的資源管理について問うたアンケート調査の結果を，因子分析することによって抽出された。なおアンケート調査の質問票の作成にあたり，Dickman，Graubner & Richer（2006），Jacoby（2005），Thite（2004），Alvesson（2004），中村（2006）などを参考にした。

2）各要素（変数）の平均点と標準偏差を算出したうえで，それらの隔たりや分散から，複数の集団の平均点の違いが統計的に有意であるかどうか検証した。

表 12-1　HRM の 4 つの類型（分散分析）

	Ⅰの類型 1段目：平均値 2段目：標準偏差	Ⅱの類型 1段目：平均値 2段目：標準偏差 3段目：Ⅰとの差	Ⅲの類型 1段目：平均値 2段目：標準偏差 3段目：Ⅰとの差 4段目：Ⅱとの差	Ⅳの類型 1段目：平均値 2段目：標準偏差 3段目：Ⅰとの差 4段目：Ⅱとの差	F値
人材育成	3.383 0.596	2.981 0.679 0.403 ***	2.241 0.602 1.142 *** 0.740 ***	2.206 0.625 1.177 *** 0.775 ***	83.521 ***
個人成果重視	4.037 0.791	3.357 0.645 0.679 ***	3.359 0.960 0.678 *** −0.001	2.955 0.654 1.082 *** 0.402 ***	35.198 ***
提案・創造重視	4.109 0.625	3.635 0.680 0.473 ***	3.182 0.802 0.926 *** 0.453 ***	2.772 0.725 1.337 *** 0.864 ***	67.025 ***
外部労働市場活用	4.447 0.548	3.734 0.747 0.713 ***	4.374 0.588 0.074 −0.640 ***	2.784 0.675 1.663 *** 0.950 ***	124.933 ***
能力主義	3.858 0.591	3.274 0.822 0.583 ***	2.453 0.838 1.405 *** 0.822 ***	2.600 0.706 1.258 *** 0.675 ***	70.934 ***
内部人材登用	2.463 0.759	3.862 0.679 −1.399 ***	2.153 0.681 0.311 * 1.709 ***	3.037 0.906 −0.574 *** 0.825 ***	158.003 ***
プロセス・チーム評価	3.793 0.625	3.634 0.591 0.159	3.189 0.787 0.604 *** 0.445 ***	2.875 0.595 0.918 *** 0.759 ***	46.611 ***
内訳	95名 内IT技術者32名 内大企業63名	235名 内IT技術者166名 内大企業77名	95名 内IT技術者29名 内大企業41名	95名 内IT技術者48名 内大企業15名	

（* p<0.05，** p<0.01，*** p<0.001）

出所：三輪（2015），200 頁。

まず一見してⅠの類型で全般的に平均点が高いことがわかる。またⅡの類型も平均点がおしなべて高いが，Ⅰほどは高くない。ⅠとⅡを比較すると，ⅠはⅡに比べて個人成果重視，提案・創造重視，外部労働市場活用が顕著に高いことがわかる。その一方で内部人材登用は明らかに低いことが特徴的である。Ⅰに比べるとⅡの類型は全体的にバランスを取った人的資源管理であり，個人重視で競争的な人的資源管理と組織重視で協働的な人的資源管理の中間に立つ人的資源管理にみえる。

次にⅢの類型は人材育成や内部人材登用の点数が低く，外部労働市場活用や個人成果重視の点数が高い。ⅠやⅡに比べると人材育成や能力主義の点数が低いことから，市場志向で非常に競争的な人的資源管理とみなすことが可能である。そしてⅣの類型は全般的に点数が低い。特に外部労働市場活用や提案・創造重視の点数が低いことから，やや定型的な仕事をして処遇される企業のようである。

以上の結果をみると，Ⅰの類型は成果主義，能力主義が非常に強く，そして内部の人材登用にこだわらないことが特徴だとわかる。名前を付けるとすれば，強い成果・能力主義型と呼ぶことができるだろう。それに対しⅡの類型は，プロセス重視の成果主義型と呼ぶことができる。プロセス重視の成果主義型とは，第6章でみた日本企業独自の成果主義である。これまでの章でみた通り，1990年代以降，多くの日本企業が年功的な人的資源管理を見直し,成果主義的な考え方を導入したのであるが,決して成果主義が徹底されたわけではない。むしろ大半の企業では従来の日本的な人的資源管理の特徴を多分に維持しており，成果だけを評価するのではなく，仕事のプロセスを同様に重視して個人の処遇を決定している。中村（2006）においてそのような人的資源管理の特徴が詳細に分析されたのであるが，そうした日本的な人的資源管理が時代に応じて進化したものを,「プロセス重視の成果主義」と呼んだのである。Ⅱの類型の人的資源管理には，そうした特徴が顕著に現れているといえる。そしてⅢの類型は市場志向型と呼ぶのが適当だろう。市場競争や成果主義を最も強く意識したものだといえる。人材育成よりも外部労働市場を重視し，能力主義よりも個人成果重視の傾向があるので，そう判断するのが望ましいといえる。最後にⅣの類型は非競争型と呼ぶことができるだろう。競争に関わる特徴が特に弱いことから，そう呼ぶのが妥当だと思われる。これらの4類型が示されることにより，新興専門職の人的資源管理の多様性が明らかになったといえよう。

なお，こうした類型の背景として，強い成果･能力主義型の企業では，仕事の先進性や独自性が強く，企業ブランドが高いことが明らかになっている。つまり強い成果・能力主義型は，高度で複雑な仕事をする先進的企業の人的資源管理だといえそうである。一方，市場志向型の企業は厳しい競争下にあり，先進的な仕事をするが，企業内特殊知識の活用や，特定顧客との結びつきはそれほど強くないことがわかっている。そこで働く知識労働者は，高度な専門性を持ち，1つの企業にこだわらずに働いていると考えられる。それに対しプロセス重視の成果主義型の企業は，先進的な仕事をするとは限らないが，企業内特殊知識をよく使うことがわかっている。それゆえ，組織活動を大事にする知識労働者の人的資源管理だと考えることができる。そして非競争型は，小規模で，仕事の先進性や企業ブランドがあまり高くない企業が多いことが明らかになっている。したがって，比較的平易な仕事をする知識労働者の人的資源管理といえそうである。

（2）類型別の意義や問題点

実際の日本企業を調査した結果，このような類型が見出されたわけであるが，それぞれの類型の意義や問題点はどのようなものであろうか。**表12-2**，**表12-3**をもとに考察してみたい。

2つの表は，類型ごとに知識労働者の企業への定着意志，社外での効力感（他社でも働いていけるという自信），部門内外での交流の多さ，さらには成長感や有能感の平均点をまとめ（5点尺度），分散分析でそれらを比較したものである。

企業にとって知識労働者が定着することが重要であることは疑いのないことである。その企業が知識集約的あればあるほど，人材は唯一の経営資源に等しくなる。優秀な知識労働者が離職するということは，企業

表 12-2 HRM の類型別の企業への定着と相互作用（分散分析）

	1. 強い成果・能力主義 1段目：平均値 2段目：標準偏差	2. プロセス重視の成果主義 1段目：平均値 2段目：標準偏差 3段目：1との差	3. 市場志向 1段目：平均値 2段目：標準偏差 3段目：1との差 4段目：2との差	4. 非競争 1段目：平均値 2段目：標準偏差 3段目：1との差 4段目：2との差	F値
企業への定着	4.040 0.859	3.651 0.746 0.389 ***	3.382 0.936 0.658 *** 0.269 *	3.056 0.762 0.984 *** 0.595 ***	26.023 ***
社外効力感	3.821 0.796	3.285 0.888 0.536 ***	3.593 0.937 0.228 −0.308 *	3.358 0.804 0.463 ** −0.073	9.858 ***
部門内の交流	3.975 0.658	3.698 0.700 0.277 *	3.530 0.873 0.446 *** 0.168	3.368 0.816 0.607 *** 0.330 **	11.562 ***
部門間の交流	3.632 0.914	3.287 0.881 0.345 *	3.049 1.080 0.582 *** 0.238	2.905 0.864 0.726 *** 0.382 **	11.410 ***

（* p<0.05, ** p<0.01, *** p<0.001）

出所：三輪（2015），225頁。

にとっては貴重な経営資源を失うことを意味する。知識労働者には組織間移動が少なくないとしても，多くの知識労働者が短期間で離れていくような状態は望ましくない。

それに対し，社外効力感の強さは，知識労働者が持つ知識の社会での有用性を意味している。それが強い人が多い企業には，有能な人材が多いということもできる。企業にとっては，社外効力感の強い知識労働者が自社に定着するというのが理想であるが，そのようなことを実現する人的資源管理はどのような類型であるかが重要になる。

他方，部門内外の交流（相互作用）の多さは，知識労働者が協力し合い，お互いの知識を提供しあう程度を示している。これが実現することの意義も企業にとって非常に大きい。個人の持つ知識が組織の知識とな

表 12-3　HRM の類型別の成長感と有能感（分散分析）

	1. 強い成果・能力主義 1段目：平均値 2段目：標準偏差	2. プロセス重視の成果主義 1段目：平均値 2段目：標準偏差 3段目：1との差	3. 市場志向 1段目：平均値 2段目：標準偏差 3段目：1との差 4段目：2との差	4. 非競争 1段目：平均値 2段目：標準偏差 3段目：1との差 4段目：2との差	F値
成長感	3.944 0.671	3.657 0.657 0.287 **	3.623 0.762 0.321 ** 0.034	3.454 0.630 0.489 *** 0.203 †	8.609 ***
有能感	3.995 0.637	3.516 0.753 0.479 ***	3.556 0.906 0.439 *** −0.040	3.413 0.749 0.582 *** 0.103	11.396 ***

（† p<0.10, ＊ p<0.05, ＊＊ p<0.01, ＊＊＊ p<0.001）

出所：三輪（2015），231 頁。

り，より優れたものに進化する可能性があるからである。同様に，知識労働者が成長感や有能感を実感できることの意義も大きいといえるだろう。2つの表の分析は，どんな人的資源管理においてそれらが顕著になるのかを示している。

表 12-2 によると，すべての項目で強い成果・能力主義の平均点が最も高いことがわかる。しかも，他の類型と統計的に有意な差がある。このことから，強い成果・能力主義型においてこうした意識や行動が強くなることがわかるといえるだろう。そして企業への定着と相互作用については，それに次いで高いのがプロセス重視の成果主義型である。ただし，市場志向型との差は統計的に有意ではないので，双方の差は確かなものだとはいえない。また反対に，社外効力感については市場志向型の方がプロセス重視の成果主義型よりも平均点が高く，しかも双方に有意な差がある。これらのことから，社外効力感が強い人が多いのは，組織重視の人的資源管理ではなく，個人や成果重視の人的資源管理であることがわかる。そして最後に非競争型はすべての項目が最も低い結果となった。そのことから，知識労働者の人的資源管理はある程度競争的であるほうが，企業への定着や相互作用が強くなることがわかる。

次に**表 12-3** は，類型ごとに知識労働者の成長感，有能感の平均点をまとめ（5点尺度），分散分析でそれを比較したものである。

それによると，強い成果・能力主義型が最も平均点が高く，次いでプロセス重視の成果主義型と市場志向型であり，そして非競争型が最も低いことがわかる。さらに，強い成果・能力主義型と他の類型との間には統計的に有意な差がみられるが，プロセス重視の成果主義と，市場志向型ならびに非競争型との間には統計的に有意な差はみられない。知識労働者の成長感と有能感においては，強い成果・能力主義型が突出した結果がみられたといってよいだろう。

これらの結果から，知識労働者が企業に定着し，活発に交流し，成長できるのは，強い成果・能力主義型の人的資源管理であると推察される。一方，非競争型はそれらのすべての点数が低いことから，知識労働者の人的資源管理は，基本的にメンバーの競争を促すような，成果や能力を問うものが望ましいことがわかる。ただし，市場志向型と強い成果・能力主義型の結果を比較するならば，競争を促すだけでなく，人材育成にも力を入れることが必要だと考えられる。これらの結果から，古くから注目されてきたように，新興専門職の人的資源管理においては，個人の自律性や市場競争を重視したものが大事であることが見てとれる[3)]。しかしながら，単に競争的にするだけでなく，そこに人材育成の要素を組み入れることが必要であることもわかる。それによって，社外で通用する知識労働者が企業に定着してお互いに協力し，成長していくことにつながるのだと思われる。

（3）知識労働者を惹きつけているものは何か

日本企業を対象とした調査と分析の結果，以上のような結果がみられたのだが，なぜそうなったのだろうか。なぜ強い成果・能力主義では，

3）もちろん企業の特性によって適合する人的資源管理は異なる。それほど複雑でない業務を確実に遂行する企業では，競争的な人的資源管理は効果的とはいえない。またそうした企業では人材が定着しなくても，比較的容易に代替要員を調達できることもある。

厳しい競争があるにも関わらず，（日本的なプロセス重視の成果主義よりも）知識労働者がそこに留まり，協力しようとするのだろうか。その理由を考えてみたい。

まず考えられるのは，それに該当する企業では先進的で面白い仕事があることである。三輪（2015）の分析の結果，これらの企業では仕事の先進性，独自性が高いことがわかっている。そうした仕事は難しい仕事であると同時に，やりがいのある面白い仕事でもある。知識労働者はそうした仕事そのものや，仕事を通じた成長に魅力を感じていることが推察される。

次に承認の機会があることが考えられる。自律的な知識労働者は，自らの仕事の内容やその結果に強い関心を持っているものと思われる。そうであれば，多少厳しくても自分の成果がしっかり評価され，承認される仕組みがあったほうが働きがいがあるだろう。彼/彼女らは自分の仕事の価値や意義を確認したいのだと思われる。

次に，これらの企業では人的資源管理上の制約が少ないことがあげられる。ここでいう制約とは，人事考課結果の分布制限や昇進・昇格速度のコントロールといった施策のことを指す。これらの施策は日本企業でよく行われているが，それによって人的資源管理の全社的な秩序が維持されている。その一方でそれらは人材の登用や報酬の制約条件となり，突出した人材の思い切った抜擢や，承認をしにくくしてしまっている。強い成果・能力主義の企業ではそうした制約が少なく，活躍した知識労働者が早く抜擢されたり，高い報酬を与えられたりしている。その自由闊達さが，彼/彼女らにとっての魅力になっていると思われる。

最後に，これらの企業では知識労働者同士で承認し合っており，そのことが彼/彼女らを競い合いながら協力し合わせているのだと考えられる。ドラッカーやダベンポートも指摘しているように，知識労働者は優秀な同僚と働くのを好むのであるが，強い成果・能力主義の企業では成長感や有能感の高い人が多く，優秀な人が切磋琢磨する状態になっているものと考えられる。そのことが，知識労働者が定着し，競争しながらも協力し合う理由になっているのだと考えられる。

4. 知識労働者の獲得と柔軟な活用

最後に，これからの知識労働者の人的資源管理の課題を展望したい。これまでの議論に基づいて考えるならば，従来の日本的な人的資源管理の限界を認識したうえで，彼／彼女らの自律性を活かすようなマネジメントが必要になるはずである。ここでは特に，知識労働者の獲得と長期的な活用に焦点を当てて，今後の日本企業の課題を議論していきたい。

まず重要になるのが，徐々に激しくなりつつある国際的な人材の獲得競争に対処することである。特にITやAIの技術者において顕著なのであるが，高度な技術者や新興専門職は多くの企業から引く手あまたの存在になっている。そのため，彼／彼女らが働きやすい環境づくりが多くの企業で進められており，それと同時に賃金の高騰も起こりはじめている。

例えばアメリカのシリコンバレーでは，IT技術者の平均的な年収は日本円で1,000万円を超えており，優秀な人は30歳代で3,000万円以上に達する。それだけ優秀な知識労働者の争奪戦が行われているわけであるが，年功的賃金カーブが残っている日本では20歳代の年収は非常に低く，ピークに達するのは50歳代でその金額は750万程度である（『日本経済新聞』2019年3月21日朝刊）。すでに多くの企業が国籍を問わず知識労働者の獲得競争を繰り広げているわけであるが，少なくとも賃金に関していえば，日本企業が他国に比べて有利だとは言えないだろう。第6章でも少し触れたことであるが，優秀な人材や希少な人材を確保したければ，日本企業は外部競争性を意識した賃金制度を導入する必要がある。いくつかの日本企業において，優秀な新人の技術者に年収1,000万円を支払うような制度を導入した例も見られるようになったのだが（『日本経済新聞』2019年7月9日朝刊），こうした人材獲得競争への対処は今後さらに求められてくると思われる。

そしてもう1つの重要な課題となるのが，技術者や新興専門職を長期的に育成，活用していくための仕組みの構築である。知識社会が進展するのと同時に，高齢社会が急速に進んでいるのであるが，それに伴い，知識労働者が長く働き，活躍できるようにすることが求められている。これまでの知識労働者に関する議論は，若年から壮年の人たちを対象にしたものが中心であったが，今後は中高年の知識労働者の活用に注意が向けられるべきである。年々増加してくる彼/彼女らを長く活躍させることができなければ，企業は貴重な人的資源を失うことになるだろう。したがって，中高年の知識労働者の有効活用は，これからの企業にとって重要なテーマになるのである。

ただし，1つの企業内で知識労働者を長期雇用して活用することだけが望ましいわけではない。転職などを通じて，複数の企業や異なる環境で活躍を続ける知識労働者も増えてくるべきである。企業の立場からいえば，人材の入れ替えを通じて状況に合った中高年知識労働者を獲得・活用することが必要になる。人生100年時代のキャリアを論じたグラットンとスコット（Gratton & Scott, 2017）では，中高年以降に転職するキャリアや，年齢に応じて働き方や専門分野を変えていくキャリアが論じられているが，おそらく，これからますます長くなるキャリアを有意義なものにするためには，そうした変化や柔軟性は必要不可欠なものになるだろう。これまでの日本企業の人的資源管理は，高齢者の能力を十分に活用するものではなく，中高年の柔軟な働き方を可能にするようなものではなかった。その改革が，今後の企業の課題になるものと思われる。

研究課題

1．日本の組織の人的資源管理は，チームや組織活動を重視するといわれているが，それは最先端の研究者に適したものか考えてみよう。
2．知識労働者は転職や独立が可能であるとみた場合，企業等の組織はどんなことに注意して人的資源管理を行うべきか考えてみよう。
3．いろいろな産業（ゲーム，マスコミ，広告，対人サービス等）の知識労働者を取り上げ，その人的資源管理について調べてみよう。

参考文献

Alvesson, M.（2004）*Knowledge Work and Knowledge-Intensive Firms*, Oxford: Oxford University Press.

Davenport, T.H.（2005）*Thinking for a Living: How to Get Better Performance and Results from Knowledge Workers*, Boston: Harvard Business School Press.〈＝藤堂圭太訳（2006）『ナレッジワーカー』ランダムハウス講談社〉

Dickmann, M., Graubner, M. & Richer, A.（2006）"Human resource management in international consulting firms: Distinguishing second and third wave company patterns", in Domsch, M.E. & Hristozova, E. edts. *Human Resource Management in Consulting Firms*, Springer, pp.53-83.

Drucker, P.F.（1993）*Post Capitalist Society*, New York: HarperCollins.〈＝上田惇生訳（2007）『ポスト資本主義社会』ダイヤモンド社〉

Gouldner, A.W.（1957）'Cosmopolitans and locals: Toward an analysis of latent social roles- Ⅰ', *Administrative Science Quarterly*, Vol. 2, pp.281-306.

Gratton, L. & Scott, A.（2016）*The 100-year Life : Living and Working in an Age of Longevity*, Bloomsbury Information Ltd.〈＝池村千秋訳（2017）『LIFE SHIFT』東洋経済新報社〉

Jacoby, S.M.（2005）*The Embedded Corporation*, Princeton: Princeton University Press.〈＝鈴木良始・伊藤健市・堀 龍二訳（2005）『日本の人事部・アメリカの人事部—日本企業のコーポレート・カバナンスと雇用関係—』東洋経済新報社〉

Thite, M.（2004）*Managing People in the New Economy: Targeted HR Practices that Persuade People to Unlock Their Knowledge Power*, New Delhi: Response

Books.
Toffler, A. (1980) *The Third Wave*, New York: W. Morrow & Co., Inc. 〈＝徳山二郎監修，鈴木健次・桜井元雄他訳（1980）『第三の波』日本放送出版協会〉
太田　肇（1993）『プロフェッショナルと組織―組織と個人の「間接的統合」―』同文舘出版
榊原清則（2002）『経営学入門（下）』日本経済新聞社
中村圭介（2006）『成果主義の真実』東洋経済新報社
三輪卓己（2011）『知識労働者のキャリア発達―キャリア志向・自律的学習・組織間移動―』中央経済社
三輪卓己（2015）『知識労働者の人的資源管理―企業への定着・相互作用・キャリア発達―』中央経済社

13 感情労働者

野村　佳子

本章では，業務の遂行において自分の感情をコントロールすることが求められる「感情労働」を取り上げる。感情労働は対人サービスにおいて，顧客とのやり取りの中で求められるものであり，総務省の統計によると，現在わが国でサービス関連業種に従事する労働者は全体の7割以上にのぼっている。飲食業・宿泊業・旅行業といった対人サービスの代表的な仕事への従事者が増えているほか，製造業などであってもアフターサービスやカスタマーサービスのようにサービスが業務に組み込まれるようになったことが理由である。このような状況下で企業が自社の業績を上げていくためには，サービス提供者を適切にマネジメントすることが必要であり，そのためには感情労働についての理解を深めることが重要である。

<キーワード>　感情労働，サービス，感情不協和，バーンアウト，対処行動

1. 感情労働とサービスの概念

（1）感情労働の定義と特徴

人の気持ちは顔の表情に表れる。エクマンとフリーセン（Ekman & Friesen, 1975）は，顔は静的なもの，ゆっくりしたもの，素早いものの3タイプの信号を発しているとしている。静的な信号は，骨格や皮膚の色，目鼻立ちなどを指し，ゆっくりした信号は，年とともに刻まれた皺や皮膚の張りなどを指す。素早い信号は，顔の筋肉の動きによって顔貌が一時的に変化することを指しているが，それはすぐに消えてしまうものである。この3つの信号のうち，感情の表出に関わるものは3つ目の素早い信号であり，相手の感情に気づくためには，この瞬時のわずかな変化を見逃さないようにしなければならない。

これら3つの信号は意識的に隠すこともできる。エクマンとフリーセ

ンは，静的な信号とゆっくりした信号は，化粧やサングラスなどによって隠すことができ，素早い信号は筋肉の動きの抑制や別の表情によって覆い隠すことができるとしている。

感情を隠すことが求められるのは，特に職場においてであろう。例えば，プロフェッショナルといわれる職業の人が不安な様子をみせたり，ケアに携わる人が嫌悪の表情を浮かべたりすると，顧客からの信頼を得ることは難しい。航空機の客室乗務員やホテルのフロント係が不機嫌な表情のまま応対したのでは，顧客はもう二度と利用しようとは思わないだろう。

自然に湧き上がる感情を隠したり，その場にふさわしいと思われる感情を表出したりする感情の管理は，対人サービスにおける顧客とのやり取りのプロセスで求められるものである。対人サービス従事者は，自分の感情がどのような状態であってもそれを押し殺して，顧客に「感じよく」対応しなければならない。なぜならば接客時の評判がその企業の評判となり，顧客の拡大や再利用につながるためである。反対に，顧客が応対に不満を持つと，それが苦情となって，解決に大きなコストがかかってしまったり，悪い評判が広まってしまったりする可能性がある。あるいは，不満を持った顧客は，無言でその企業のサービスを利用することをやめてしまうということもあるだろう。

対人サービスに従事し，自分の感情を組織（企業）のためにコントロールしなければならない業務を，アメリカの社会学者であるホックシールド（Hochschild, 1983）は「感情労働（emotional labour）」と呼び，その業務に従事している労働者を「感情労働者」と呼んだ。ホックシールドは「この労働を行う人は自分の感情を誘発したり抑圧したりしながら，相手のなかに適切な精神状態――この場合は，懇親的で安全な場所でもてなしを受けているという感覚――を作り出すために，自分の外見を維持しなければならない」（Hochschild ＝石川・室伏訳，2000：7頁）とし，感情労働には3つの特徴があるとしている。「まず第一に，このような職種では，対面あるいは声による顧客との接触が不可欠である。第二に，それらの従事者は，他人の中に何らかの感情変化――感謝の念や恐怖心等（筆者注：集金人等の場合）――を起こさせなければならない。第三に，そのような職種における雇用者は，研修や管理体制を通じて労働者の感情活動をある程度支配する」（同上：170頁）というものである。

サービスを商品としている企業が利益を上げていくためには，そのサービスが顧客から選ばれなければならず，企業や組織は望ましい応対について教育や研修を実施し，サービス提供者が表情や声の調子などをコントロールして，顧客に対応することを求められるのである。

（2）サービスの概念と特徴

感情労働は対人サービスと密接な関係があるため，感情労働を理解するうえで，サービスの特性を理解することが必要である。ここで感情労働者が提供するサービスの特性についてまとめておきたい。

まず，「サービス」とは何かを考えてみよう。日本では「サービス」というと，おまけや無料などという意味で使われることがある。お店で「サービスしておきます」と言われれば，通常よりも量を多くしてくれたとか，何かをおまけにつけてくれたことを意味する。また，「ランチセットを注文した方には，ドリンクをサービス」といえば，ランチセットの料金を支払えば，ドリンクは無料でついてくるということを意味する。

アメリカでは1970年頃から，現場からの要請に応える形でサービス・マーケティングの研究が行われ，研究者がサービスの定義を試みてきた。クインとギャノン（Quinn & Gagnon, 1986）は「サービスとは，主たる成果として製品も物も生まないすべての経済活動を指す」として，製品との対比でサービスを定義している。コトラー（Kotler, 1967）は「他者に対して提供される活動もしくは便益であり，本質的に無形で，購入者に所有権を一切もたらさないもの」としている。また，グリュンルース（Grönroos, 1978）は「サービスとは，無形性という特徴を少なからず備えた活動，もしくは一連の活動であり，通常は顧客がサービス提供者，物的資源や財，およびサービス提供システムと相互作用を与えることによって生まれるが，必ずしもそのように生まれるとは限らない。

サービスはまた，顧客の抱える問題に対する解決策として提供されるものでもある」として，ともにサービスの無形性が重要な特性であることを強調しながら，サービスは活動であることを明らかにしている。このことから，サービスは「無形であり，サービス提供者と消費者の相互作用を必要とするあらゆる経済活動」（Desmet *et al.* =デスメット他，白井監修，2004：14頁）と定義することができる。サービスは経済活動であることから，市場での取引の対象となり，有償である。この定義に照らせば「おまけ」や「無料」を意味する「サービス」は，日本独自の使い方であることがわかるだろう。

サービスにはモノとは異なる4つの特徴がある。詳しくみていこう。

サービスの第1の特徴は，無形であるということである。サービスは提供者と顧客との相互作用を必要とする活動であるため，形がない。これがサービスとモノの最も大きな違いである。モノは実際に目で見ることができ，大きさや手触り，色や匂いなどを確かめることができるが，サービスはそれができない。

サービス自体は無形であるが，商品は有形のモノとサービスとの組み合わせで構成されるため，商品によって無形性の度合いが異なってくる。一例として，ファーストフード店と高級フランス料理店を比べてみよう。ファーストフード店に来店する顧客の目的は，手軽に早く食事を済ませたいということなので，有形の食べ物が素早く提供されること，そして価格があまり高くないことが重要な点である。一方，高級フランス料理店を訪れる顧客は，記念日を祝うことが目的かもしれないし，優雅な雰囲気の中でゆっくり食事をすることが目的かもしれない。この場合は有形である料理と同程度，あるいはそれ以上に店の雰囲気や洗練されたサービスなどが重要となる可能性があり，無形性の部分はファーストフード店よりもずっと大きくなる。そしてこの無形の部分がサービスの評価に関わり，無形性が大きくなるほど評価は難しくなる。

ザイタムル（Zaithaml，1981）は，製品の品質を色や感触，匂いなどによって購入前に評価できる「探索的品質」と，味や使い心地など，購入後や消費段階でないと認識できない「経験的品質」，購入後あるいは消費後ですら評価できないことがある「信用的品質」の3つに分類している。サービスは無形性という特性ゆえに,「経験的品質」と「信用的品質」が重要であるとし,購入前に品質のヒントを与えるために,無形のものを有形にすることがサービスのマーケティングにおいて重要だとしている。例えば,ホテルマンの身だしなみなどがその一例であり,制服の管理状態や清潔さ,髪形などを見れば,そのホテルのサービスの質をある程度判断することができる。

また,サービスは事前評価ができないことから,消費者は手掛かりを実際に利用した人の経験に求めることがある。いわゆる「クチコミ」である。SNSが普及した昨今,レストランやホテル,観光地などのクチコミサイトの利用者は多く,サイトでの評価を基準に人気度が発表されることもある。クチコミサイトの一番の課題は信憑性であるが,悪意のある投稿者によって虚偽の投稿がなされた場合でも企業がとることのできる対応は限られている。信憑性の低いサイトはいずれ淘汰されていくであろうが,企業とサイトの運用会社は協力して,消費者が安心して参考にすることができるように,信憑性と信頼性を担保していくことが必要である。

サービスの2つ目の特徴は,サービスは提供されたその場で消費が行われるということ,つまり,サービスの生産と消費は同時であるということである。モノの場合は,地理的に隔たった工場等で製品が生産され,流通システムを通して消費者が購入する場所まで運ばれてくる。生産から消費まで時間差があるため,モノは売れなければ在庫しておくことが可能であるが,サービスは生産と消費が同時に行われるため,在庫しておくことができない。

例えば,宿泊サービスを考えてみよう。客室300室のホテルで今日の利用状況が200室だとすれば,利用されない100室は今日利益を生むことはない。この100室を在庫として取っておき,お盆や年末年始の混雑する時期に300室に上乗せして販売することなどはできないのである。

サービスの3つ目の特徴は,結果が異質であるということである。前述したように,モノは生産されてから消費されるまでに時間差があるため，製造工程の中で品質のチェックをすることが可能である。不都合があるものや不良品は原則として流通しないため，スペックが同じものであれば，品質は均質であることが前提となる。しかし，サービスは生産と消費が同時であることに加え，サービス提供者と顧客，そして環境という不安定な要素が関わるため，常に結果が異なってくる。サービス提供者も顧客も人間であり，その時々によって状況や心理状態も異なること，サービスが提供される時間や天候，季節といった環境の変化が関わることなどが，サービスの品質を毎回異なったものにする原因である。

例えば，以前宿泊したときに，静かで優雅な雰囲気が気に入ったホテルで記念日を過ごそうと予約した日に，ロビーが団体客でごった返していた場合や，テーマパークに行った日が大雨であった場合などを考えてみよう。サービスがいい印象を持ったときと同じように提供されていたとしても，騒がしいロビーや悪天候といった環境が与える影響のせいで，サービスの品質評価は前回ほど高くはならないであろう。

サービスの 4 つ目の特徴は，サービスは結果とプロセスが重要であるということである。モノを購入する動機は機能やデザインなど様々であろうが，きちんと動かないといった場合は，不良品として交換の対象となる。すでにみたとおり，サービスの場合は生産されるその場で消費がなされるため，常に結果が変わる可能性があり，環境などによって求めるものと結果が異なる場合もある。しかし，そのような場合でも，サービス提供者が目の前で，何とか自分の希望に沿うように努力してくれた場合はどうだろうか。結果としてはうまくいかなかったが，「自分のために，あんなに一生懸命やってくれたのだから」というプロセスへの評価が全体としての高評価につながる可能性がある。モノの場合は，製造の過程で担当者がどれほど一生懸命働いていても，それは消費者には関係なく，結果としての品質のみが評価の対象となる。

また，サービスの場合，結果が良くてもプロセスが悪いために，評価が下がってしまうこともありうる。例えば，タクシーを利用した際に，目的地まで無事に着いたが，運転が荒く，怖い思いをしたというのがその例である。そのようなことがあると，そのドライバーのタクシーを二

表 13-1 サービスとモノの違い

サービス	モノ
無形	有形
生産と消費が同時	生産と消費が別
結果が異質	結果は均質
結果とプロセスが重要	結果が重要

（筆者作成）

度と利用しようとは思わないだろう。サービスにおいては，結果とプロセスの両方が重要で，どちらも評価の対象となるのである。

以上のサービスの4つの特徴をまとめ，モノと比較したものが**表 13-1**である。

（3）サービスの提供と感情労働

前述したとおり，サービスは無形であるため，事前に品質についての評価はできず，提供されたときに初めて顧客がそれを消費するということになる。サービス提供者は顧客の状況やニーズに細心の注意を払い，それぞれの顧客に最もふさわしいと思われるやり方でサービスを提供しなければならない。サービス提供者と顧客との一度きりの相互作用の機会に，顧客に自社や自社のサービスによい感情を持ってもらわなければならないが，前もってサービスを準備しておくことができず，やり直しがきかないためである。

顧客の状況は千差万別であり，常に丁寧にじっくりと説明をすることがよいサービスではない。急いでいる顧客には，必要最小限のことだけを簡潔に説明するほうがよいサービスだと感じられることもあるだろう。もし，顧客の状況を読み間違えたり，顧客のニーズに合ったサービスを提供できなかったりすると，高い品質のサービスを提供したとはいえず，顧客の評価も高くなることはない。

サービスの評価は顧客の主観に基づく部分が大きく，サービス提供者がよいと判断するサービスを提供するのではなく，顧客の目線に立って，顧客がよいと思うであろうサービスを提供しなければならない。それゆえサービス提供者は顧客の状況を敏感に察知して，自分の感情を管理しながら行動することが求められるのである。

総務省の統計によると，現在わが国でサービス関連業種に従事する労働者は全体の 7 割以上にのぼっている。経済の発展に伴い，経済活動の重点が農林水産業などの第一次産業から，製造業などの第二次産業，そして非製造業・サービス業である第三次産業へと移ることが知られているが，この現象を「経済のサービス化」という。

飲食業・宿泊業・航空産業といった対人サービスの代表的な仕事のほか，医療サービスや住民サービスという言葉が示すように，医療関係や自治体の仕事もサービスとは無縁ではない。その他，製造業であってもアフターサービスが重要であるし，困ったときには相談に乗ってくれるカスタマーサービスの部署もある。これらのことから，経済のサービス化には，サービス関連業種に従事する人の数が増えるという量的な側面と，製造業のように本来サービスとは関係が薄い業種にサービスが組み込まれるという質的な側面があることが理解できるだろう。

今後も経済のサービス化のさらなる進展によって，また観光産業のように国の施策や高齢化といった社会背景と関連して，サービス関連業種に携わる労働者はますます増加していくことが予測される。このような状況下において企業が自社の業績を上げるためには，サービス提供者を適切にマネジメントすることが必要であるのは自明のことであろう。

2. IT と感情労働

(1) IT の導入・普及によるサービス提供プロセスの変化

IT の導入はサービス産業に大きな変化をもたらし，インターネットを経由して航空券を予約・購入したり，ホテルの客室を予約したりすることは，現在ではごく当たり前のこととなっている。航空券を例にあげると，IT が導入される前は，コールセンターに電話をして予約をし，期限までに航空会社か旅行会社の店舗に出向いて購入するというのが一般的な流れであった。しかし，IT 導入後は，いつでもどこにいても，

PCやスマートフォンから予約や購入（決済）ができるようになった。また，空港での手続きも自動チェックイン機が導入され，さらには空港に行く前にあらかじめWeb上でチェックインをすることも可能になっている。これによって，顧客は空港でチェックインの列に並ぶ必要がなくなり，手続きのための待ち時間を有効に使えるようになった。このようにITの導入によって，顧客は時間と場所に縛られることがなくなり，利便性は格段に向上した。

さらに，ITの導入による省力化によって，企業における人件費の軽減が可能になり，蓄積された顧客データを活用することで，個々の顧客に対応した効果的なマーケティング活動の展開も可能になっている。また，サービス提供者にとっても，ITを活用することによって，手作業でやっていた業務を効率的にミスなく行うことができるようになり，業務負荷の軽減につながっている。

しかしながら，ITの導入による省力化や効率化によって，顧客とサービス提供者との接点，すなわち相互作用の機会は少なくなり，接客時間も短くなった。顧客の利便性の観点から，同業他社に先行してITを導入することは競争優位となりうるが，導入状況がほぼ同じになり，業務においてITの占める割合が大きくなればなるほど，均質化して他社との差別化は難しくなっていく。そのため，主観的な評価がなされる対人サービスの部分が企業の競争力となっていく可能性があり，感情労働者の果たす役割はますます大きくなると言えよう。

（2）ITの進展・普及が感情労働者の心理に与える影響

前述のとおり，サービスは事前評価が難しいため，実際に利用する前に利用した人のクチコミが参照されることが多い。ITの進展・普及により，クチコミサイトだけでなく，個人のSNS（ソーシャル・ネットワーク・サービス）でも発信がなされ，フォロワーの多い人は大きな影響力を持つことがある。安藤（2018）は，有形財よりサービス財において，さらに低価格帯よりも高価格帯でネガティブなクチコミの発信傾向が高まるとしている。

クチコミにはポジティブなものとネガティブものがあるが，問題となるのはネガティブなクチコミである。ウィリアムとバトル（William & buttle, 2014）は，ネガティブなクチコミは，企業の評判に影響を及ぼし，顧客離れを誘発するため，企業にとってはポジティブなクチコミを書いてもらうよりもネガティブなクチコミを抑制することが重要であることを明らかにしている。

クチコミや SNS の影響が大きくなるほど，現場でサービスを提供するスタッフはネガティブなクチコミを書かれてはいけないというプレッシャーを感じるようになる。実際の例として，ホテルの宿泊部門で働く女性は，宿泊客の部屋に荷物が届けられていなかった際のやり取りについて，「申し訳ございません。今すぐお持ちします，とかって言うしかないんですけれど，それをクチコミに書かれたらどうしようって。」（野村，2018：138 頁）と述べている。サービスの提供過程で他のスタッフにミスがあり，自分がたまたまその苦情を受けて処理をすることになったのだが，自分の対応のせいでクチコミサイトや SNS にネガティブなコメントが書かれるのではないかという不安を感じるというのである。

IT の導入は業務負荷の軽減をもたらしたが，SNS の普及は，サービスの現場で働くスタッフに，ネガティブなクチコミが書かれるかもしれないという新たな不安をもたらすこととなった。不安を抱えて業務を遂行することは，日々予期せぬトラブルに対応しなければならない感情労働者にとって，さらなる心身の負担をもたらす可能性がある。

3. 感情労働の影響と対処行動

（1）感情労働のもたらす影響

ホックシールドは，感情労働のもたらす影響を検証するため，アメリカのデルタ航空の客室乗務員を対象として参与観察を行った。ゴフマン（Goffman, 1959）の影響を受けたホックシールドは，感情労働を演技という側面で捉え，感情労働者の行う演技には「表層演技」と「深層演技」があるとした。表面的な演技である表層演技は，内面と表面の不一致によって個人にアイデンティティの混乱をもたらして，自らを詐欺師と考えさせてしまう可能性があり，深層演技は自己を疎外してしまう可能性のあることを指摘している。「この種の労働は精神と感情の協調を要請し，ひいては，人格にとって深くかつ必須のものとして私たちが重んじている自己の源泉をもしばしば使いこむ」（Hochschild ＝石川・室伏訳, 2000：7頁）として，感情労働は心身にネガティブな影響を与えるものであると結論づけている。また，「乗客たちは，お金をもらっている以上やり返す権利を持たない客室乗務員たちに，むき出しの怒りをぶつけるのは当然の権利だと思い込んでいる」（Hochschild ＝石川・室伏訳, 2000：213頁）ため，感情を押し殺してにこやかに対応する客室乗務員の心身の負担や疲弊につながると指摘する。すなわち，本来私的なものである感情を企業が管理し，交換価値を持つものとしてビジネスの世界で交換がなされていることが問題であるとしている。

ザップ他（Zapf *et al.*, 1999）は，「顧客の感情への敏感さ」「顧客へのポジティブ感情の表出」「感情不協和」の3要素を感情労働の特性であるとし，バーンアウトや神経症との関連を検証した。その結果，「感情不協和」は感情労働のストレスの部分であり，負の影響があるが，「顧客の感情への敏感さ」と「顧客へのポジティブ感情の表出」は「個人的達成感」に正の影響があることが明らかにされている。そしてこのことから，感情労働は演技であるかどうかよりも，「感情不協和」という心理的な緊張をもたらす要素が問題であるとしている。

この研究結果からわかることは，感情労働は必ずしも労働者の負担になる要素ばかりではないということである。「顧客の感情への敏感さ」は，それぞれの顧客にふさわしいサービスを提供する前提となるものであり，状況判断と対応が的確であれば，顧客に喜んでもらうことができ，その顧客の反応がサービス提供者の達成感につながっていくということが考えられる。

「顧客へのポジティブ感情の表出」は，笑顔や親切な態度で対応することによって顧客とポジティブな相互作用が生じ，労働者の達成感につながっていくということが考えられる。例えば，以前にトラブルがあったなどの理由で，特定の顧客に対していい印象を持っていない場合でも，笑顔で応対することによって顧客とポジティブな相互作用が生まれれば，サービス提供者にとって，通常よりも大きな達成感につながっていくことだろう。

一方，感情労働者の心身に負担となるものは「感情不協和」であり，実際にはやりたくないことをやらなければならない場合や，サービス提供者の実際の感情と，表出している感情の間に乖離（かいり）がある場合に感じられるものである。自分は悪くないのに顧客から怒りをぶつけられたり，顧客の態度を不快に思っても笑顔で対応しなければならなかったり，サービス提供者には感情不協和を感じる場面が多くある。この感情不協和が感情を疲弊させていき，「バーンアウト」をもたらすことが，これまでの研究で明らかになっている。バーンアウトは過度のストレスのために張り詰めていた気持ちが切れてしまったため，仕事も何もかもが嫌になってしまうという状況で,「燃え尽き症候群」といわれることもある。

田尾（1987）は,バーンアウトは労働者の心身に大きな影響を及ぼし，欠勤や離職などにつながる可能性もあり，本人だけでなく，組織にも大きな影響を与えるものであることを指摘している。

マズラックとジャクソン（Maslach & Jackson，1981）は，バーンアウトは感情の枯渇である情緒的消耗感をもたらし，その結果，顧客との関係を否定的に，皮肉っぽく見る脱人格化が生じて個人的達成感が低下してしまうとし，この「情緒的消耗感」「脱人格化」「個人的達成感の低下」の3次元を，バーンアウトを構成する次元としている。

バーンアウトのリスク要因には環境要因と個人要因があるが，マズラックとジャクソンは，対人サービスに携わるスタッフは他人と強く関わり合う時間が長く，そのときの顧客の問題解決が相互作用の中心となることが多いため，怒りや当惑，恐れや絶望といった感情を持つことが多いとし，接客に従事するスタッフがバーンアウトに陥るのは，この対人という職務の特性のためであるとしている。久保（2004）も，個人差を問題にすることが悪いわけではないが，バーンアウトを含むストレス研究の分野では，原因を個人に帰すると，多くのストレッサが存在する職場で働いている人たちにさらなる負担を強いることが問題であるとし，環境内のストレッサに注目して改善の道を模索することを優先させるべきであるとしている。感情労働の負担を考えるときには，感情労働の特性にまず注目することが必要であろう。

（2）感情労働のもたらす影響への対処行動

人は生きていくうえでストレスと無縁でいることはできない。ストレスは様々な理由によって発生するが，ここでは感情労働によって惹起されるバーンアウトに絞って，有効だと思われる対処行動について考えてみたい。

1つ目の対処行動は，労働者自身の内面的なものである。感情労働を演技という側面から捉えたホックシールドは，感情労働者は職務に対して3つのスタンスをとり，それぞれに代償があるとしている。第1は仕事に献身することで,演技をしている「偽りの自分」に気づかないため，燃え尽きてしまう危険性のあるケース，第2は自分自身を職務と切り離しているため，演技をしている自分を不正直だと責める可能性のあるケース，第3は演技と自分を区別して，演技をすることから疎外するため,「自分はただ夢を売っているだけだ」と皮肉な考えを持ってしまう危険性のあるケースである（Hochschild＝石川・室伏訳，2000：214頁)。

ホックシールドは，これらの心身の負担を予防するためには，感情労働者が自分自身と役割を「健全に」切り離すことが必要だとしている。リーフとフォックス（Lief & Fox，1963）は，「患者に共感を持っている医師は，健全な医療判断をし，冷静沈着でいるために，十分患者と心理的な距離を保ち，患者に対して客観的な態度を持つ。その一方，患者に繊細で，状況を理解したケアを行うために，患者に十分な関心を持っている」としている。この心理的な距離を保ちながらも関心をもつことを，“detached concern”（突き放した関心）と表現し，医師が患者に共感してしまうあまり，バーンアウトしてしまわないための方略であるとしている。

ホックシールドもリーフとフォックスも，自分の感情と職務とを切り離すことが，バーンアウトへの対処行動の1つだとしているが，感情労働には達成感を高めるというポジティブな面もあるため，常に職務と自分を切り離してしまうことは有益ではない。重要なのは，負担となる感情不協和をいかに解消していくかということであり，目の前の顧客の状況を判断しながら，ニーズに応える形で行動するが，一方では，状況を冷静に見て，感情が疲弊しそうな場合は，自分の感情をうまく切り離すということであろう。

もう1つのバーンアウトへの対処行動は，感情労働者の周りの人たちによるサポートによるものである。これはソーシャル・サポート（Social Support）という考え方で，バーンアウトを防ぐのに有効であるとする研究は多い。ソーシャル・サポートは，金銭などの物理的な援助だけではなく，上司や同僚などによる精神的な援助を含むあらゆる支援活動のことである。

ロクサナ（Roxana, 2013）は，同僚の支援への満足と上司の支援への満足が職務満足につながることを検証している。マッキャンス他（McCance *et al.*, 2013）は，ソーシャルシェアリングが感情労働のストレスや精神的な緊張を和らげることを検証する目的で，大学生を対象として実証実験を行っている。内容は，お互いが客とスタッフとして，スタッフは感じよく電話を受けるという感情規則を設けて，スカイプの使い勝手を調査するという名目で電話でのロールプレイを行うというものである。普通の客とやっかいな客の電話を受けて，そのあとグループでディスカッションを行い，スタッフの怒りの変化を観察したところ，ディスカッションに参加したほうが怒りのレベルが低かった。現実の世界では，何の業務知識も持たずに電話に感じよく対応することが求められることは考えにくく，10代の大学生が行ったロールプレイを分析対象としていることの妥当性が問題ではあるが，グループでのディスカッションがストレスレベルを低くすることは興味深い発見であろう。

4. 感情労働者のマネジメントに向けて

感情労働は多かれ少なかれ，労働者に情緒的消耗感をもたらす。しかし，消耗感の認識の仕方は一様ではなく，それが高じてバーンアウトを導く場合とそうでない場合がある。マネジメントとしては，個人差はあるものの，感情労働が情緒的消耗感をもたらすものであることを認識し，組織としていかに感情労働者をサポートしていくかを考える必要がある。

その際に，感情労働者は顧客の極めてプライベートな情報に接する機会が多いこと，感情労働と一口にいっても職務内容が異なり，感情規則も異なるため，有効な職場でのサポートのあり方が異なる可能性があることなどを考慮しなくてはならない。

対処行動でも紹介したように，上司や同僚による支援関係への満足がストレスを和らげ，職務満足を上げるという研究結果がある。バーンアウトという重大な結果を招く前に，上司や同僚が積極的に支援を行うという体制を整えることが必要である。また，感情労働者が必要を感じたときに，社内で気軽に自分の気持ちを吐露し，共感してもらったり，話を聞いてもらったりする機会があることも重要である。それぞれの職種や職場における状況を勘案して，感情労働者にとって有効な職場でのサポートのあり方を考える必要がある。

さらに，SNSの普及による現場のスタッフの不安にも配慮する必要がある。クチコミサイトやSNSで拡散されるネガティブなコメントは，顧客のサービスへの不満を表す１つの手段である。それは元をたどればサービス提供過程における小さな失敗に起因していることが多く，その段階で適切に対応できなかったことが原因だと考えられる。不具合やミスが発生した場合には，早く適切に対処することが企業を守ることにもつながる。それゆえ，何かあれば現場のスタッフがすぐに上司に相談することができ，ミスを咎(とが)めるよりも一緒に解決策を考えていくという職場風土を醸成することが重要である。困ったときに支えてくれる上司が常にいるという信頼感は，スタッフの安心感につながっていくことだろう。

もう１つは，感情労働者自身が様々な状況にうまく対応できるスキルを身につけるサポートをすることである。特に感情不協和を起こしそうなときに，うまく自分の感情と状況を切り離すことができれば，情緒的消耗感を小さくすることが可能であり，うまく対応できた場合には達成感につながる可能性もある。感情労働者が顧客からの厳しい言葉を自分に向けられたものとしてパーソナルに受け取らないこと，すなわち感情不協和を起こしそうなときは，自分の役割を意識して顧客と向き合うことができれば，情緒的消耗感は小さくなり，バーンアウトを防ぐことに役立つだろう。組織としては，先輩社員の現場での経験から学ぶ機会などを設けて，感情不協和を起こしそうな状況にうまく対応できるようにサポートをしていくことが必要だと考えられる。

研究課題

1．感情労働の特徴とそれがもたらす影響を整理しよう。
2．感情労働の影響への対処行動として，どのような行動が有効だと思うか。具体的に述べてみよう。
3．感情労働者をマネジメントする際に，組織として考慮すべき点を説明してみよう。

参考文献

Desmet, S., Van Looy, B., Gemmel, P. & Van Dierdonck, R. (1998) "The nature of services," in *Service Management: An Integrated Approach*, Gemmel, P., Van Looy, B. & Van Dierdonck, R. eds. Financial Times Professional Limited.〈＝デスメット, S. 他「サービスの特性」白井義男監修, 平林 祥訳 (2004)『サービス・マネジメント―統合的アプローチ (上)』第1章, ピアソン・エデュケーション〉

Ekman, P. & Friesen, W.V. (1975) *Unmasking The Face*, NJ: Prentice-Hall.
〈＝工藤 力訳編 (1987)『表情分析入門―表情に隠された意味をさぐる―』誠信書房〉

Goffman, E. (1959) *The Presentation of Self in Everyday Life*, NY: Anchor.
〈＝石黒 毅訳 (1974)『行為と演技―日常生活における自己呈示―』誠信書房〉

Grönroos, C. (1978) "A service-oriented approach to marketing of services," *European Journal of Marketing*, Vol. 12, No. 8, pp.588-601.

Hochschild, A.R. (1983) *The Managed Heart: Commercialization of Human Feeling*, CA: Univ. of California press.〈＝石川 准・室伏亜希訳 (2000)『管理される心―感情が商品になるとき―』世界思想社〉

Kotler, P. (1967) *Marketing Management: Analysis, Planning, Implementation and Control*, NJ: Prentice-Hall.

Lief, H.I., & Fox, R.C. (1963) Training for "detached concern" in medical students, in Lief, H.I., Lief, V.F. & Lief, N.R. eds, *The Psychological Basis of Medical Practice*, NY: Harper & Row, pp.12-35.

Maslach, C. & Jackson, S.E. (1981) "The measurement of experienced burnout," *Journal of Occupational Behavior*, Vol. 2, pp.99-113.

McCance, A.S., Nye, C.D., Wang, L., Jones, K.S. & Chiu, C.Y. (2013) "Alleviating the burden of emotional labor: the role of social sharing," *Journal of Management*, Vol. 39, No. 2, pp.392-415.

Quinn, J.B. & Gagnon, C.E. (1986) "Will service follow manufacturing into decline?" *Harvard Business Review*, Nov-Dec, pp.95-103.

Roxana, A.C. (2013) "Social support as a mediator between emotion work and job satisfaction," *Social and Behavioral Sciences*, Vol. 84, pp.601-606.

William, M. & Buttle, F.A. (2014) "Managing negative word of mouth: An exploratory study," *Journal of Marketing Management*, Vol. 40, No.13-14, pp.1423-1447.

Zaithaml, V.A. (1981) "How consumer evaluation processes differ between goods and services," in *Marketing of Services*, Donnelly, J.H. & George, W.R. eds. Chicago: American Marketing Association, pp.186-190.

Zapf, D., Vogt, C., Seifert, C., Mertini, H. & Isic, A. (1999) "Emotion work as a source of stress: the concept and development of an instrument," *European Journal of Work and Organizational Psychology*, Vol. 8, No. 3, pp.371-400.

安藤和代（2018）「サービスの失敗とネガティブなクチコミ行動―認知的評価理論に基づく包括的な検討枠組み―」『マーケティングジャーナル』37 巻 3 号，pp.6-21.

浦 光博（1992）『支えあう人と人―ソーシャル・サポートの社会心理学―』サイエンス社

金井壽宏・高橋 潔（2008）「組織理論における感情の意義」『組織科学』第 41 巻，第 4 号，pp.4-15.

久保真人（2004）『バーンアウトの心理学―燃え尽き症候群とは―』サイエンス社

近藤隆雄（2007）『サービス・マネジメント入門〈第 3 版〉』生産性出版

田尾雅夫（1987）「ヒューマン・サービスにおけるバーンアウトの理論と測定」『京都府立大学学術報告（人文）』第 39 号，pp.99-112.

野村佳子（2018）「感情労働と働く人の心理との関係に影響を与える調整効果―観光産業に着目して―」神戸大学博士論文

14 グローバル化と労働者[1)]

原田　順子

現代社会では経済活動のグローバル化が進展している。本章ではグローバル化の労働者への影響について学習する。企業が海外ビジネスのために重視する人材管理，国連などが提唱する企業倫理の背景，グローバルサプライチェーン内の人権問題等を説明する。さらに，ESG投資については海外事例と国内事例（特に女性労働者に係る問題）を解説する。

＜キーワード＞　人事のパイプライン，国連グローバル・コンパクト，現代奴隷法，ESG投資

1. 経済のグローバル化

現代では経済活動のグローバル化がますます進展している。**図14-1**は1981年から2018年までの世界貿易量と世界GDPの推移（対前年比，%）をあらわしているが，およそ40年にわたり，世界の貿易と富が増加基調で変化してきたことが示されている。わが国の世界貿易への寄与度は高い。かつては原材料を輸入し，製品化して輸出する加工貿易を特徴とする貿易立国であった。しかし，1985年のプラザ合意（日，米，英，西独，仏の蔵相によるドル安誘導の合意）による劇的な円高を機に企業は海外生産へと舵を切り，工場の海外移転が一気に進んだ。その結果，日本は貿易立国から投資立国へと移行し，今では日本の経常収支の黒字は第一次所得収支（証券投資収益，配当等）により支えられている。ま

1）本章は原田順子・洞口治夫（2019）『改訂新版 国際経営』（放送大学教育振興会）の第7章「技術移転のサブシステム」（原田順子），第15章「組織管理の国際潮流」（原田順子），および松原隆一郎・山岡龍一（2021）『社会と産業の倫理』（放送大学教育振興会）の第14章「経営と倫理的指標～社会的責任，持続可能性の視点から～」（原田順子）をもとに加筆修正したものである。

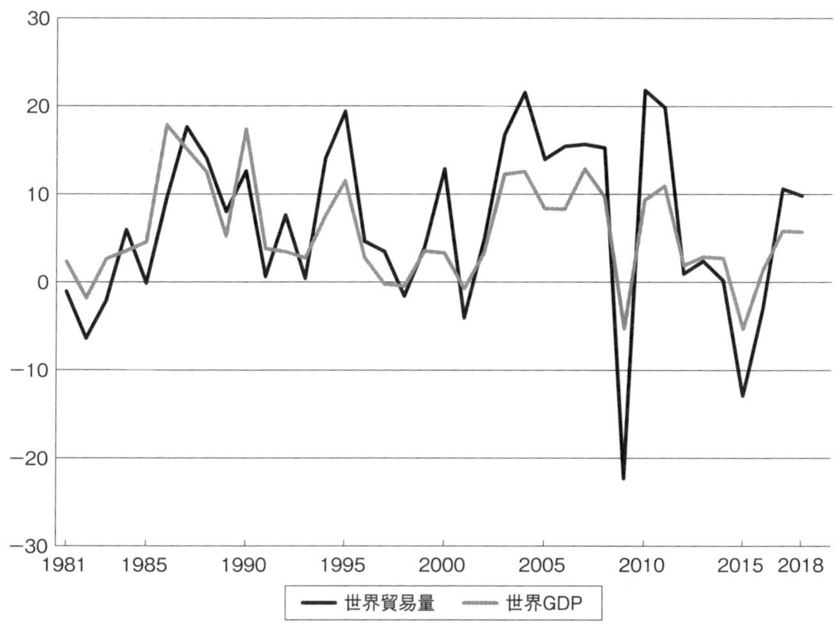

出所：内閣府（2020）「令和元年度 年次経済財政報告」より筆者作成。

図14-1　世界貿易量と世界GDPの推移（対前年比，%）

た 2019 年末における日本の対外純資産（直接投資，証券投資，金融派生商品，外貨準備，その他投資等）は 364 兆円と世界的にも際立った額である（財務省，2020）。

その後，世界の企業活動の関係はより複雑化してきた。たとえばA国で設計が行われ，B国とC国で部品が作られ，D国で組み立てられ，E国に販売されるというグローバルな製造工程間分業（グローバル・バリュー・チェーン）が進展した。また関税率の低減が図られたこともグローバル・バリュー・チェーンが深化した一因と分析される（内閣府，2020）。日本企業は適地調達・適地生産・適地消費を模索しながら，アジア等の生産ネットワークに参加している状況である（経済産業省，2014）。

1990 年代以降，経済需要の拡大は特に新興国を中心に観察された。当初，多くの企業は海外進出にあたり，高付加価値の工場は国内に残し，労働集約的な部分を海外に出した。やがて，消費地の近くで生産して

「輸送コストを下げる」，「消費者ニーズをいち早く汲み取る」等の理由から，高度な生産機能が海外に移転する流れが加速した。その背景には，新興国の労働需要が高まるなか，日本において少子高齢化による人材不足や内需の低下があった。わが国の多国籍企業は日本からの海外派遣者（本国人材。日本人とは限らずに日本から派遣される人）の活用を重視しているが，人材不足が成長の制約とならないようにするため，優秀な外国人社員の活用も必要になる。**図 14-2** は海外ビジネスのために企業が最も重視する人材を示したものである。「現在の日本人社員のグローバル人材育成」が全体で最も多く，次に「外国人採用，登用」「海外ビジネスに精通した日本人の中途採用」と続く。大企業では「現在の日本人社員のグローバル人材育成」の比率が約６割と高い。一方，中小企業では人材の採用・登用チャネルが多様であり，「外国人採用，登用」「海外ビジネスに精通した日本人の中途採用」のほかに，「海外ビジネスに精通した日本人シニア（60 歳以上）の採用」もみられる。

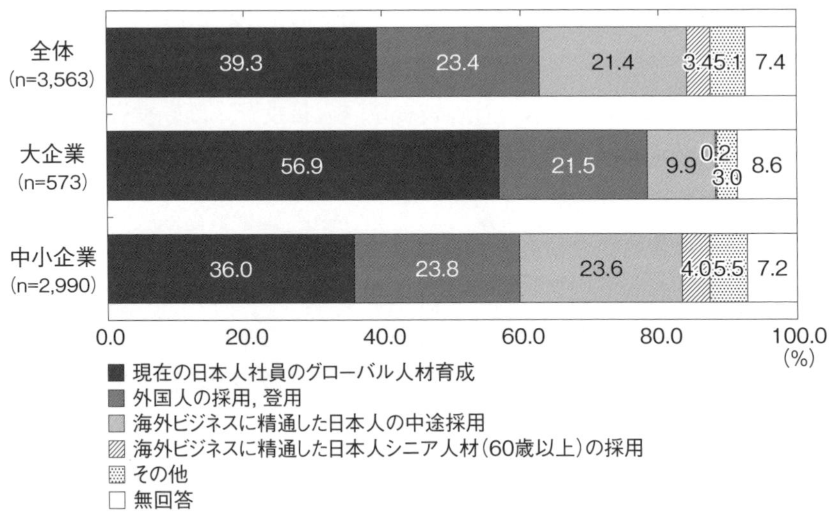

注：n は本調査の回答企業総数。
出所：日本貿易振興機構（2020）「2019年度日本企業の海外事業展開に関するアンケート調査」，21頁。

図14-2　海外ビジネスのために最も重視する人材

また海外拠点のどこに優秀な人材がいて，どのような強みをもつのか，人材を発掘・開発することは多国籍企業の人事部門の重要な任務である。このような施策（グローバル・タレント・マネジメント）について，Farndale *et al.*（2010）は以下のように論じている。多国籍企業の人事部門は，国際的な人材獲得競争の激化のなか，国際間異動（特に新興国内異動）の承諾をとりつけ，有望な人材を管理する組織能力が求められている。言い換えると，人事部門に必要な組織能力は，外部労働市場から人材を発見し，選抜・採用し，育成し，必要な人材が途切れないように企業内に「人事のパイプライン」を創設し，優秀な者を退職させないことである。しかし異国の法制度，労働政策，製品・サービス市場のもとで，以上のような施策を行うことはどこの国の企業にとっても容易ではない。McDonnell *et al.*（2010）はアメリカを中心に多国籍企業の大規模な実証研究を行ったが，企業規模が大きいほどグローバル・タレント・マネジメントがしっかりと実施されており，この難題には組織体力がものをいうことが明らかにされた。

このように経済のグローバル化が進展するにつれて企業は人事管理上の問題（例：グローバル人材の確保，人事のパイプライン等）についても対応を迫られるのである。

2. 海外由来の企業倫理の底流とは

次に，海外の企業倫理の底流を考えてみよう。経済活動のグローバル化が進む今日においては，企業倫理に関する世界的な潮流が国内の企業経営にも影響を及ぼす場合がある。たとえ多国籍企業ではなかったとしても海外由来の社会的責任が求められることがある。とりわけ地球規模のサプライチェーン（supply chain：原材料調達から販売までの供給工程）に組み込まれている企業は注意が必要である。

現代では企業倫理に対する目が厳しくなり，情報は瞬時に世界に広まる。社会の反発を招けば，消費者の反感，企業イメージ悪化，不買運動，マスコミやNGOからの批判，労働組合からの問題提起などにつながる可能性がある。企業活動がグローバル化するなか，他国にある「取引先の取引先」などサプライチェーンの問題も看過できなくなっている。国際連合の「ビジネスと人権に関する指導原則」(2011 年承認) に基づき，これを推進する行動計画の策定が欧米を中心に進み，日本政府も 2020 年 10 月に行動計画を策定している。

一例として，人権の尊重に関連するイギリスの現代奴隷法 (UK Modern Slavery Act 2015) を紹介しよう。イギリス国内の一定規模の営利団体・企業は，自社の事業活動とサプライチェーン (英国外を含む) において現代奴隷 (人々が奴隷状態をまたは隷属状態を強要されるといった拘束労働，児童労働，強制労働等) と人身取引について年次報告を公開することが義務付けられた。2017 年にはフランスが企業注意義務法を制定し，自社および取引先の人権リスクについて調査・対応することが求められるようになった。さらに，オーストラリアにおいては連邦現代奴隷法 (Modern Slavery Act 2018)，オランダにおいても同種の法律が制定されている。

人権の尊重については，古くは国連の世界人権宣言 (1948 年採択) が，「すべて人は，人種，皮膚の色，性，言語，宗教，政治上その他の意見，国民的若しくは社会的出身，財産，門地その他の地位又はこれに類するいかなる事由による差別をも受けることなく，この宣言に掲げるすべての権利と自由とを享有することができる」と述べている (外務省，2016)。さらに，21 世紀に発足した国連グローバル・コンパクト (UNGC：国連事務総長室の傘下にある組織) は，企業は雇用と職業における差別の撤廃を支持すべきであるとし，上記の要素に加えて「年齢，障がい，HIV/エイズへの感染，労働組合への加入および性的指向」をあげている。

国際的な経営活動において，企業は法に定められた事柄のみではなく，普遍性の高い原則も前提にした行動が求められることがある (原田，2019)。この種の高い次元の行動方針を，組織階層の中低位の担当者レベルの決心のみで組織全体で貫徹することはできない。なによりも経営トップがリーダーシップを用いて社員の行動に方向性をもたせることが必要であろう。アメリカの経済誌『Fortune』が選ぶ有力 500 社のうち 9 割の企業には行動指針 (codes of conduct) があり，7 割には明文化されたビジョンと価値基準がある（Donaldson *et al.*, 2017）。たとえば医薬・医療製品のジョンソン・アンド・ジョンソンは，同社の信条（credo）を大切にしており，credoの点検のために管理職が現実の経営問題に即して倫理面から討論し，討議内容が全社および顧客やサプライヤーと共有される（Donaldson *et al.*, 2017）。

前述の国連グローバル・コンパクト（UNGC）やGRLI（The Globally Responsible Leadership Initiative），WBCSD（The World Business Council for Sustainable Development），CSR Europeなどによる，倫理的企業行動に関する社会的呼び掛けは確実に企業に影響を与えている。Stahl *et al.*（2017，440頁）は，現代の多国籍企業がリーダー的立場を自覚して真剣に取り組むべき課題を以下のようにまとめている。すなわち，①持続可能性（将来世代に対する環境，社会，経済の責任），②倫理（複雑な倫理的課題に対する効果的な対応），③共同体の一員としての行動（人権，社会正義，環境保護等に対する責任），④ダイバーシティ（ダイバーシティに対する効果的な対応。およびダイバーシティに関して利害関係者の複合的でしばしば相反する関心の釣り合いをとること）である。しかしこれら4点それぞれに対立・矛盾する要素があるとAust and Claes（2017）は分析する。つまり，持続可能性のなかには，現在と将来のどちらを取るか，また，効率性か資産の重視かという対立がある。倫理面では，効率と責任のどちらを重視するか，文化的相対主義で行くか倫理的帝国主義で行くかという問題がある。共同体の一員としての行動という意味においては，ローカルな法的義務を超えて地球共同体の一員としてコストをかけて法的に求められる以上の行動をとるかという決断に迫られる局面もあろう。ダイバーシティの観点では，「グローバルな（世界的に認められている）価値観 / 慣行」対「ローカルな（地域固有の文化的な）価値観 / 慣行」という対立軸がみられるかもしれない。以上のように，倫理的行動に正解はなく，矛盾が消えることもないであろう。しかし地球規模で活動する多国籍企業は，巨大な影響力にふさわしい行動原理を意識することが社会的に期待されている。

企業は様々な立場の多様な人々・組織等と関係を保ちながらビジネス

を継続する。単純化して考えると，資金調達，物やサービスの生産，販売という流れのなかで，出資者，取引企業，労働者，労働組合，顧客などと深く関わる。また行政機関，格付け機関，報道機関（広報活動）などの特定の機能をもつ組織，さらに地域社会，消費者団体，環境保護団体などと良好な関係を維持することも重要である。このように企業の利害関係者（stakeholder：以下ステークホルダー）は幅広く存在することから，企業は本質的に社会的存在である。そうした性質のために企業は倫理を求められる存在になるのだと考えられる。

3. 社会的指標（ESG 投資等）の影響

ESG 投資（環境 Environmental・社会 Social・ガバナンス Governance の課題を組みこんだ投資手法）とは持続可能性を考慮した投資である。従来，企業価値の主要因子は財務情報であったが，近年では ESG のような非財務情報（無形資産）も注視されるようになってきた。なお，ESG は SDGs（Sustainable Development Goals：持続可能な開発目標）と密接に関連している。世界の持続可能性がなければ企業の持続可能性はないと考えられるからである。持続可能な開発という概念は 1987 年に国際連合に設置された「環境と開発に関する世界委員会」（ブルントラント委員会）の報告書にさかのぼる。2015 年の国際連合サミットは「持続可能な開発のための 2030 アジェンダ」を採択したが，SDGs はその分野別の目標を示している。SDGs の目標およびターゲット，技術指標は，ESG 投資のための情報（評価すべき事項，公開すべき事項）と対応している（沖，2018）。

商品（物やサービス）の価値は品質や機能という要素と密接に結びついているが，今日では社会的指標の影響も見逃せない。社会的指標が機関投資家の投資基準となって，経済的指標に影響を及ぼすという関係が生じている。日本も SDGs に積極的に取り組んでおり，2019 年には持続可能な開発目標（SDGs）推進本部により「SDGs 実施指針改定版」が公表された。SDGs に取り組む主な関係機関としてはビジネス，ファイナンス，市民社会，教育機関，研究機関，地方自治体，議会があげられている。ビジネス分野の具体的な取り組みについては，持続的な企業成長，ESG投資，そして中小企業へSDGsを浸透させること，さらにビジネスと人権・責任あるサプライチェーン・企業の社会的責任などが掲げられている。とりわけESG投資の社会Socialおよびガバナンス Governanceの面は労働と不可分である。

ESG投資は，2006年に国際連合のアナン事務総長が機関投資家に対してESGを考慮して投資する責任投資原則（Principles for Responsible Investment：PRI）を提唱したことで世界に広まった。

それ以前のわが国においては，1999年に現れた「環境問題への取り組みが進んだ企業に投資することで，優れた投資収益の獲得を目指す」エコファンドがあった（足達，2017）。当時，日本のESG投資の主な顧客は個人であり，欧米で年金基金などの機関投資家がESG投資の主役であることと対照的だった（足達，2017）。その後，2013年に日本政府は外国人投資家による株式投資を促進することを決め，翌2014年2月に金融庁が非財務面（投資先企業のガバナンス，社会・環境問題に関するリスク等）の状況も把握すべきとする「スチュワードシップ・コード」（責任ある機関投資家の諸原則）を定めた（足達，2017）。

同年9月，欧州理事会は大企業に対して社会的責任投資という非財務情報の開示に関する指令を承認し，事業体は方針を開示しない場合は理由を説明しなければならないこととなった。非財務情報のうちESGのG（ガバナンス）に関しては，人権の尊重，腐敗防止，贈収賄などに関する説明が必要であるとされた。

海外におけるESG投資の影響は日本以上に勢いがある。ロンドン金属取引所は2022年の規制強化（生産過程で児童労働があったり，環境を破壊したりした商品を排除する）に向けて，サステナビリティ（持続可能性）に関する情報開示要請を強めている（日本経済新聞，2020a）。さらに，機関投資家が企業のESG対応によって投資を決定するポジティブスクリーニングを行ったり，逆にネガティブスクリーニングと呼ばれる除外を行ったりすることに加えて，株主総会の議決権行使の判断基準とする動きも見られる（日本経済新聞，2020b）。アメリカの大手機関投資家であるアライアンス・バーンスタインは66兆円の運用資産を有し，わが国の大手企業にも投資を行っている。同社は2021年の株主総会から取締役のなかに女性がいない場合，取締役選任に反対する方針を示したが，この動きは他の米英の運用会社（英リーガル・アンド・ジェネラル・マネジメント，米ステート・ストリート・グローバル・アドバイザース）においても広がりつつある（日本経済新聞，2020c）。

わが国においては2015年6月，金融庁と東京証券取引所を中心にまとめられた「コーポレートガバナンス・コード」で中長期的な企業価値の創出がうたわれ，①株主の権利・平等性の確保，②株主以外のステークホルダーとの適切な協働，③適切な情報開示と透明性の確保（リスクやガバナンスにかかる情報等の「非財務情報」の開示を含む），④取締役会等の責務，⑤株主との対話が掲げられた（東京証券取引所，2018）。さらに2015年9月，日本の年金基金（年金積立金管理運用独立行政法人：GPIF）が国連責任投資原則（2006年から国連環境計画と国連グローバル・コンパクトが推進しているPrinciples for Responsible Investment：PRI）に署名し，2017年から公的年金の運用基準にESG評価が組み込まれた。このように世界的にESG配慮の要請が嵩じており，グローバル企業のみならず，取引先の中小企業もESGに関連する情報開示を求められる例が生じるようになってきた。

わが国の年金積立金管理運用独立行政法人（GPIF）が投資業務において採用するESG指数は，**表14-1**に見られるように，総合型指数とテーマ指数に区分される。テーマ指数であるカーボン・エフィシェント指数は環境（ESGのE = Environmental）に，女性活躍指数は社会（ESGのS = Social）に対応するものである。また，MSCI日本株女性活躍指数（愛称「WIN」）は，MSCI（モルガンスタンレー・キャピタル・インターナショナル社）によって女性活躍推進法に基づく「女性の活躍推進企業データベース」と企業開示情報から構築されており，性別多様性と不祥事の点数から成る。前者は従業員・新入社員の女性比率，男女別平均在籍年数，昇進指標（取締役，上級管理職，中級管理職の女性比率），性別多様性に関するポリシーやプログラム，ダイバーシティ促進プログ

表14-1　年金積立金管理運用独立行政法人（GPIF）が採用するESG指数

総合型指数　合計　約1.1兆円
・FTSE Blossom Japan Index（国内株）
・MSCIジャパンESGセレクト・リーダーズ指数（国内株）
テーマ指数
【E　環境】合計　約1.2兆円
・S&P/JPXカーボン・エフィシェント指数
・S&Pグローバル大中型株カーボン・エフィシェント指数（除く日本）
【S　社会】3,884億円
・MSCI日本株女性活躍指数（愛称「WIN」）
【G　ガバナンス】現在採用なし

注：【E　環境】は2018年8月末時点。その他は2018年3月末時点。
出所：年金積立金管理運用独立行政法人（2018）「採用ESG指数一覧」より筆者作成。

ラム等から測定される。第11章「女性労働者と雇用」で論じたように，女性活躍推進法が制定されても，女性活躍には多くの克服すべき課題があり，企業にとっては荷が重い面もみられる。しかし，女性活躍指数が年金積立金管理運用独立行政法人（GPIF）のテーマ指数に取り上げられて株価に影響が及ぶことで，企業の女性従業員活躍推進が促進されるであろう。

またESG投資に関心をもつ個人投資家は，ESGに配慮する企業へ投資する投資信託を購入したり，各企業が公開する情報をもとに購入する株式を選択したりすることで，社会的指標（例：ESG）に影響を与えることが可能である。

4. まとめ

企業が利益を生むには商品（物やサービス）が市場競争力を有していることが必要である。企業活動を通じて経済的産出である商品（物やサービス）と非経済的産出（廃棄物・水質汚濁・騒音等の環境への影響，業界や地域における人的ネットワーク，労使関係，名声等）が生じる（森本，1994）。近年，企業は非経済的産出のコントロールも意識して経営することが求められている。

企業は各方面のステークホルダーに対しても社会的責任（Corporate Social Responsibility：CSR）を果たすべしとする認識は一般化している（松本・佐久間，2015）。こうした認識は時代と共に変化する。法改正によって法的責任は拡大する傾向がみられる。近年では従来の経済的指標（収益性，規模，ROE，成長性等）のみならず社会的指標（社会的公正性，環境への配慮，倫理性に基づいた企業活動）が，企業を評価するうえで重要になってきた（佐々木，2007）。また，一般の消費者のなかにも企業の社会的指標に関心を向ける人々が出現し，環境にやさしい商品，環境や人権に配慮した株式／債券投資，フェアトレード等，倫理配慮型の市場が生じている。投資家たちはESG投資を通じて，企業にとって従来は「倫理の問題」であったことがらを「経済的な問題」に変えてきている。なぜならば社会的指標が機関投資家の投資基準となり，経済的指標に直接的に影響を与えるという関係性があらわれてきたからである。企業が経済的指標の上昇を図ることは従来から必要であるが，現代では，それに加えて社会的指標が企業価値と結びつく傾向があらわれてきた。労働に関していえば，直接雇用のみならずサプライチェーン上の労働についても，企業は注意を払うべき面が増えていくであろう。

研究課題

1．必要な人材を途切れないよう「人事のパイプライン」が機能している例を身近なところから探してみよう。
2．イギリスの現代奴隷法が問題にする事例にはどのようなものがあるか調べてみよう。
3．日本企業における女性活躍推進はESG投資の観点からどのような意味があるか考えてみよう。

参考文献

Aust, I., Claes, M (2017) 'Global leadership for sustainable development', in Reiche, S. edited, *Readings and cases in international human resource management*, Chapter 5.3, 6th edition (eBook), New York: Routledge.

Donaldson, T. (2017) 'Values in tension: Ethics away from home', in Reiche, S. edited, *Readings and cases in international human resource management*, Chapter 5.1, 6th edition (eBook), New York: Routledge.

Farndale, E., Scullion, H. and Sparrow, P. (2010) 'The role of the corporate HR function in global talent management', *Journal of World Business*, 45, pp.161-168.

McDonnell, A., Lamare, R., Gunnigle, P., Lavelle, J. (2010) 'Developing tomorrow's leaders: Evidence of global talent management in multinational enterprises', *Journal of World Business*, 45, pp.150-160.

Stahl, G.K., Miska, C., Noval, L.J., Patock, V.J. (2017) 'The challenge of responsible global leadership', in Reiche, S. edited, *Readings and cases in international human resource management*, Chapter 5.2, 6th edition (eBook), New York: Routledge.

足達英一郎（2017）「日本の ESG 投資の現状と今後の展望」 https://www.oecc.or.jp/wp-content/uploads/2017/08/005_日本の ESG 投資_足達先生.pdf（2020 年 1 月 31 日閲覧）

沖 大幹（2018）「2030 年の SDGs 達成と Beyond SDGs に向けて」事業構想大学院大学出版部『SDGs の基礎』第 6 章，宣伝会議

外務省（2016）「世界人権宣言（仮訳文）」 http://www.mofa.go.jp/mofaj/gaiko/udhr/1b_001.html（2016 年 4 月 30 日閲覧）

経済産業省（2014）『通商白書 2014』 https://www.meti.go.jp/report/tsuhaku2014/2014honbun/i2320000.html（2015 年 2 月 24 日閲覧）

国連グローバル・コンパクト（UNGC）（2016）「国連グローバル・コンパクトについて」http://www.ungcjn.org/pretest/gc/principles/06.html（2016 年 4 月 30 日閲覧）

佐々木 弘（2007）「良き「企業市民」としての企業」佐々木 弘・奥林康司・原田順子編著『経営学入門：現代企業を理解するために』第 14 章，放送大学教育振興会

財務省（2020）「令和元年末現在本邦対外資産負債残高の概要」 https://www.mof.go.jp/international_policy/reference/iip/2019_g.htm（2021 年 2 月 28 日閲覧）

東京証券取引所（2018）「コーポレートガバナンス・コード（2018 年 6 月版）」 https://www.jpx.co.jp/news/1020/nlsgeu000000xbfx-att/nlsgeu0000034qt1.pdf（2020 年

2月15日閲覧)
内閣府 (2020)「令和元年度 年次経済財政報告」 https://www5.cao.go.jp/j-j/wp/wp-je19/index.html (2021年3月30日閲覧)
日本経済新聞 (2000a)「英金属取引所にESGの波:LME生産過程の規制厳しく」2020年1月31日朝刊7面
日本経済新聞 (2020b)「50年先見てESG投資:ノルウェー政府年金基金CEO」2020年1月29日朝刊7面
日本経済新聞 (2020c)「女性取締役 登用促す」2020年12月29日朝刊7面
日本貿易振興機構 (2020)「2019年度 日本企業の海外事業展開に関するアンケート調査」 https://www.jetro.go.jp/ext_images/_Reports/01/1057c5cfeec3a1ee/20190037.pdf (2021年2月25日閲覧)
年金積立金管理運用独立行政法人 (2018)「採用ESG指数一覧」 https://www.gpif.go.jp/topics/グローバル環境株式指数を選定しました.pdf (2020年2月15日閲覧)
原田順子 (2019)「ダイバーシティ対応の新潮流」人材育成学会編『人材育成ハンドブック』金子書房
松本芳男・佐久間信夫 (2015)「企業の社会的責任 (CSR) と企業倫理」日本経営協会監修『経営学検定試験公式テキスト ①経営学の基本 (第5版)』第4章, 中央経済社
森本三男 (1994)『企業社会責任の経営学的研究』白桃書房

15　共的セクターの人々

原田　順子

組織のミッションと戦略は，組織構造と人的資源管理に影響を与える重要な要素である。ではミッションの異なる組織では，その人的資源管理の様相（人々の役割や働き方）はどのように異なるのであろうか。どのような特徴があるのか。企業とは明らかにミッションが異なるボランティア団体のような組織（共的セクター）について事例を紹介しながら，検討していく。
＜キーワード＞　組織ミッション，共的セクター，ボランティア活動，アソシエーション

1. 組織とミッション

企業にとって経営資源の有効活用が重要であることは言うまでもない。常に変化する経営環境に適合し，利益を出すため，人材の効率的な運用が求められる。組織（特に企業）にとっての人的資源管理のあり方を示唆する概念を紹介しよう。**図 15-1** は古典的なマッチング・モデルと呼ばれるものである。企業の戦略的な経営が人的資源管理の戦略とマッチすることを示していることが名称の由来である。三角形で表された企業の中で，ミッション（mission：使命）と戦略が組織構造と人的資源管理に影響を与えることが示されている。また，企業に影響を与える要素は３点（経済的力，政治的力，文化的力）に整理されている。現実を単純化し過ぎているという批判もあるが，この概念図は簡略でわかりやすく現在でも人的資源管理の分野でしばしば参照されている。三角形内部の３要素をみると，ミッションと戦略が他の２要素（組織構造，人的資源管理）に影響を与える重要な位置づけにある。

ところで，民間の営利企業には存続するために利益を出し続けるというミッションがある（その他に利益最大化，あるいはシェア重視などの

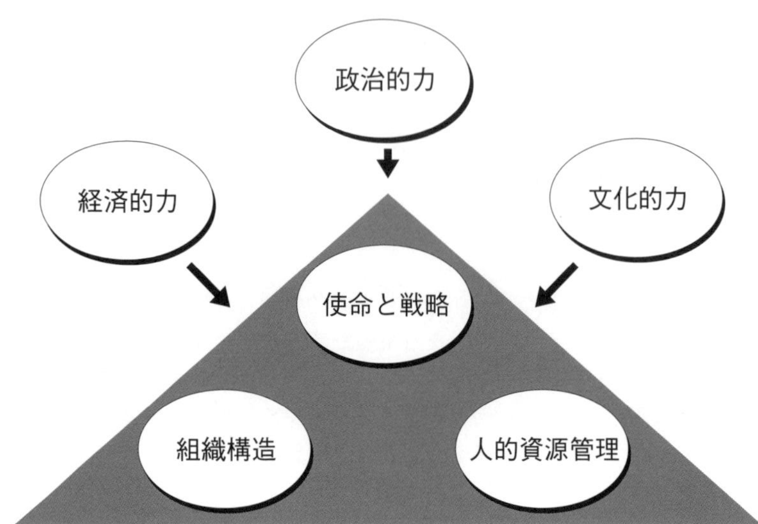

出所：Devanna, M.A., Fombrun, C.J. & Tichy, N.M.（1984）'A framework for strategic human resource management', in Fombrun *et al.*（eds.）*Strategic Human Resource Management*, New York: John Wiley, p.35 を筆者訳出。

図 15-1 マッチング・モデル

ミッションもあり得るであろう）。利益という金銭的尺度は企業のミッションに明確な方向付けを与える最も重要な要素なのである。この1点において，すべての企業は業種や規模が異なろうとも類似しているといえる。それでは，ボランティア団体のように組織のミッションが利益を出すことではないとき，人的資源管理の様相（働き方やリーダーの役割など）は企業のそれと大きく異なるのかという問いが生まれる。

2. 共的セクターの特徴

（1）共的セクターとは

ボランティア活動は，困っている人，弱っている人，力のない人（力の不足している人）に対して自発的に行う奉仕活動である（田尾，2009）。現代ではボランティア活動が広く浸透し，2016年には10歳以上の人の約26％が何らかのボランティア活動に参加した（総務省統計局，2017）。ボランティア活動の種類別に行動者率を比較すると，**表 15-1** のように

表15-1　ボランティア活動内容（男女計。複数回答。多い順。）

1．まちづくりのための活動
2．子どもを対象とした活動
3．安全な生活のための活動
4．自然や環境を守るための活動
5．高齢者を対象とした活動
6．スポーツ・文化・芸術・学術に関係した活動
7．健康や医療サービスに関係した活動
8．その他
9．障がい者を対象とした活動
10．災害に関係した活動
11．国際協力に関係した活動

出所：総務省統計局（2017）「平成28年 社会生活基本調査」より筆者作成。

なる。最も高いのは「まちづくりのための活動」の11.3%で，2位が「子どもを対象とした活動」（8.4%）となっている。

ボランティア団体のような組織（共的セクター）はその特性から，明らかに人的資源管理の様相が企業（私的セクター）や行政（公的セクター）と異なるであろう。**表15-2**に表されるように，佐藤（2002）の議論によると，3種の経済社会セクターにおいては，まず経済形態，経済・経営主体が異なる。社会経済の分野で活動するボランティア団体のような民間非営利協同組織は，市場経済の中で生存競争をしている企業や公共経済において運営される行政とは性格が異なる。一般に，ボランティア団体の基本的価値は人々との連帯感から生まれる助け合いの精神であるが，企業の場合は市場における自由な競争，行政の場合は法に基づき対象者に平等に運営することである。したがって，財・サービスの授受を行う社会との関係にも差異がみられ，ボランティア団体が互酬を旨とするのに対し，企業は金銭との交換，行政は贈与となる。そして，こうした社会関係を制御（関係者に活動を納得させたり仲介したり）するものは，ボランティア団体は対話（言葉による理念の理解）であり，企業は貨幣，行政は法権力である。以上のような組織の基礎的な特性の違いは，組織化原理，組織形態にも影響を及ぼす。多くのボランティア団体にとっ

表 15-2　経済社会セクターの特徴

	共的セクター（ボランティア団体等）	私的セクター（企業）	公的セクター（行政）
経済形態	社会経済	市場経済	公共経済
経済・経営主体	民間非営利協同組織	私企業	公共団体
基本的価値	連帯	自由	平等
社会関係	互酬	交換	贈与
制御媒体	対話（言葉）	貨幣	法権力
組織化原理	参加・分権	利害・競争	統制・集権
組織形態	アソシエーション	企業官僚制	国家官僚制

出所：佐藤慶幸（2002）「NPOセクターと市民民主主義」奥林康司・稲葉元吉・貫隆夫編『経営学のフロンティア1 NPOと経営学』第1章，中央経済社，13頁の一部を筆者抽出。

て組織は参加するものであり，参加者間は平等または階層があるとしても極めて分権化されたものである。しかし，企業の場合，雇用する/されるという金銭による利害が組織内の結びつきのもとであり，組織の成員は競争するよう仕向けられる傾向がみられる。また行政の場合は，組織メンバーの活動は法に基づいて統制され，上意下達の集権性が求められる。最後に，組織形態については，ボランティア団体はアソシエーション（組合，協会）・タイプ，企業と行政は階層的ピラミッド型組織の典型である企業官僚制タイプ，国家官僚制タイプが一般的といえよう。

田尾（2009）は，ボランティア団体のような非営利組織は，社会的な意義（社会的合理性）を経済的合理性よりも重視すると指摘し、以下のように説明する。ボランティア団体のミッションに社会的意義を認めるから，人々は共感をおぼえる。その結果として人々がボランティアとして協力したいと考え，組織外部の主体（人や団体）が支持・支援をしようと判断するのである。なお，ミッションはビジョン（vision：夢）とは区別される概念である。具体的な日常の目標と戦略の上に達成すべき事柄・ミッションがあり，さらにその上部にビジョンが位置すると考えていただきたい（図 15-2 参照）。

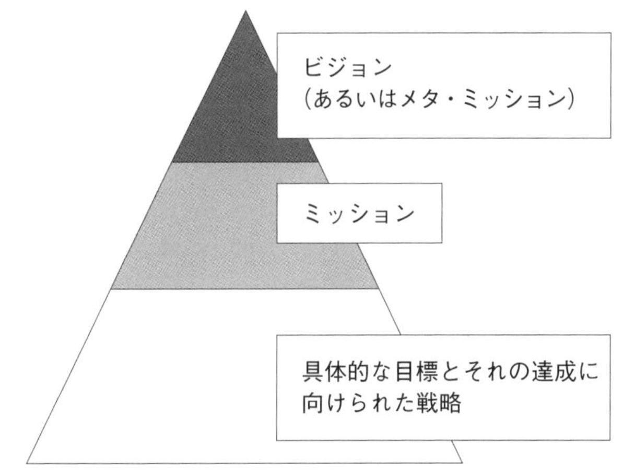

出所：田尾雅夫・吉田忠彦（2009）『非営利組織論』有斐閣，71頁。

図15-2　ビジョンとミッション

（2）まちづくりのための団体A（コミュニティ・カフェの例）

表15-1に表されたように，「まちづくりのための活動」は最も人気のあるボランティア活動である。ビジョンとミッション，さらに人的資源に対する考え方を含めて，「町の活性化」というまちづくりのための活動，高齢者の居場所作りのために開所されたコミュニティ・カフェの例を検討しよう。最近，都市部を中心にボランティア団体による喫茶室―コミュニティ・カフェというものが見られるようになった。住宅街の民家の一室などを利用し，低価格でお茶やコーヒーを供する場である。遠出するのもしんどくなった高齢者，乳児を育てる母親は自宅にこもりがちになるが，社会との接点はあるほうが望ましい。立ち寄れば地域住民（ボランティアの人々）がいて，気楽に少々おしゃべりできる場所，コミュニティ・カフェはそうした社会の要請に見合ったものである。この例では，高齢者ら住民の居場所作りがミッションであり，それを支えるためにボランティアのシフト表作り，買い物，作業（飲み物作り，後片付け，室内清掃等），会計などという日々の具体的な目標とその達成に向けた戦略（宣伝，囲碁好きの集まる時間の設定，落語会の開催，他のボランティア団体との情報交換・連携，社会福祉協議会等との関わりなど）がある。

ではビジョンは何だろうか。筆者が聞き取り調査を行ったコミュニティ・カフェの代表者は「(ビジョンは) 町の活性化」と答えた。その背景には次のような事情があるという。この町は首都圏の一画に位置し，1960年代に私鉄により開発された住宅街である。この時期に一定の年齢層の家族が一斉に他地域から流入したことから，現在は区の中でも最も高齢化の進んだ町の1つになった。主婦は地域に根差しているが，会社を定年退職した男性たちは何十年と住んでいるにもかかわらず，地域に縁が薄いままで仲間作りのきっかけがつかめない。もともと近隣に'竹馬の友' も頼れる親戚もいない人がほとんどである。その結果，定年を迎えた元サラリーマンと奥さんが共に困っているケースが多々みられるそうである。コミュニティ・カフェの代表者は高齢化が進む町に対する胸のうちを以下のように説明する。

「家にとじこもっていると，早く老々介護に突入してしまうと思う。それよりも年を重ねても元気でいられる年寄りになりたい。そのためには60歳くらいから自分のできること，得意なことで，例えば料理の得意な人だったら配食サービスという風に活動するようになり，ボランティア活動が盛んになってきた。私も町の活性化のために少しでも貢献したい。」

この方は70代後半の女性であるが，約50年前に開発されたばかりのこの地に移り住み，サラリーマン家庭の主婦として2人の子どもを育てたという。彼女が友人たちとコミュニティ・カフェを運営するボランティア団体は14～15名程度の「仲間うちの団体」(自称) であり，NPOの法人格は備えていない。ここでボランティア団体の形態を整理すると，①個人や数人で行う，②組織を作って活動する，③NPO法人 (特定非営利活動法人) として法人格をもって活動する場合がある (河合・齋藤，2011)。③のNPO法人は2021年1月末時点でおよそ5万1,000あまりが認証されており (内閣府，2021)，現代において共的セクターが多大な社会的影響を有することがうかがわれる。NPO法人においては理事，監事，10人以上の社員 (構成員を意味する)，社員総会，情報公開，納税等が必要であるが，同時に団体名義の銀行口座開設，事務所の賃借などが可能になり，ボランティアの「集団」がより「組織的」になる。

さて，前述のコミュニティ・カフェの団体は ① の「個人や数人で行う」に該当し，NPO 法人ほど組織的ではないと推察される。しかし，代表者はコミュニティ・カフェを始める以前に 20 名程度の団体を結成し，20 年間ほど高齢者・障がい者の健康づくりに関する活動を行っていた。したがって，彼女はボランティア団体のリーダーとしての長い経験を有しており，ボランティア団体特有の人的資源管理の様相の解説者として適任と思われる。尋ねたところ以下のように考えているそうである。

> 「誰でもそうだけど，気の合う人とそうでもない人がいます。だから，（コミュニティ・カフェの）当番を組むときにそういう点に気を使っています。また，常連さんに対して，この人は好き，嫌いということもあります。誰がどのお客さんを苦手と思っているかわかっているから，嫌いな人にお茶をいれなくていいように気を使います。みんな楽しみで参加しているので，気分よく御当番をできないとやっている意味がなくなり，続かなくなりますからね。」

表 15-2 にあるように，組織化原理はあくまでも「参加」であり，お金で雇った「利害」のある者たちではないのである。さらにコミュニティ・カフェ代表者は次のように続けた。

> 「私のことを，みんなは‘リーダー！　どうしたらいいの？’という風にリーダーと呼ぶこともあります。役割としては他に副代表や会計さんもいるけれど，誰が偉いとかではなく，仲間として仲良くやっていくことが大事だと思っています。」

この発言からも，このボランティア団体は**表 15-2** でいうところの「参加・分権」を組織化原理とした一種のアソシエーションと分析される。企業のように「利害・競争」という原理に基づいていないから，コミュニティ・カフェの団体は上下関係のないフラットな組織で，当然であるがメンバーの働きについて人事考課を行うこともない。ボランティア団体は，企業とも行政とも異なり，独自の原理により動くのである。

ただし，組織としての形態はきちんと整えられている。この活動は区の社会福祉協議会から助成金を受けており，そのために代表者を明確にするとともに，年に2回，運営委員会（カフェ利用者の代表者，地域の社会福祉協議会，町内会連合会，スポーツ推進委員から各1名で構成）を開催している。このことが示唆するように，自称「仲間うちの団体」と謙遜して言っていても，他セクターとの連携が網の目にように張りめぐらされている。運営委員会の委員たちは，日頃から地域のお付き合いの中で培った人脈を駆使して集めたという。カフェ内での仕事は無償で行われているが，家賃や消耗品などの経費を「年金暮らしの家計」から持ち出すことはしたくない。カフェの利用代金はそれほどの収入にならないため，社会福祉協議会からの助成金は必須という。

この団体にみられるように，特に伝統的な慈善型のボランティア活動は社会の中にあり，社会へ働きかけるものである。それゆえ，「監視・批判型の団体」（谷本，2002）を除き，孤高のボランティア団体は存在しない。つまり一般にボランティア団体は他のセクター（地域コミュニティ，行政，企業等）と密接に関連しているのである。

3. 他セクターとの協力関係

（1）経済社会セクター間の関係性

それでは次に，ボランティア団体が他の原理に基づく経済社会セクターとどのように関連するのか考えてみよう。佐藤（2002）は，社会システムを私的セクター（民間営利企業），公的セクター（政府・地方公共団体），共的セクター（ボランタリーあるいはNPOセクター），コミュニティ・セクター（個人・家族・学校）に区分したうえで，それぞれの関連性を図示している。**図15-3**に表されるように，共的セクターはコミュニティ・セクターと寄付／参加とアドボカシー／支援というつながりを有する。また，私的セクター，公的セクターとはパートナーシップ，交渉・提案，寄付／サービス，助成／免税という形で関連している。今日では，マーケット・メカニズムに属さないもう1つの経済である「共

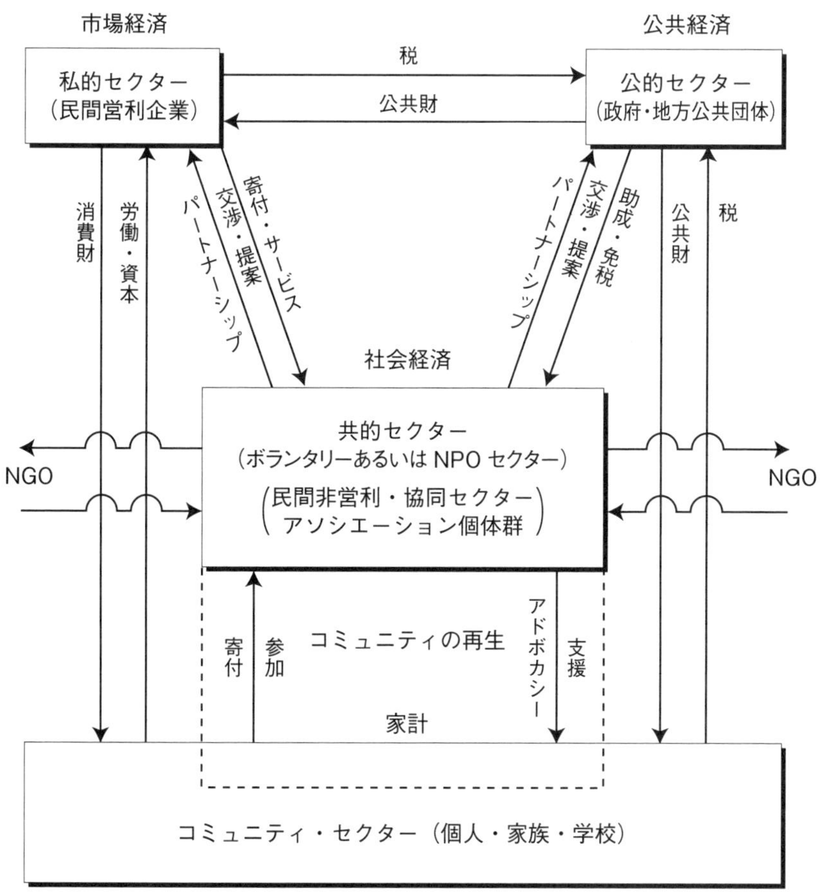

出所：佐藤慶幸（2002）「NPO セクターと市民民主主義」奥林康司・稲葉元吉・貫隆夫編『経営学のフロンティア 1　NPO と経営学』第 1 章，中央経済社，10 頁。

図 15-3　共的セクターと社会システム

的セクター」の重要性が増大しているが，前述のコミュニティ・カフェの運営委員会の構成にみられるように，社会的役割を果たすために他セクターとのつながりは欠かせない。次項では他のセクターとの関連性に一層注目しながら，やはり「まちづくりのための活動」である観光ボランティアガイド団体を取り上げて，人的資源管理の諸相について検討しようと思う。

(2) まちづくりのための団体B(観光ボランティアガイドの例)

1)「まち歩き」とボランティアガイド

今日,まちづくりのためのボランティア活動には様々なものがあるが,ここでは地域の振興と文化の発展やにぎわいづくりなどへの貢献になると注目が高まっている市民活動,観光ボランティア団体をとりあげる。

観光ボランティア団体は,地元住民が主体の着地型(到着地からの発信が中心の)観光の担い手であり,まちづくりに貢献するボランティア活動といえる(原田,2012)。観光ボランティア団体が行う「まち歩き」は,新しい観光として注目されるオルタナティブ・ツーリズムの一類型といえる。オルタナティブとは英語の'alternative',すなわち代案である。オルタナティブ・ツーリズムは,有名観光地を訪れるという従来の観光(マス・ツーリズム)ではなく,それに代わる新種の観光を意味する。旅行会社が案内するような一般的な観光スポットに加えて,地元民ならではの独自の発想(テーマ性のある観光ルート作成,歴史を従来とは異なる視点でみるような紹介等)を有する観光ボランティア団体が生まれ,活動する時代になってきた。

2)ある町におけるボランティアガイドの状況

ある町の複数の観光ボランティア団体の事例を,筆者のインタビュー調査に基づき,他セクターとの関連性に注目しながら紹介していく。

この町では,観光ボランティア団体協議会に5団体(うち2団体はNPO法人)が所属しているほか,6団体目が発足準備段階に入っていた。5団体(NPOである2団体はメンバーが100名を超える大規模団体)とも発足のきっかけは,行政が主催した生涯学習講座「ボランティアガイド養成講座」の受講であった。この種の講座は,座学と実地研修を組み合わせる形式で,この町の各地区で実施されている。行政側は生涯学習を,社会環境の変化による地域社会の諸問題(人間関係の希薄化,少子高齢化等)を地域住民のつながりを強化し豊かなまちづくりを目指すための,対応策とみなしているようである。市民の地域活動を活発にすることは市民のつながりを強化し,地域の課題を自ら解決することにつながる。つまり，市民の地域活動やつながりは社会経済資本と考えられる。

ボランティア団体発足の経緯は，既存の 5 団体のうち最古の 1 団体（以下，団体Ｂ）と他の 4 団体では異なる様相がみられる。後発の 4 団体は，行政がボランティアガイド団体設立を後押しするという意図を有して開設した，ボランティアガイド養成講座の修了者が発足させている。講座終了時に行政や観光協会から何らかの支援（設立から数年間の資金補助を受けたり，現在も補助金を得たり，施設委託，広報の協力等）があって活動を本格化させた。しかし，最古の団体（団体Ｂ）の設立経緯はパイオニアだけに以下のように異なるものだった。

3）団体Ｂの発足と初期人材育成

団体Ｂの設立者は「ボランティアガイド養成講座」の受講後，その成果を活かす先――「生涯学習の出口」が何かないかと主催者である行政に相談したが，ボランティアガイドに活躍の場を提供したり支援したりすることは「行政の分掌にはない」と拒否された。しかし団体Ｂの設立者はあきらめず，地元の行政機関のみならず本省にまで支援を掛け合いに通ううち，顔なじみになった行政官からあるヒントを得た。他地域の婦人教育センター（生涯学習が目的）がボランティアガイドを支援している事例が雑誌に掲載されていたというのである。「前例があると役所は動きやすい」と団体Ｂの設立者はその雑誌を地元の行政機関へ持参し，ついに支援を受けられることになった。現在のメンバーは 100 名を超えるが，この時点で団体Ｂはわずか 7 名で活動を開始したのであった。役所の支援にこだわった理由は，「なにしろお金がないと活動できないから」という。例えば，たった 7 名では活動を広げられないので，仲間を増やすために再度ボランティアガイド養成講座を開催するには，会場費用，チラシ，講師謝礼を考えると，計十数回で 30 万円はかかる。団体Ｂは，第 1 期のボランティアガイド養成講座を行政に頼り，第 2 期は行政からの資金半分と自己資金，第 3 期は完全に自腹，と苦しい時代が続いたが，その後は民間団体や行政からの資金援助を得て，活動のために必要な人材育成(ボランティアガイド養成講座)が軌道に乗った。設立初期の２年間，少ない仲間でガイドする客もいないまま，オリジナルの観光地図作りに邁進したという。いわく，「文献史学では駄目」であり，徹底的に歩いて調べることで足腰（知識）が他の団体とは違うと誇りに思っているという。こうした初期の奮闘を振り返り，団体Ｂの設立者は「当時は生涯学習というものが未成熟だった（から活かす出口がなかった）のだと思う」と語る。

ところで上述したように，この町には発足準備段階の観光ボランティア団体もある。筆者はそのミーティングに出席し，観光ボランティアの卵である人々が，どういう事柄にこだわりをもって計画を立てるのか観察した。なお，このミーティングの出席者はボランティアガイド養成講座の受講後にガイド活動を行う意思を表明した方々４名，行政側の同講座担当者２名，団体Ｂ創設者である。すでに気持ちを固めているボランティアの卵たちはこの団体のリーダーになる人々である。彼／彼女らに対して，行政は主に組織作りの要点を指導し，団体Ｂ創設者は組織運営上の要諦を中心に指南していた。行政側は，まだ潜在的な観光資源の紹介，ボランティア団体への郵便を行政関連施設で受けるという申し出，メーリングリストの整備，団体登録の方法，今後の活動で利用する会議場所の案，宣伝の媒体等について丁寧に説明・説得を試みていた。一方，団体Ｂ創設者はボランティアの卵の悩みに次のように提案し，ガイドスキルの向上を側面から支援していた。

> 「隣の駅の近くにある地下壕を案内したいと思っていましたが，先にガイドしている団体がいて，私たちは中にもいれてもらえませんでした。」「そういう時は外から“ここが地下壕の入り口です”というガイドの仕方もあります。私たちも“うちは観光寺ではありません”とお寺に叱られたことがあります。でも，公道から説明すれば問題はないじゃないですか。」

また，団体Ｂ創設者は団体内に上下関係をつくらないように念を押した。

「皆さんはボランティアガイド養成講座の 1 期生で，じきに 2 期生が講座を修了します。でも，大事なことですが，1 期生と 2 期生は上下関係ではないのです。活動を通じて対等でなければいけません。対等であるためにガイドの得意分野を 1 期生と 2 期生で分けることをお勧めします。そうしないと，上から下へものを言う影響がお客様の前でも出てしまいます。（ボランティアグループは）会社のピラミッド組織とは違います。会社のような社会をボランティアグループの中に持ち込んでは（活動が）続きません。」

ここまで，ある町のボランティアガイドについて解説した。団体 B 以外のボランティアガイド団体は，**図 15-3** に示された 4 セクターのうち，公的セクターからの「助成，交渉，提案」という働きかけを強く受けて活動を開始した。しかし先駆者である団体 B の創設のきっかけは行政が主催する生涯学習講座「ボランティアガイド養成講座」であったが，活動開始に関しては支援が用意されていなかった。団体 B は創設者のカリスマ的な頑張りが公的セクターの支援を取り付け，後に企業からも助成を受けるようになった。現在，これらの団体は観光客からの直接の依頼にも応じるが，主として地元の人々（老人会，学校等）へのガイドを通じてコミュニティ・セクターの活性化に貢献している。

4. まとめ

ボランティア団体のような組織（共的セクター）はその特性から，明らかに人的資源管理の様相が企業（私的セクター）や行政（公的セクター）と異なる面がある。**表 15-2** に表されるように，3 種の経済社会セクターにおいては，経済形態，経済・経営主体，基本的価値，社会関係，制御媒体，組織化原理，組織形態などの点で差異がみられる。今日のボランティア団体には，伝統的な慈善型，監視・批判型，事業型などがあり，資金源を事業収益に頼り，組織運営をプロのスタッフが行う例もある（谷本，2002）。しかし本章では，むしろボランティアの原点を求めて伝統的なタイプの団体を取り上げた。企業や行政とは全くミッションが異なる共的セクターにおいては，活動の中での人のあり方や関係性が企業などとは異なること，および他セクターとの関連を保ちながら活動が継続されていることなどが事例から示された。

研究課題

1. ボランティア組織のリーダーは，どのような点で企業の管理職とは異なるか考えてみよう。
2. あなたがボランティア活動を行うとき，他のボランティアメンバーとはどのような関係を維持したいか。企業組織内の場合と対比しながら異なる点を整理しよう。

参考文献

Devanna, M.A., Fombrun, C.J. & Tichy, N.M. (1984) 'A framework for strategic human resource management', in Fombrun *et al.* (eds.) *Strategic Human Resource Management*, New York: John Wiley

河合明宣・齋藤正章（2011）『NPO マネジメント』放送大学教育振興会

佐藤慶幸（2002）「NPO セクターと市民民主主義」奥林康司・稲葉元吉・貫 隆夫編『経営学のフロンティア 1　NPO と経営学』第 1 章，中央経済社

総務省（2017）「平成 28 年 社会生活基本調査」 http://www.stat.go.jp/data/shakai/2016/pdf/gaiyou.pdf（2017 年 9 月 10 日閲覧）

田尾雅夫（2009）「非営利組織を動かす」田尾雅夫・吉田忠彦『非営利組織論』第 3 章，有斐閣

谷本寛治（2002）「企業と NPO のフロンティア」奥林康司･稲葉元吉･貫 隆夫編『経営学のフロンティア 1　NPO と経営学』第 2 章，中央経済社

津々見 崇（2010）「新しい観光と地域づくり　その 2：人的資源の活用と展開」原田順子・十代田 朗編著『観光の新しい潮流と地域』第 13 章，放送大学教育振興会

内閣府（2021）「内閣府 NPO ホームページ」 https://www.npo-homepage.go.jp（2021 年 2 月 28 日閲覧）

原田順子（2012）「ウォーターフロント観光の魅力向上とボランティアガイド」『港湾経済研究』50 号，pp.67-77.

索引

●配列は五十音順。＊は人名を示す。

●さ　行

●た　行

●な　行

●は　行

●ま 行

●や 行

●ら 行

●わ 行

●アルファベット順

分担執筆者紹介

（執筆の章順）

三輪　卓己（みわ・たくみ）

・執筆章→ 3・5・6・12

1964年　徳島県に生まれる

2001年　企業勤務を経て，神戸大学大学院経営学研究科博士課程後期課程修了

現在　桃山学院大学経営学部教授，博士（経営学）

専攻　経営学，人的資源管理

主な著書　『ソフトウェア技術者のキャリア・ディベロップメント―成長プロセスの学習と行動』（中央経済社，2001）

『シリーズ 人的資源を活かせるか2　成果と公平の報酬制度』（共著　中央経済社，2003）

『フラット型組織の人事制度』（共著　中央経済社，2004）

『入門人的資源管理［第2版］』（共著　中央経済社，2010）

『知識労働者のキャリア発達―キャリア志向・自律的学習・組織間移動』（中央経済社，2011）

『ケーススタディ―優良・成長企業の人事戦略』（共編著　税務経理協会，2015）

『知識労働者の人的資源管理―企業への定着・相互作用・キャリア発達』（中央経済社，2015）

『ミドル＆シニアのキャリア発達―知的労働者にみる転機と変化』（中央経済社，2021）

野村　佳子（のむら・よしこ）

・執筆章→13

1959年　大阪府に生まれる
2015年　企業勤務を経て，北海道大学大学院国際広報メディア・観光学院博士後期課程単位修得退学
2018年　神戸大学大学院経営学研究科博士課程後期課程修了
現在　摂南大学経済学部教授，博士（経営学）
専攻　経営学，サービス・マネジメント，観光学
主な著書　『キャリア開発と人事戦略』（共著　中央経済社，2004）
『現代人的資源管理—グローバル市場主義と日本型システム』（共著　中央経済社，2014）
『地域創造のための観光マネジメント講座』（共著　学芸出版社，2016）

編著者紹介

原田　順子（はらだ・じゅんこ）

・執筆章→8・11・14・15

略歴　修士号（英国 ケンブリッジ大学），博士号（英国 リーズ大学）を得たのち，放送大学助教授，准教授，教授を務める

現在　放送大学教授，PhD

専攻　経営学，人的資源管理

主な著書
『官民の人的資源論』（共著　放送大学教育振興会，2009）
『多様化時代の労働』（編著　放送大学教育振興会，2010）
『多様なキャリアを考える』（共編著　放送大学教育振興会，2015）
『国際経営』（共編著　放送大学教育振興会，2019）
『新時代の組織経営と働き方』（共編著　放送大学教育振興会，2020）

平野　光俊（ひらの・みつとし）　・執筆章→1・2・4・7・9・10

1957年　東京大森に生まれる
1998年　神戸大学大学院経営学研究科博士課程後期課程修了
現在　大手前大学副学長，現代社会学部教授，博士（経営学）
専攻　経営学，人的資源管理
主な著書　『日本型人事管理』（中央経済社，2006）
『多様な人材のマネジメント』（共編著　中央経済社，2014）
『現代人的資源管理』（共編著　中央経済社，2014）
『人事管理―人と企業，ともに活きるために』（共著　有斐閣，2018）
『日本の人事システム―その伝統と革新』（共編著　同文舘出版，2019）

放送大学大学院教材　8931046-1-2211（ラジオ）

改訂新版　人的資源管理

発　行　　2022年3月20日　第1刷
編著者　　原田順子・平野光俊
発行所　　一般財団法人　放送大学教育振興会
〒105-0001　東京都港区虎ノ門1-14-1　郵政福祉琴平ビル
電話　03（3502）2750

市販用は放送大学大学院教材と同じ内容です。定価はカバーに表示してあります。
落丁本・乱丁本はお取り替えいたします。

Printed in Japan　ISBN978-4-595-14177-5　C1334